郑州市在国家中心城市建设中与其他城市的比较分析

ZHENGZHOU SHI ZAI GUOJIA ZHONGXIN CHENGSHI
JIANSHE ZHONG YU QITA CHENGSHI DE
BIJIAO FENXI

董奋义　周方　翟振杰　著

中国农业出版社

北 京

　　随着 2016 年底郑州市建设国家中心城市上升为国家战略，郑州市发展迎来了关键的战略机遇期。目前国家明确提出进入国家中心城市建设的共有北京、天津、上海、广州、重庆、成都、郑州、武汉、西安 9 个城市。考虑到区域分布和动态发展变化，可以预计会有更多的城市进入国家中心城市建设行列，但可以预见的是，数量上的增加不会太多。国家中心城市是现代化的发展范畴，是体现国家意志、肩负国家使命、引领区域发展、跻身国际竞争领域、代表国家形象的特大型都市。入选国家中心城市建设，既是对城市当前发展的肯定，也是对国家未来发展的整体战略布局。

　　本书以加快郑州市国家中心城市建设为着眼点，通过比较分析方法，系统研究郑州市的优势和不足，为郑州市加快国家中心城市建设提供理论支持和政策建议。项目研究以郑州市发展为视角，选取已经进入国家中心城市建设和可能进入国家中心城市建设的城市为分析对象，建立相应的评价指标体系，进行郑州与其他城市在国家中心城市建设过程中的比较分析，甚至动态发展预测。

　　本书共做了 12 个方面的研究工作，形成 12 章内容。第 1 章是从历史演化的视角，对国家中心城市建设的演进进行了梳理和概念内涵外延界定。第 2 章是基于人口、经济、教育三个维度对主要城市的区域首位度进行了比较分析。通过分析发现，在人口和教育首位度上，郑州市位于第一梯度；而在经济首位度上，增速排名在郑州市前面的有成都、武汉、长沙、乌鲁木齐、海口、兰州、西安、合肥 8 座城市。这 8 座城市于所在区域在经济相关方面的资源集中能力强于郑州市。第 3 章是基于历史数据对样本城市人口规模、经济总量、建成区面积进行发展比较。

并利用灰色预测模型预测了各主要城市的人口规模、经济总量、建成区面积的演进趋势。结果显示，郑州具有极好的发展前景。

第4至第8章的内容，分别基于交通运输能力、辐射能力、国际竞争力、科技创新能力、金融发展能力，对已入选的国家中心城市和可能入选的国家中心城市进行比较分析。其中交通运输能力分析结果显示，郑州2000—2016年交通运输综合值在所选城市中排第10名，预测的2017—2030年的交通运输能力在城市中排第12名。郑州未来的交通运输总体呈平稳的趋势发展，但与一些城市交通运输业发展较好的城市相比仍存在一定的差距。辐射能力分析结果显示，郑州市辐射带动能力在所选城市中由2009年的第9名跃升为2016年的第7名。国际竞争力比较分析结果显示，由于郑州国际航空港区建设的作用，郑州国际竞争力综合排名在所选城市中由2012年的第11名上升到第10名。关于科技创新能力比较分析，研究结果显示，在所选城市中，郑州市2010—2015年都是位于第11名或第12名，而到2016年郑州科技创新能力排名跃升到第9名，这与2016年郑州市研究经费在全省的首位度不断提升、投入强度不断加大有关。在金融发展比较方面，研究结果显示，郑州市金融发展水平综合排名由2009年的第10名稳步上升为2016年的第7名，预测结果显示金融发展综合排名会由2017年的第7名攀升到2026年的第4名。

第9至第12章的内容，分别基于科研发展能力、房地产发展能力、养老保障发展能力、高等教育发展能力，对已入选的国家中心城市进行比较分析。其中科研发展能力分析结果显示，郑州科研投入属于中等水平，科研发展水平处于中等位置。关于房地产发展能力比较分析，郑州房价仅仅高于重庆，低于成都等7个城市；郑州房地产开发投资经历了飞速增长，在2013—2018年以平均每年25.4%的房地产投资额增速居于国家九大中心城市之首。在养老保障发展方面，郑州由2010年的第11名升到2018年的第8名，实现了排名的稳步上升。在高等教育发展水平方面，郑州高等教育发展水平与其他城市尚有差距，主要在高等教育规模上的相对资源较为落后。

郑州做好国家中心城市建设的抓手，一是树立国家中心城市的责任意识、竞争意识和机遇意识，积极利用区域资源创造新优势，将国家中心城市建设作为城市发展长期战略来规划发展。二是提升国家中心城市综合功能，按照国际大都市标准规划、建设、管理和运营城市，不断提高城市的科技创新能力、国际竞争能力、辐射带动能力、交通通达能力、信息交流能力、可持续发展能力。三是推进属地区域产业城镇集群发展。应发挥国家中心城市的能动作用，大力发展城市功能全覆盖的中小城镇。发挥国家中心城市的辐射带动功能，以产业技术链和物流链为纽带，合理布局区域产业基地，整体提升区域发展水平。国家中心城市建设是一个长期过程，需要发挥好国内市场枢纽和区域整合协调作用，成为国家发展的重要增长极。项目组估计，郑州市在可预计的时间内会发展为国内前十名左右的大城市。

著　者

2023 年 4 月

1 国家中心城市建设的历史 演化和内涵界定

1.1 国家中心城市的历史演化

国家中心城市这一概念在 2005 年首次被提出。十几年来,国家中心城市建设如火如荼,每一个入选的国家中心城市都成了新闻媒体的宠儿、全民议论的焦点,并受到国际社会的广泛关注,从而迎来了新的发展和挑战。

"国家中心城市"这一概念从提出到逐步走进公众视野经历了一个较为漫长的过程。2005 年建设部(现住房和城乡建设部)根据城市规划法编制城镇体系规划时,首次提出了中国的国家中心城市的概念,将国家中心城市置于全国城镇体系金字塔的最顶端。2008 年 12 月,国家中心城市正式出现在《珠江三角洲地区改革发展规划纲要》中,此概念被用来描述广州的城市定位。此时,国家中心城市建设初露端倪,但仍未从国家层面去肯定其地位。一直到 2010 年 2 月,这一局面迎来了转折,住房和城乡建设部发布的《全国城镇体系规划纲要(2010—2020 年)》明确提出建设五大国家中心城市,包括北京、上海、广州、重庆、天津,国家中心城市建设上升为国家战略并开始走进公众视野。此后五年,媒体似乎嗅到了其中的新闻价值,有关国家中心城市建设的消息层出不穷,专家学者们对是否还有城市入围的争论互不相让。直到 2016 年 5 月,国家发展和改革委员会、住房和城乡建设部联合印发《成渝城市群发展规划》,明确了四川成都以建设国家中心城市为目标,标志着成都入围国家中心城市,也让公众意识到国家竭力打造国家中心城市的决心。随后两年,武汉、郑州和西安国家中心城市建设也被提上日程，中国国家中心城市建设布局初步形成。

建设国家中心城市的举措同我国面临的时代特点与现实挑战息息相关。从 1978 年实行改革开放、以经济建设为中心至今，我国沿海城市成为中国经济发展的密集地带，引领我国各地区蓬勃发展。1992 年邓小平同志的南方谈话坚定了进一步深化改革、扩大开放的方向，中国迎来了社会主义市场经济的飞速发展。2001 年中国成功加入世界贸易组织，中国的国际地位迅速提升，也为我国经济发展提供了强大动力。

如今，快速崛起的中国引起了世界的广泛关注。中国在和平外交的前提下积极参加国际事务，使得中国在国际上扮演着越来越重要的角色，全球化趋势也使中国经济与世界紧密联系，同时中国的城市也逐步走向国际。尤其全球金融危机（指那些波及整个金融体系乃至整个经济体系的危机，比如 1930 年引发西方经济大萧条的金融危机、2008 年爆发并引发全球经济危机的金融次贷危机）后，经济全球化深入发展，世界经济增长进入了低谷期，欧美国家采取的一系列举措进一步加剧了国际市场的竞争，世界经济格局被改变。金融危机后，中国经济的快速复苏使得中国的国际地位和影响力得到空前提升，这让西方资本主义国家产生了"中国威胁论"的想法。面对如此复杂的外部局势，中国有必要建设一批具有国际竞争能力的城市去参与国际的竞争与合作。就我国内部而言，过去的 30 年，我国的城市发展取得了巨大的进展。但是，发展中的不平衡、不稳定、不持续的问题也日益突出，我国更有必要建设一批有实力、有条件的城市，在加速经济结构转型、提升自主创新能力、提高国际竞争力等方面作为改革的模范，为我国城市发展成功走出困境进行引导。

外部国际竞争的压力、自身改革创新的要求构成了我国新的历史时期的双重挑战，设立国家中心城市、构建我国国家中心城市体系，正是强化对外竞争、实现对内引领、平衡区域发展、协调国际关系的战略举措。

1.2　国家中心城市建设现状

从 2010 年确定建设第一批国家中心城市，到 2018 年全国范围有 9 座城市被定位为国家中心城市。国家中心城市与城市群有什么关系呢？城市群是指以中心城市为核心向周围辐射构成的多个城市的集合体，在经济上紧密联系，在功能上分工合作，在交通上联合一体，并通过城市规划、基础设施和社会设施建设共同构成具有鲜明地域特色的社会生活空间网络。我国为推动城镇化进程采取了诸多措施，其主要举措便是借助于城市群。就中国目前的城镇化进程和国家发展规划，可以预见我国将形成几个大型城市群，如表1-1所示。

表1-1　中国主要城市群

排名	城市群名称	核心城市	面积/万千米²	人口规模/人	经济规模/万亿元
1	长三角城市群	上海	21.2	2.25亿	19.42
2	京津冀城市群	北京、天津	21.5	1.15	8.11
3	珠三角城市群	深圳、广州	18.1	6 481	8.69
4	山东半岛城市群	济南、青岛	7.3	1.06	4.61
5	长江中游城市群	武汉	32.61	1.25	9.41
6	辽中南城市群	沈阳、大连	8.15	3 105.6	2.11
7	成渝城市群	成都、重庆	20.6	8 106	6.38
8	中原城市群	郑州	28.7	1.64	7.56
9	哈长城市群	哈尔滨、长春	26.36	2 670.9	2.17
10	关中城市群	西安	10.71	3 865	2.16

数据来源：各地方统计局、百度文库。

我国提出国家中心城市建设战略，出于建设城市群的目的是其关键因素之一。因为每个城市群在形成与发展过程中都要以一个或两个特大城市为中心，再由中心城市辐射到周边城市，以此达到共同发展的目的。可以预见能够入围国家中心城市建设的城市，很大可能是来自这些城市群的核心城市。表1-1列出了城市群名称、综合实力排名以及各自的核心城市，可以看出国家中心城市建设是与城市群的建设密切相关的。

国家中心城市在我国城镇体系规划中处于最高级别。入围国家中心城市建设的选拔是极为严苛的，但这并不能阻挡诸多城市对其激烈的追求。2016年12月，武汉、郑州入围的消息传来，一时间新闻媒体上随处可见对于国家中心城市数量的争论。2018年2月，西安成功入围国家中心城市，进一步加剧了城市之间对于国家中心城市的角逐。一段时间以来，对于国家中心城市数量的争论一直难见分晓。有媒体披露说，正在编制的城镇体系规划将要构建一个"十百千万"的城镇体系，即 10 个国家中心城市、100 个国家特色城市、1 000 个中小城市和 1 万个特色镇。也有消息称，考虑到一个国家中心城市辐射 1 亿人口，未来我国将建设 10 多个国家中心城市。但不管怎样，国家中心城市的数量一定不会太多。这也难怪城市之间的竞争一度白热化、硝烟四起了。

面对名额有限的国家中心城市建设名单，城市之间的角逐激烈异常，一时间媒体上充斥着城市竞争的身影。不仅如此，很多实力强大的城市也纷纷采取行动表明竞争的决心。例如，沈阳市直接将其东北地区中心城市定位提升为国家中心城市，并出台一系列建设方案；长沙市第十三次党代会明确提出创建国家中心城市实现基本现代化的宏伟目标；南京市政府明确表示建设国家中心城市，在全国发展格局中承担重要角色；青岛市有关部门也表示将在国家中心城市竞争中全力以赴，争取成功入围。不到最终名单的发布和确认，城市之间的角逐就不会终止。群雄逐鹿、硝烟四起，最后哪些城市能够突破重围，问鼎国家中心城市，还不得而知。

国家中心城市竞争激烈的背后，是这些城市意识到成功入围不仅是占据城镇体系的最高位置，也为城市的发展开拓了新的路径，带来更多的发展机遇，潜力巨大。部分学者认为进入建设国家中心城市行列，将产生集聚效应优势，为了支持国家中心城市建设，政策和体制创新将带来巨大的资金、信息和技术流量，形成资源的集聚效应，强力驱动经济发展。笔者认为，城市之间的这种竞争是积极的、有利于城市发展的，因为通过竞争这些城市可以找到自身的优势和不足，在以后的发展中能够取长补短，少走弯路。即使不能成功入围，这些城市也能正确找寻到自己的定位。

1.3　国家中心城市的内涵

国家中心城市位居我国城镇体系规划的最高位置，对内在我国的经济、科技创新、教育等方面起引领作用，对外代表中国参与国际的竞争与合作，具有极大的战略意义。同时，国家中心城市是一个国家和地区的政治、经济、文化中心，在国民经济中发挥关键作用，是我国城市经济改革的重要任务之一。很多人对于国家中心城市的理解还局限于对其简单定义。但是，要想清晰地认识一件事物，我们不能只看到一些表面的东西，更要看到一些不易察觉的、内在的东西，即事物的内涵。为了能够对国家中心城市有一个深刻的认识，本书将在国家中心城市概念的基础上剖析国家中心城市的功能、特征等。

国家中心城市并没有明确的定义。从全球化的思维来看，国家中心城市是指国家重点城市区域的核心城市，促进区域融合和参与国际竞争的门户，在现代化和国际化方面居国内领先水平，在配置国际国内资源、促进资源要素双向流动中具有重要地位和作用的特大中心城市。从考察指标上，国家中心城市是具有较高的科技创新能力、国际竞争能力、辐射带动能力、交通通达能力、信息交流能力和可持续发展能力的特大型都市。也可以从中心城市的概念去理解，中心城市是具有综合性职能的城市，如行政管理中心、交通运输中心、人才教育中心等，根据其影响范围的不同，分为全国性、区域性和地方性等不同的级别。

从上述的不同定义中，我们可以看出国家中心城市应当具备以下四类基本功能特征。

（1）良好的地理优势

从中国主要城市群的分布图中可以发现，国家中心城市位于城市群的中心地带，而绝非一些边缘地带，这是中心城市能够辐射到周边城市所必须具备的空间优势。作为一个城市群的核心城市，相较于城市群里的其他城市还应当拥有良好的自然环境和条件，这是城市发展壮大的必备条件。比如适宜的气候条件、资源供应充足和大面积的平整土地。另外，这些城市也应当有极好的交通运输条件，如交通枢纽、水路要道、沿海口岸等，以此为产品的加工运输等服务。

（2）政治中心

国家中心城市作为城镇体系规划中级别最高的城市，与区域内的其他城市相比是有政治优势的。纵观这些城市，要么是直辖市，要么是省会城市，简单地说，在行政区级别上就高于其他区域城市。另外，这些城市也是区域内最高行政机关、社会团体等的聚集地，或举行过国际会议和国际级别运动会。国家在颁布新的政策法令时，这些城市也是先行实施的地方，在政策有效实施的基础上再推广到区域内的其他城市。

(3) 经济中心

国家中心城市作为所在城市群的核心城市，是区域内的经济重心和经济交流的枢纽。最为直观的表现是在其经济总量上，这些城市的地区生产总值（GDP）及其他经济指标都位居前列，远远超过区域内的其他城市。当然这些中心城市能引领区域经济是有其内在原因的。首先，良好的地理优势有利于大量企业的集中，因此能够成为经济贸易等的中心区域；其次，这些中心城市在国家政策等的支持下产业结构得到优化，第三产业逐步超过第一、第二产业成为城市的主体，在此基础上带动区域内其他城市实现经济结构转型；再次，中心城市的基础设施建设比较完善，一方面在保障城市正常运转的基础上，也加强了同周边城市的联系，另一方面也为居民生活提供了极大便利，这为城市发展创造了良好的外部环境；最后，经济的发展为城市创造了更多的工作岗位、更高的收入和更好的机遇，以此能够吸引更多的高素质人才。

(4) 科教文化中心

国家中心城市作为所在城市群的核心城市，是区域内文化的价值意蕴集中展示。科教文化对于提高全民科学文化素质、思想道德水平和精神境界，促进物质文明和精神文明建设快速健康发展，都具有十分重要的作用。一方面，科学技术有利于推动生产力的发展；另一方面，营造积极进取、勇于创新的文化氛围有利于推动社会向富裕、文明、科学、民主的方向发展。文化的继承和传播在于教育，这些中心城市比区域内的其他城市设有更多的高等院校且院校的质量更高，为城市培育大量的人才，这些人才为城市创造了新的产品和工艺，提升中心城市的生产力和竞争能力，也成为辐射区域内其他城市的媒介。

1.4 国家中心城市的外延

1.4.1 九大国家中心城市分析

截至 2018 年 2 月，备受国人瞩目的国家中心城市建设的名单里已经有北京、上海、广州、天津、重庆、成都、武汉、郑州、西安 9 个城市在列，如表 1-2 所示。

表 1-2　国家中心城市入围名单

批次	时间	城市
1	2010 年 12 月	北京、上海、广州、天津、重庆
2	2016 年 5 月	成都
3	2016 年 12 月	武汉、郑州
4	2018 年 2 月	西安

国家中心城市的竞争并没有终止而是愈演愈烈。从时间的跨度中，不难发现这些城市是分批次入围国家中心城市的，这也是导致城市之间激烈角逐的直接原因。不得不说，分批次的入围方式是一项正确的举措，这不仅符合我国的国情，也带来了诸多积极影响。我国生产力发展迅猛，但是同西方国家相比仍有较大差距，应当集中资源优先发展潜力较大的城市，让这些城市快速崛起并起到引领其他城市发展的作用。对于成功入围的城市，批次之间的时间间隔提供了良好的缓冲，也能得到更多的关注如政策支持、吸引外资等；对于有实力入围的备选城市而言是一次次鞭策，能不断找寻到自身的优势和不足。

每个城市都有自己的定位。城市定位是指在分析和调查城市发展历史和现状的基础上，对城市的发展模式、城市发展方向及经济结构布局进行规划的一个过程。城市定位为一个城市的规划和发展铺筑了正确的道路；城市定位使一个城市在同其他城市的竞争中处于有利地位；城市定位是向外界展示城市的特色，是城市长久坚持树立的形象。我国在国家中心城市建设中，最为重要的一环就是确定每一个中心城市的城市定位，这将是 9 个城市长期坚持的指导性原则，未来一段时间内城市的规划建设都将以实现这一定位为目标。就这 9 个城市而言，建设国家中心城市就是其一个重要的定位。这 9 座城市也被定位为打造国际性综合交通枢纽，这就要求城市竭力建设由公路、铁路、航空港和陆路港等组成的综合交通网络；为带动区域经济发展、促进城市群建设，这些城市也有了独特的定位，如重庆定位为长江上游地区经济中心，郑州被定位为中国中部地区重要的中心城市等。

此外，郑州、成都、西安等被定位为国家历史文化名城，这就要求在城市建设中考虑到历史遗物保护问题。从9个城市的定位中可以看出，每个城市都有自己鲜明的个性，也有足以增强城市吸引力和辐射力的美誉。这些定位是城市的灵魂和核心价值的体现，需要坚定不移地去贯彻和实施。这些城市的定位对于那些可能入围国家中心城市的备选城市而言是一个很好的参考，有利于它们在发展建设中正确地找寻到自己的定位，从而提升入围国家中心城市的竞争力。

1.4.2 可能进入国家中心城市建设的备选城市分析

从国家中心城市建设历史演化的梳理中，我们对国家中心城市的内涵已经有了一个清晰的界定。在建设国家中心城市的竞争愈演愈烈的今天，有必要对可能进入国家中心城市建设的备选城市进行分析，对这些城市有一个充分的了解和定位。以下将在内涵界定的基础上，从政治地位、经济地位、人口因素、区位因素和竞争因素等角度对备选城市（表1-3）进行分析和筛选。

表1-3 主要城市2016年城市概况

城市名	地理区域	行政区类别	人口/万人
沈阳	东北	辽宁省省会、副省级城市	810.62
长春	东北	吉林省省会、副省级城市	767.71
哈尔滨	东北	黑龙江省省会、副省级城市	1 063.60
济南	华东	山东省省会、副省级城市	681.40
青岛	华东	计划单列市、副省级城市	871.51
南京	华东	江苏省省会、副省级城市	800.47
杭州	华东	浙江省省会、副省级城市	870.04
厦门	华东	计划单列市、副省级城市、经济特区	353.13
福州	华东	福建省省会	711.54
长沙	华中	湖南省省会	704.41
昆明	西南	云南省省会	643.20
乌鲁木齐	西北	新疆维吾尔自治区首府	311.03

注：人口数据来源于《2017年中国城市人口排名大全》。

沈阳、长春、哈尔滨是我们熟知的东北三省的核心城市，东三省人口规模达到 1.1 亿，应当设置一个国家中心城市。东北老工业基地是新中国工业发展的起源，20 世纪 90 年代，沿海地区崛起、产业结构落后等问题使得其走向衰落。面对东北地区经济落后的局面，我国提出了振兴东北等老工业基地战略，沈阳、长春和哈尔滨作为东北地区的核心城市在国家政策激励下获得了长足的发展。沈阳政治地位明显高于其他两个城市，三个城市经济总量基本持平。沈阳作为东北区域同国内其他地区联系的纽带，辐射能力可以覆盖整个东北区域，就辐射力而言是其他两个城市所不能达到的。沈阳是辽中南城市群的核心城市之一，哈尔滨、长春是哈长城市群的核心城市，但两个城市群就综合实力来说，前者明显大于后者。中央也竭力把沈阳打造成东北地区政治、经济、文化和旅游中心。可以说，沈阳是东北区域内最具竞争力的城市。

济南、青岛是山东省的两个城市，山东省人口过亿，应当设置一个国家中心城市。同时，两个城市也是国家打造山东半岛城市群的核心城市。济南虽是省会城市，但经济总量一直屈居青岛之后，最近两年又被烟台超越，位居第三位；济南虽位于京沪线的重要位置，但受京津冀城市群影响较大，缺乏交通优势和区域辐射能力；济南的地理空间也限制了城市规模的扩大，青岛海洋经济位居全国首列，经济总量在山东省居于首位，是北方最大的制造业基地之一，也是国家应对日韩战略的重要城市，交通优势明显尤其是海洋运输便利，对山东区域的影响力较大。

南京、杭州是东部地区两个重要城市，南京政治地位明显高于杭州，经济总量基本持平。南京不仅可以辐射江苏 8 000 万人，而且还能辐射到安徽的大部分人口，南京距离上海大概 2.5 小时的车程（约 250 千米），距离适中。就南京的辐射区域来看，可以抵消上海对江苏部分区域的辐射。杭州是浙江省名副其实的中心城市，浙江省总人口仅有 5 500 万人，杭州距离上海较近，仅 150 千米，约 1.5 小时车程，自身辐射能力极为有限。而浙江北部地区受上海辐射，南部地区受海峡西岸辐射，进一步降低了杭州的辐射能力。两个城市都是全国知名的省会城市，但相比之下，南京更具竞争力。

福州、厦门是福建省的两个重要城市，两者都是国家建设海峡西岸城市群的核心城市，经济总量分别位居福建省第二位、第三位，政治地位基本相等。福建省总人口大约 4 000 万人，大部分区域为沿海地区，很难辐射到其他省份地区。福建省位于长三角和珠三角之间，进一步降低了两个城市的辐射能力。可以说，两个城市竞争力旗鼓相当，但福建省甚至整个海峡西岸城市群都很难设置一个国家中心城市。

长沙是中部地区的核心城市，国家建设长株潭城市群的中心城市，经济总量在中部五省地区中仅次于武汉。中部五省人口总量约为 3 亿，应当设置 3 个国家中心城市。随着同为中原城市的武汉、郑州被定位为国家中心城市，很多人认为长沙成为国家中心城市的希望渺茫。但是，中部地区地域辽阔、人口密集，需要更多实力雄厚的城市去带动中部崛起，而且从地理位置上看，武汉和郑州对湖南地域的辐射是极为有限的。由此可见，长沙在建设国家中心城市的竞争中是极有潜力的。

昆明的政治地位与其他省会城市相比较低，经济总量在各省会城市中排名中等偏下（2018 年 26 座省会 GDP 排名中位居第 16 位），是我国面向东南亚地区对外开放的窗口城市。云南省总人口约 4 700 万，昆明作为云南省核心城市，可以辐射云南全境，但对其他地区几乎很难辐射，不足以设置为国家中心城市。

乌鲁木齐经济总量在省会城市中排名很低（2018 年 26 座省会 GDP 排名中位居第 21 位），是我国西北地区面向亚欧大陆开放的核心城市。新疆维吾尔自治区总人口约 2 400 万，土地辽阔但人口密度极低。乌鲁木齐同其他城市群距离较远，辐射能力有限，综合考虑对国家中心城市的竞争力不足。

从以上备选城市分析中，可以看出沈阳、青岛、南京和长沙是最具竞争力的。当然，这些城市能否成功入围国家中心城市建设，需要这些城市在国家的宏观调控下正确找寻到自身的定位。

1.5　结语

国家中心城市建设是一项关乎国计民生的国家战略，是党和国家在新时代背景下谋求中国崛起的又一途径，是中国特色社会主义道路上一个重要的里程碑。国家中心城市建设不是一蹴而就的，而是一个长期的过程，这个过程可能会持续几十年甚至上百年。作为我国诸多城市的"领头羊"，国家中心城市应当走出国门，在世界舞台上绽放光彩，充分展现中国作为世界大国的实力和魅力。国家中心城市在建设中会遇到诸多问题，但只要能坚守各自的城市定位毫不动摇，就能成功解决这些问题。未来随着中国国际地位的不断提升，国家中心城市在参与国际的竞争与合作中将扮演越来越重要的角色。因此，党和国家在大力推进国家中心城市建设。

2 主要城市区域首位度
比较分析

2.1 引言

城市首位度是用来衡量城市对于所在国家或地区重要程度或地位的常用指标，它在一定程度上代表了最大城市于所在体系中集中所计量的城市发展要素的能力及程度。对于推动城市现代化进程必然要求的国家中心城市建设规划，国家中心城市首位度分析是对国家中心城市在政治、经济、文化、交流等多方面集散、引领、辐射等功能的研究及分析。本书选取 20 个国家中心城市及可能进入规划名单的潜在国家中心城市作为分析和比较对象，并分别从人口、教育、经济这三个城市发展要素对其进行首位度分析，着重于能够对郑州形成竞争的城市或可能进入国家中心城市规划名单的城市。

2007 年 2 月，建设部（现住房和城乡建设部）党组会议经讨论制定的《全国城镇体系规划》提出的城镇体系中，把国家中心城市列为城镇层级的最高层级。2010 年 2 月，住房和城乡建设部发布的《全国城镇体系规划纲要（2010—2020 年）》明确提出了建设五大国家中心城市的规划及定位，包括北京、上海、广州、天津、重庆。2016 年 5 月至 2018 年 2 月，住房和城乡建设部及国家发展和改革委员会提出将成都、武汉、郑州、西安加入建设国家中心城市规划。至此，由国家层面肯定的在政治、经济、文化、交流等方面具备集散、引领、辐射功能的国家中心城市已有 9 个。

按照此发展纲要，国家区域中心城市建设规划是我国社会主义现代化建设的重要手段，可以预见，未来将会有越来越多的城市作为区域城镇体系最高层级进入国家中心城市建设规划名单。

2.2　城市首位度的概念界定

1939 年马克·杰斐逊（M. Jefferson）观察发现，一个国家的第一城市，总会比其第二城市大出很多，通过对这一现象的总结及思索，提出了城市首位度（law of the primate city）这一概念，用来概括国家城市规模分布规律。"城市首位度"也称"首位城市指数"，是指一个国家或地区最大城市人口数与第二大城市人口数之间的比值，它通常用来反映该国或地区的城市规模结构和人口集中程度。可以用第一大城市人口数与第二大城市人口数的比值表示，记为 $S=P_1/P_2$。

我们通过对首位度概念分析结合目前国家城市发展情况，发现两城首位指数并不能充分地体现出城市发展规模的具体分布，这里笔者对首位度概念进行重新界定，将分别通过人口首位度、教育首位度、经济首位度进行计算分析。

（1）人口首位度

笔者选取了 2016 年各城市常住人口数目进行人口首位度的计算，因为不同省份及城市的发展规划的不同，人口指标两城首位度在不同区域表现出来的首位度对该区域人口分布规律并不都具有很强的代表性。为了使数据能更加充分地体现出该城市在所在区域人口上的分布规律，我们决定将第三大城市和第四大城市加入计量范围，进行人口首位度计算时，在 $S=P_1/P_2$ 的基础上，用第二大城市人口数据、第三大城市人口数据和第四大城市人口数据的加权平均数来取代原本单一的第二大城市人口数据，其中，按照"位序-规模"的原理，我们决定规定第二大城市占 50％权重，第三大城市占30％权重，第四大城市占 20％权重进行计算，具体计算公式可表示为：

人口首位度＝首位城市常住人口数/［（第二大城市常住人口数×50％）＋（第三大城市常住人口数×30％）＋（第四大城市常住人口数×20％）］

记为 $S=P_1/[(P_2×50％)+(P_3×30％)+(P_4×20％)]$。

（2）经济首位度

通过城市年经济总量进行经济首位度的计算，为了呈现经济总量的动态变化，笔者首先对所计量城市 2011—2016 年的 GDP 进行统计并分别计算其首位度。其次仍使用上述的加权平均方式来计算经济首位度，具体计算公式可表示为：

经济首位度＝首位城市 GDP/[（第二大城市 GDP×50％）＋（第三大城市 GDP×30％）＋（第四大城市 GDP×20％）]

记为 $S＝P_1/[(P_2×50％)＋(P_3×30％)＋(P_4×20％)]$。

(3) 教育首位度

教育指标作为城市发展要素之一，是衡量一个城市综合素质的重要参考，教育首位度我们通过对所计量城市所拥有普通高等学校在校学生数进行计算，同样我们计划选用 2016 年的数据，并采用上述加权平均方式来进行教育首位度的计算，具体计算公式可表示为：

教育首位度＝首位城市普通高等学校在校学生数/[（第二大城市普通高等学校在校学生数×50％）＋（第三大城市普通高等学校在校学生数×30％）＋（第四大城市普通高等学校在校学生数×20％）]

记为 $S＝P_1/[(P_2×50％)＋(P_3×30％)＋(P_4×20％)]$。

由于本书着重于对郑州的国家中心城市建设进行研究，笔者选取了能够和郑州形成竞争或可能进入国家中心城市的 20 个城市进行研究和比较分析，包括郑州、哈尔滨、长春、沈阳、呼和浩特、兰州、乌鲁木齐、西安、成都、重庆、昆明、武汉、长沙、济南、青岛、合肥、南京、杭州、厦门、海口。为了计算城市首位度，我们还需要对该选取城市所在省份第二、第三、第四大城市进行数据收集，包括洛阳、开封、新乡、齐齐哈尔、大庆、牡丹江、吉林、松原、四平、大连、鞍山、营口、鄂尔多斯、包头、通辽、庆阳、天水、酒泉、克拉玛依、库尔勒、昌吉、渭南、咸阳、宝鸡、绵阳、德阳、宜宾、曲靖、大理、玉溪、荆州、襄樊、宜昌、衡阳、邵阳、常德、烟台、威海、芜湖、安庆、马鞍山、苏州、无锡、南通、宁波、绍兴、温州、泉州、福州、漳州、儋州、三亚、琼海。

2.3　人口首位度比较分析

2.3.1　数据收集

相关城市 2016 年常住人口及普通高校在校生数见表 2-1。

表2-1 相关城市2016年常住人口及普通高校在校生数（万人）

城市	常住人口	普通高校在校生数
郑州	810.49	82.415 2
洛阳	674.30	45.370 1
开封	454.26	36.068 4
新乡	572.10	37.610 1
哈尔滨	961.37	66.374 9
齐齐哈尔	505.17	31.043 5
大庆	318.36	22.582 1
牡丹江	275.49	16.412 1
长春	753.83	42.608 1
吉林	441.32	23.048 6
松原	288.69	11.295 7
四平	336.51	19.873 1
沈阳	730.41	40.403 2
大连	669.04	31.259 3
鞍山	364.59	22.350 1
营口	242.85	17.937 0
呼和浩特	238.58	23.518 8
鄂尔多斯	194.06	16.235 3
包头	282.93	20.573 1
通辽	313.92	29.346 7
兰州	321.90	42.484 2
庆阳	224.19	22.461 9
天水	331.17	27.984 2
酒泉	111.94	11.002 1
乌鲁木齐	266.83	18.048 4
克拉玛依	38.98	1.201 8
库尔勒	56.80	3.513 2
昌吉	53.00	4.556 8
西安	815.66	84.895 8
渭南	534.30	51.284 0
咸阳	495.68	42.583 3
宝鸡	375.32	29.660 3

（续）

城市	常住人口	普通高校在校生数
成都	1 228.05	75.576 7
绵阳	545.5	51.163 2
德阳	390.0	28.042 7
宜宾	552.1	47.317 0
重庆	3 017.00	71.658 0
昆明	667.00	43.643 6
曲靖	604.02	48.012 5
大理	354.60	22.372 4
玉溪	236.28	18.805 1
武汉	1 060.77	95.678 9
荆州	122.95	13.373 1
襄樊	138.36	10.027 1
宜昌	93.62	8.102 1
长沙	743.18	56.940 0
衡阳	733.75	33.754 3
邵阳	726.17	31.349 1
常德	584.40	24.512 3
济南	625.73	71.396 5
青岛	783.00	32.226 0
烟台	706.3	27.412 2
威海	281.9	9.325 4
合肥	717.72	52.710 4
芜湖	365.42	23.403 1
安庆	458.6	24.654 0
马鞍山	226.2	18.376 1
南京	653.40	81.261 9
苏州	667.01	92.043 7
无锡	651.10	66.482 1
南通	730.00	55.748 2
杭州	723.55	47.555 8
宁波	781.10	39.547 3
温州	917.52	61.038 2

（续）

城市	常住人口	普通高校在校生数
绍兴	496.86	32.482 3
厦门	385.15	14.399 2
泉州	850.06	73.183 5
福州	706.41	57.294 5
漳州	499.86	39.482 1
海口	164.80	15.059 9
三亚	76.42	10.281 2
儋州	94.54	7.128 2
琼海	50.61	4.291 4

注：数据来源于各省统计年鉴及《中国统计年鉴》。

2.3.2 计算结果

通过下式计算各城市人口首位度（表2-2）：

人口首位度＝首位城市常住人口数/[（第二大城市常住人口数×50％）＋（第三大城市常住人口数×30％）＋（第四大城市常住人口数×20％）]

表2-2 各城市人口首位度

城市	郑州	哈尔滨	长春	沈阳	呼和浩特	兰州	乌鲁木齐	西安	成都	昆明
人口首位度	1.378	2.384	2.012	1.483	0.975	1.376	5.661	1.661	2.455	1.463

城市	武汉	长沙	济南	青岛	合肥	南京	杭州	厦门	海口	重庆
人口首位度	8.715	1.059	0.948	2.069	1.963	0.968	0.945	0.522	2.148	极大

2.3.3 比较分析

为了方便比较分析，我们将表2-2中数据制成柱状图，如图2-1所示。

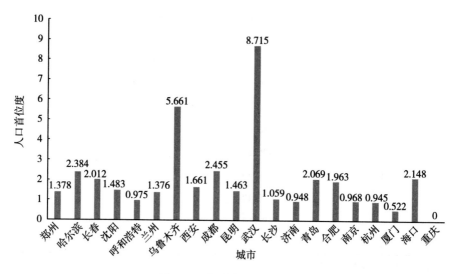

图 2-1　各城市人口首位度

我们对比城市人口首位度发现，1.0 和 2.0 为两个分水岭，其中，人口首位度在 1.0 和 2.0 之间的城市，包括郑州、沈阳、兰州、西安、昆明、长沙、合肥 7 座城市，人口首位度指标处于正常水平，人口集中能力适中，有利于区域稳定和城市发展；人口首位度在 1.0 以下的城市，包括呼和浩特、济南、南京、杭州、厦门 5 座城市，人口首位度指标处于较低水平，人口集中能力较差，人口集中水平于所在区域不高，城市发展潜力不足；人口首位度在 2.0 以上的城市包括哈尔滨、长春、乌鲁木齐、成都、武汉、青岛、海口，7 座城市人口首位度指标处于较高水平，尤其是乌鲁木齐和武汉这两座城市，人口集中能力过强，区域人口要素存在发展失衡，不利于区域稳定和城市发展。在区域人口首位度分析上，郑州市位于第一梯度，对其造成较强竞争压力的有沈阳、兰州、西安、昆明、长沙、合肥 6 座城市。

2.4　经济首位度

2.4.1　数据收集

相关城市 2011—2016 年的地区生产总值见表 2-3。

表 2 - 3 相关城市 2011—2016 年 GDP（亿元）

城市	GDP					
	2011 年	2012 年	2013 年	2014 年	2015 年	2016 年
郑州	4 979.8	5 549.8	6 201.9	6 776.9	7 311.5	8 025.3
洛阳	2 717.0	3 001.1	3 140.8	3 284.6	3 508.8	3 782.9
开封	1 072.4	1 207.0	1 363.5	1 548.8	1 604.8	1 748.0
新乡	1 469.4	1 600.3	1 766.5	1 918.0	1 982.3	2 140.7
哈尔滨	4 242.2	4 550.2	5 017.1	5 340.1	5 751.2	6 101.6
齐齐哈尔	1 065.8	1 153.8	1 245.0	1 238.8	1 238.8	1 325.3
大庆	3 739.6	4 000.5	4 332.7	5 332.7	2 983.5	2 610.0
牡丹江	934.8	1 092.7	1 216.1	1 166.9	1 186.3	1 231.2
长春	4 003.1	4 456.6	5 003.1	5 342.4	5 530.0	5 917.9
吉林	2 208.0	2 530.0	2 617.4	2 730.2	2 455.2	2 530.0
松原	1 360.0	1 595.9	1 605.4	1 740.0	1 680.3	1 712.6
四平	983.3	1 186.0	1 210.1	1 289.0	1 266.2	1 205.0
沈阳	5 915.7	6 602.6	7 158.5	7 098.7	7 272.3	5 460.0
大连	6 150.6	7 002.8	7 267.0	7 655.6	7 731.6	6 810.2
鞍山	2 444.0	2 687.1	2 623.3	2 721.0	2 326.0	2 120.0
营口	1 222.5	1 381.2	1 513.1	1 591.1	1 513.8	1 300.0
呼和浩特	2 177.2	2 475.6	2 710.3	2 894.0	3 090.5	3 173.5
鄂尔多斯	3 218.5	3 656.8	3 955.9	4 162.2	4 226.1	4 417.9
包头	2 820.8	3 168.8	3 404.8	3 601.2	3 781.9	3 867.6
通辽	1 448.8	1 691.8	1 811.8	1 886.8	1 877.2	1 949.3
兰州	1 360.0	1 563.8	1 776.2	2 000.9	2 095.9	2 264.2
庆阳	454.08	534.1	606.0	668.9	609.4	597.8
天水	349.0	413.9	480.0	496.8	560.0	590.5
酒泉	481.5	574.6	659.0	620.2	560.0	577.9
乌鲁木齐	1 690.0	2 004.1	2 202.8	2 461.4	2 631.6	2 458.9
克拉玛依	800.0	810.0	853.5	847.5	670.1	648.9
库尔勒	817.54	581.3	653.0	741.8	677.3	556.1
昌吉	216.3	252.2	280.9	345.5	374.7	384.7
西安	3 864.2	4 366.1	4 884.1	5 492.6	5 801.2	6 257.1
渭南	1 028.9	1 212.4	1 349.0	1 460.9	1 469.0	1 488.6
咸阳	1 359.1	1 616.2	1 860.3	2 077.3	2 155.9	2 396.0

（续）

城市	GDP					
	2011 年	2012 年	2013 年	2014 年	2015 年	2016 年
宝鸡	1 175.7	1 409.8	1 545.9	1 658.5	1 788.5	1 932.1
成都	6 854.5	8 138.9	9 108.8	10 056.5	10 801.1	12 170.2
绵阳	1 189.1	1 346.4	1 455.1	1 579.9	1 700.3	1 830.4
德阳	1 137.4	1 280.2	1 395.9	1 515.6	1 605.1	1 752.5
宜宾	1 091.1	1 242.7	1 342.8	1 443.8	1 525.9	1 653.0
重庆	10 011.3	11 409.6	12 783.2	14 262.6	15 717.2	17 740.5
昆明	2 509.5	3 011.1	3 415.3	3 712.9	3 968.0	4 300.0
曲靖	1 583.9	1 400.2	1 583.9	1 775.1	1 630.2	1 775.1
大理	2 163.2	2 551.7	2 873.2	3 166.5	3 339.7	3 350.6
玉溪	876.6	1 000.2	1 102.5	1 184.7	1 245.7	1 311.9
武汉	6 762.2	8 003.8	9 051.2	10 069.4	10 905.6	11 912.6
荆州	1 043.1	1 196.0	1 334.9	1 480.4	1 590.5	1 726.7
襄樊	2 132.2	2 502.0	2 814.0	3 129.3	3 382.1	3 694.5
宜昌	2 140.6	2 508.8	2 818.0	3 132.2	3 384.8	3 709.3
长沙	5 619.3	6 399.9	7 153.1	7 824.8	8 510.1	9 455.3
衡阳	1 746.4	1 957.7	2 169.4	2 395.5	2 601.5	2 853.0
邵阳	907.2	1 028.4	1 130.0	1 261.6	1 387.0	1 520.8
常德	1 811.2	2 038.5	2 264.9	2 514.2	2 709.0	2 955.5
济南	4 406.2	4 803.7	5 230.1	5 770.6	6 100.2	6 536.1
青岛	6 615.6	7 302.1	8 006.6	8 692.1	9 300.0	10 011.2
烟台	4 906.8	5 281.3	5 613.8	6 002.0	6 446.0	6 925.6
威海	2 110.9	2 337.8	2 549.6	2 790.3	3 001.5	3 212.2
合肥	3 636.6	4 164.3	4 672.9	5 157.9	5 660.2	6 274.3
芜湖	1 658.2	1 873.6	2 099.5	2 307.9	2 457.3	2 699.4
安庆	1 215.7	1 359.7	1 418.2	1 544.3	1 613.2	1 531.2
马鞍山	1 144.1	1 232.0	1 293.0	1 357.4	1 365.3	1 493.7
南京	6 145.5	7 201.6	8 011.7	8 820.7	9 720.7	10 503.0
苏州	10 717.2	12 011.6	13 015.7	13 760.8	14 400.0	15 400.0
无锡	6 880.2	7 568.1	8 070.1	8 205.3	8 518.2	9 210.0
南通	4 080.2	4 558.6	5 150.0	5 652.6	6 148.4	6 768.2
杭州	7 019.0	7 802.0	8 343.5	9 206.1	10 050.2	11 313.7

（续）

城市	GDP					
	2011 年	2012 年	2013 年	2014 年	2015 年	2016 年
宁波	6 010.4	6 524.7	7 128.8	7 602.5	8 011.4	8 541.1
温州	5 045.4	4 619.8	4 302.8	4 003.8	3 650.0	3 350.8
绍兴	3 291.2	3 620.1	3 967.2	4 265.8	4 466.6	4 710.1
厦门	2 539.3	2 817.1	3 018.1	3 273.5	3 466.0	3 784.2
泉州	4 270.8	4 726.5	5 218.0	5 733.3	6 137.7	6 646.6
福州	3 734.7	4 218.2	4 678.5	5 169.1	5 618.1	6 197.7
漳州	1 768.2	2 012.9	2 246.2	2 506.3	2 767.3	3 125.3
海口	713.3	818.8	904.6	1 091.7	1 161.9	1 257.6
三亚	284.5	330.7	373.4	404.3	435.0	475.5
儋州	142.8	145.0	195.2	221.1	230.1	258.7
琼海	128.5	145.1	162.6	179.6	202.5	220.5

注：数据来源于各市统计年鉴及国家数据网。

2.4.2 计算结果

通过下式计算各城市经济首位度（表 2 - 4）：

经济首位度＝首位城市 GDP/[（第二大城市 GDP×50％）＋（第三大城市 GDP×30％）＋（第四大城市 GDP×20％）]

表 2 - 4 各城市 2011—2016 年经济首位度

城市	经济首位度					
	2011 年	2012 年	2013 年	2014 年	2015 年	2016 年
郑州	2.523	2.543	2.659	2.721	2.778	2.822
哈尔滨	2.303	2.28	2.317	2.177	3.283	3.606
长春	2.343	2.25	2.462	2.491	2.786	2.93
沈阳	1.46	1.44	1.516	1.431	1.494	1.269
呼和浩特	0.793	0.794	0.806	0.818	0.853	0.848
兰州	3.177	3.09	3.069	3.293	3.585	3.827
乌鲁木齐	2.455	3.182	3.245	3.441	4.292	4.327
西安	3.339	3.18	3.168	3.259	3.336	3.383
成都	5.94	6.233	6.438	6.558	6.599	6.87

（续）

城市	经济首位度					
	2011 年	2012 年	2013 年	2014 年	2015 年	2016 年
昆明	1.553	1.808	1.822	1.79	1.92	1.995
武汉	4.255	4.326	4.361	4.368	4.385	4.39
长沙	3.727	3.776	3.812	3.764	3.768	3.822
济南	0.847	0.842	0.844	0.861	0.849	0.846
青岛	1.615	1.64	1.665	1.658	1.665	1.672
合肥	2.556	2.617	2.695	2.731	2.851	2.997
南京	0.746	0.784	0.804	0.842	0.885	0.889
杭州	1.356	1.452	1.477	1.572	1.677	1.82
厦门	0.704	0.699	0.677	0.666	0.653	0.652
海口	3.384	3.442	3.257	3.586	3.553	3.499

2.4.3　比较分析

为了方便对所选 20 个城市 2011—2016 年经济首位度进行动态观察，我们将各个城市的数据绘制成折线图。通过经济首位度折线图容易看出其经济首位度的变化趋势。

郑州市 2011 年 GDP 为 4 979.8 亿元，经济首位度为 2.523，到 2016 年，GDP 达到 8 025.3 亿元，经济首位度为 2.822（图 2-2）。从经济总量来看发展平稳且较快，与此同时首位度也呈上升趋势，说明河南省范围内郑

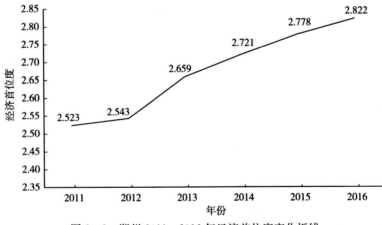

图 2-2　郑州 2011—2016 年经济首位度变化折线

州市发展速度遥遥领先。

　　哈尔滨市 2011 年 GDP 为 4 242.2 亿元，经济首位度为 2.303，到 2016 年，GDP 达到 6 101.6 亿元，经济首位度为 3.606，其中，2011—2014 年经济首位度较为平稳，整体波动不大，但 2011—2012 年和 2013—2014 年呈现负增长，2014—2016 年实现增长，其中 2014—2015 年增长较为迅猛（图 2 - 3）。

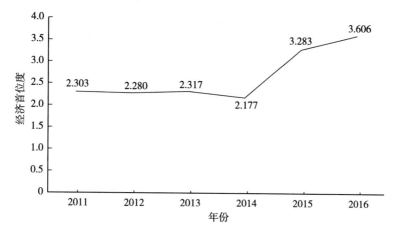

图 2 - 3　哈尔滨 2011—2016 年经济首位度变化折线

　　长春市 2011 年 GDP 为 4 003.1 亿元，经济首位度为 2.343，到 2016 年，GDP 达到 5 917.9 亿元，经济首位度为 2.930。经济首位度整体变化平稳（图 2 - 4），波动不大，说明长春市在吉林省经济层面的重要程度始终平稳地保持在较高水平。

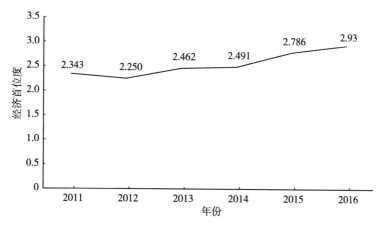

图 2 - 4　长春 2011—2016 年经济首位度变化折线

沈阳市 2011 年 GDP 为 5 915.7 亿元，经济首位度为 1.460，到 2016 年，GDP 达到 5 460.0 亿元，经济首位度为 1.269。其经济首位度整体呈现上下波动的动态变化（图 2-5），其中 2015—2016 年经济首位度下滑严重，说明 2015 年度沈阳市的经济发展与辽宁省其他城市相比有明显的劣势，经济重要程度下滑。

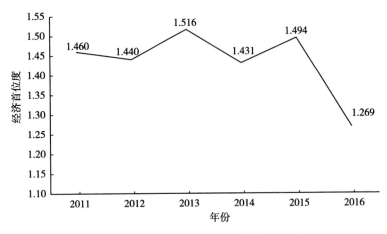

图 2-5　沈阳 2011—2016 年经济首位度变化折线

呼和浩特市 2011 年 GDP 为 2 177.2 亿元，经济首位度为 0.793，到 2016 年，GDP 达到 3 173.5 亿元，经济首位度为 0.848，可以看出，呼和浩特的区域经济首位度一直处于较低水准，但是处于增长趋势，证明呼和浩特市在内蒙古的经济重要程度不足但是正在慢慢增加（图 2-6）。

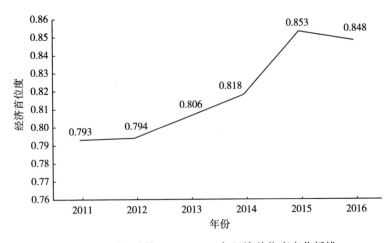

图 2-6　呼和浩特 2011—2016 年经济首位度变化折线

兰州市 2011 年 GDP 为 1 360.0 亿元，经济首位度为 3.177，到 2016 年，GDP 达到 2 264.23 亿元，经济首位度为 3.827，可以看出，兰州市的经济首位度一直处于一个较高水平，且 2013 年以来增势明显且增长幅度较大（图 2-7），证明兰州市在甘肃地区经济重要程度处于较高水准，2013 年以来，其重要程度日益增加。

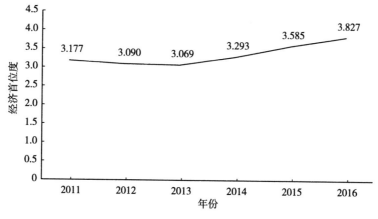

图 2-7 兰州 2011—2016 年经济首位度变化折线

乌鲁木齐市 2011 年 GDP 为 1 690.0 亿元，经济首位度为 2.455，到 2016 年，GDP 达到 2 458.9 亿元，经济首位度为 4.327，乌鲁木齐市的经济总量虽然较低但是整体增速可观，其经济首位度也在逐年增长（图 2-8），尤其是 2016 年，经济首位度达到了 4.327，说明其在新疆地区的重要程度已经达到了很高的水平，同时也意味着乌鲁木齐经济资源过于集中。

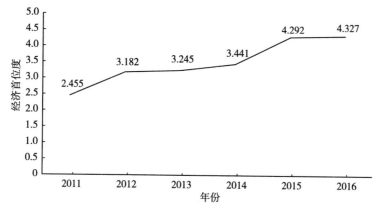

图 2-8 乌鲁木齐 2011—2016 年经济首位度变化折线

西安市 2011 年 GDP 为 3 864.2 亿元，经济首位度为 3.339，到 2016 年，GDP 达到 6 257.1 亿元，经济首位度为 3.383。其中，2011—2013 年西安经济首位度呈下滑表现，尤其是 2011—2012 年；2013—2016 年经济首位度逐年上升，但整体波动幅度保持在 0.3 以内，表示其经济重要程度在陕西处于很高水平且波动不大（图 2-9）。

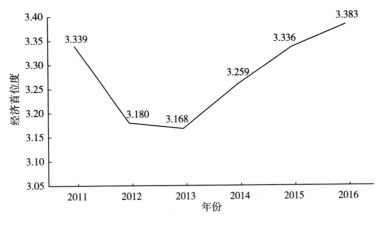

图 2-9　西安 2011—2016 年经济首位度变化折线

成都市 2011 年 GDP 为 6 854.5 亿元，经济首位度为 5.94，到 2016 年，GDP 达到 12 170.2 亿元，经济首位度为 6.87。成都经济总量发展势态可观但经济首位度过于突出并呈现高速上升势态（图 2-10），证明成都市在四川省经济重要程度过高，经济资源太过于集中。

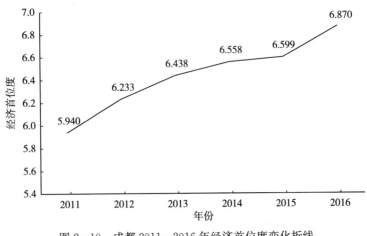

图 2-10　成都 2011—2016 年经济首位度变化折线

昆明市 2011 年 GDP 为 2 509.55 亿元，经济首位度为 1.553，到 2016 年，GDP 达到 4 300.0 亿元，经济首位度为 1.995。由图 2 - 11 可得，昆明市经济首位度除 2013—2014 年间稍有下滑外，整体呈现平稳增长，但是整体水平一般，证明昆明市的经济重要程度一般但正在逐步加强。

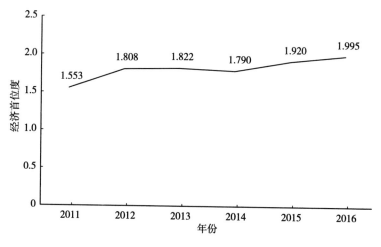

图 2 - 11　昆明 2011—2016 年经济首位度变化折线

武汉市 2011 年 GDP 为 6 762.2 亿元，经济首位度为 4.255，到 2016 年，GDP 达到 11 912.6 亿元，经济首位度为 4.39（图 2 - 12）。可以看出，武汉市经济水平发展迅速，但经济首位度一直处于较高水平且持续增长中，证明武汉市经济重要程度高且越来越高。

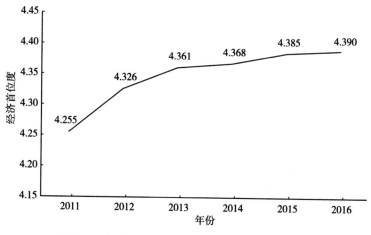

图 2 - 12　武汉 2011—2016 年经济首位度变化折线

长沙市 2011 年 GDP 为 5 619.3 亿元，经济首位度为 3.727，到 2016
年，GDP 达到 9 455.3 亿元，经济首位度为 3.822，由图 2 - 13 可知，长沙
市经济首位度五年波动明显但幅度保持在 0.1 之内，证明长沙市经济重要程
度一直处于较高水平且波动不大。

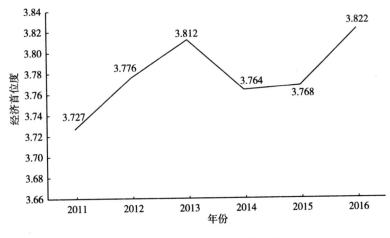

图 2 - 13　长沙 2011—2016 年经济首位度变化折线

济南市 2011 年 GDP 为 4 406.2 亿元，经济首位度为 0.847，到 2016
年，GDP 达到 6 536.1 亿元，经济首位度为 0.846，济南市的经济首位
度在 2011—2016 年内基本在 0.84 和 0.85 之间上下浮动（图 2 - 14），经济首位
度处于较低水平，说明济南市对于山东省的经济重要程度不高且变化不大。

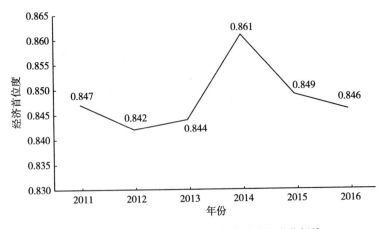

图 2 - 14　济南 2011—2016 年经济首位度变化折线

青岛市 2011 年 GDP 为 6 615.6 亿元，经济首位度为 1.615，到 2016 年，GDP 达到 10 011.2 亿元，经济首位度为 1.672，青岛市首位度在 2011—2016 年整体保持在 1.6 和 1.7 之间且有逐年上升趋势，证明青岛是在山东省经济重要程度较高且集中经济资源能力逐年提高，相较济南市更加具有经济优势（图 2 - 15）。

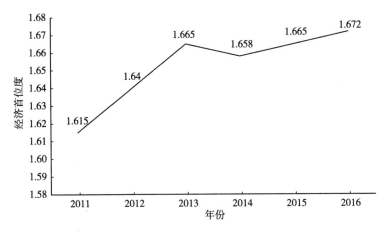

图 2 - 15　青岛 2011—2016 年经济首位度变化折线

合肥市 2011 年 GDP 为 3 636.6 亿元，经济首位度为 2.556，到 2016 年，GDP 达到 6 274.3 亿元，经济首位度为 2.997，由图 2 - 16 可得，合肥市经济首位度在 2011—2016 年呈现逐渐上升的势态，且增势较为迅猛，证明合肥市在安徽省的经济重要程度正在逐年提升，且提升速度较快。

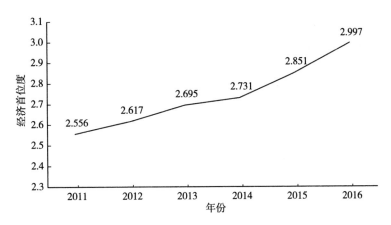

图 2 - 16　合肥 2011—2016 年经济首位度变化折线

南京市 2011 年 GDP 为 6 145.5 亿元，经济首位度为 0.746，到 2016 年，GDP 达到 10 503.0 亿元，经济首位度为 0.889，南京市 2011—2016 年的经济总量增速明显（图 2-17），同时经济首位度也在逐年提升，但是经济首位度整体数值偏小，证明南京市经济重要程度不高但正在逐年提升。

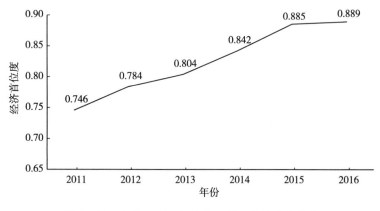

图 2-17　南京 2011—2016 年经济首位度变化折线

杭州市 2011 年 GDP 为 7 019.0 亿元，经济首位度为 1.356，到 2016 年，GDP 达到 11 313.7 亿元，经济首位度为 1.82，虽然杭州市经济总量较大且 2011—2016 年增速可观，但是其经济首位度不高，与此同时，经济首位度在逐年增加，但是增速一般，证明杭州市的经济重要程度虽有提高，但整体程度一般（图 2-18）。

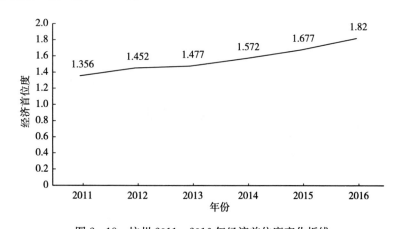

图 2-18　杭州 2011—2016 年经济首位度变化折线

厦门市 2011 年 GDP 为 2 539.3 亿元，经济首位度为 0.704，到 2016

年，GDP 达到 3 784.2 亿元，经济首位度却降到 0.652，厦门市经济总量虽然逐年增长，但是经济首位度呈逐年下降态势（图 2-19），证明厦门市的经济重要程度越来越低，并且低到了一个较低水平，其发展速度已被同区域城市拉下越来越多。

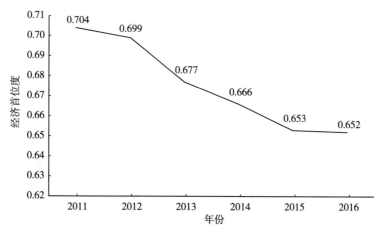

图 2-19　厦门 2011—2016 年经济首位度变化折线

海口市 2011 年 GDP 为 713.3 亿元，经济首位度为 3.384，到 2016 年，GDP 达到 1 257.6 亿元，经济首位度达到 3.499，海口市的经济总量虽然相较其他城市偏低，增长速度也不足，但是经济首位度水平不低，证明其在海南省经济重要程度较高，但是 2014 年来有逐年下降趋势，虽然幅度不大，但其重要程度正在下降（图 2-20）。

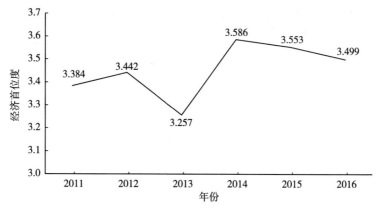

图 2-20　海口 2011—2016 年经济首位度变化折线

为了方便做比较，我们把所有城市的折线图综合在一起制成了图 2 - 21。

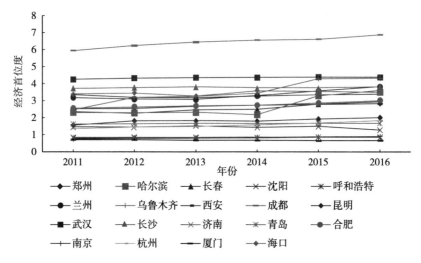

图 2 - 21　各城市 2011—2016 年经济首位度变化折线

为了能够直观地看到和比较各城市经济首位度增长速度，制作了图 2 - 22。

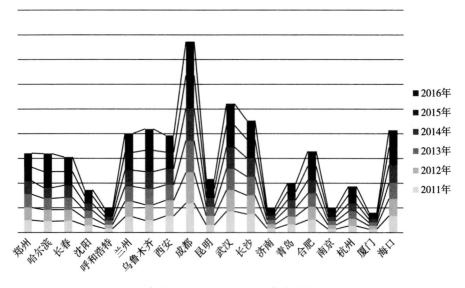

图 2 - 22　各城市 2011—2016 年经济首位度变化堆积图

通过图 2 - 21 和图 2 - 22，发现在经济首位度上，成都市无论是经济首位度的大小还是增长速度都遥遥领先，厦门市的经济首位度在大小和增长速度上则处于最后。增长速度的具体排名为成都、武汉、长沙、乌鲁木齐、海口、兰州、西安、合肥、郑州、哈尔滨、长春、昆明、青岛、杭州、沈阳、南京、济南、呼和浩特、厦门。

2.5 教育首位度

2.5.1 数据收集和计算结果

我们用普通高等学校在校学生数计算教育首位度，数据见表 2-1。通过下式计算各城市教育首位度（表 2-5）。

教育首位度＝首位城市普通高等学校在校学生数/[（第二大城市普通高等学校在校学生数×50%）＋（第三大城市普通高等学校在校学生数×30%）＋（第四大城市普通高等学校在校学生数×20%）]

表 2-5　各城市教育首位度

城市	郑州	哈尔滨	长春	沈阳	呼和浩特	兰州	乌鲁木齐	西安	成都	昆明
教育首位度	2.008	2.594	2.255	1.558	1.166	1.946	7.033	1.914	1.739	1.265

城市	武汉	长沙	济南	青岛	合肥	南京	杭州	厦门	海口	重庆
教育首位度	8.455	1.825	2.274	0.703	2.314	1.053	1.066	0.233	1.850	极大

2.5.2 比较分析

为了方便比较分析，我们将表 2-5 中数据制成柱状图，如图 2-23 所示。

虽然单一地采用普通高等学校在校生人数来测算教育首位度不具备精确性，但是在一定程度上普通高等学校在校生人数也能代表一座城市在教育水平上的地位，与此同时，与城市人口首位度相同，我们发现教育首位度也存在 1.0 和 2.0 两个基准线，教育首位度在 1.0 之下的城市包括青岛和厦门，其教育方面于所在区域的资源集中能力属于较低水准，人才占有能力不强，从某些方面来看城市长远发展乏力；教育首位度在 1.0 和 2.0 之间的城市包

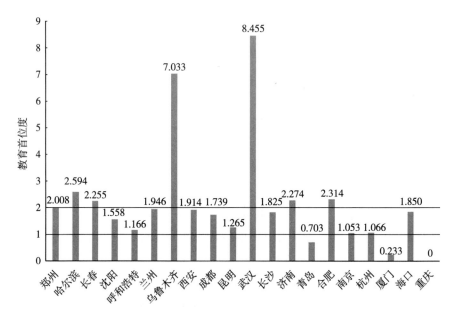

图 2-23　各城市教育首位度

括沈阳、呼和浩特、兰州、西安、成都、昆明、长沙、南京、杭州、海口
10 座城市，教育首位度处于中等水平，教育相关资源集中能力中等，城市
人才占有能力正常，其中兰州、西安、成都、长沙、海口较强，呼和浩特、
昆明、南京和杭州较弱；教育首位度在 2.0 以上的城市包括郑州、哈尔滨、
长春、乌鲁木齐、武汉、济南、合肥 7 座城市，教育首位度处于较高水平，
教育相关资源集中能力强，人才占有能力强，有利于城市发展，尤其是乌鲁
木齐和武汉两座城市，其教育首位度分别达到了 7.033 和 8.455，证明于其
所在区域中，这两座城市在教育方面有着极强的集散、引领、辐射带动能
力。在区域教育首位度分析上，郑州市同样位于第一梯度，对其形成较强竞
争压力的城市有哈尔滨、长春、乌鲁木齐、武汉、济南、合肥 6 座城市。

2.6　结语

通过上述分析发现，在人口首位度上，郑州市位于第一梯度，对其造成
较强竞争压力的有沈阳、兰州、西安、昆明、长沙、合肥 6 座城市，这 6 座
城市于所在区域在人口相关方面的资源集中能力与郑州形成较强的竞争力；

教育首位度上，郑州市同样位于第一梯度，对其形成较强竞争压力的城市有哈尔滨、长春、乌鲁木齐、武汉、济南、合肥6座城市，这6座城市于所在区域在教育相关方面资源集中能力与郑州形成较强的竞争力；在经济首位度上，增速排名在郑州市前面的有成都、武汉、长沙、乌鲁木齐、海口、兰州、西安、合肥8座城市。这8座城市于所在区域在经济相关方面的资源集中能力强于郑州市，竞争压力较大。

相互对比可得，在人口首位度、教育首位度和经济首位度上均对郑州市造成竞争压力的城市只有合肥一座城市，但是各指标数据显示双方差距不大，证明合肥市在安徽省对于人口、教育、经济方面的辐射、集散、带动能力与郑州市在河南省的能力相当，双方城市对于所在区域重要程度相近，发展前景同样可观，竞争关系较为稳定；而西安市、长沙市与兰州市则在人口首位度和经济首位度指标上都与郑州市相近或强于郑州市，但是教育首位度上稍不及郑州市，证明其对于所在省份的人口和经济重要程度与郑州市相当，但是教育重要程度稍有不及，总体来看也与郑州市的国家中心城市建设形成较强的竞争力；武汉市和乌鲁木齐市则在教育首位度和经济首位度上对郑州市造成了一定的竞争压力，虽然人口首位度指标不及郑州市，但是区域的教育要素和经济要素的集中能力相近，竞争关系也较为稳定。

综上所述，在国家中心城市建设中，与郑州市竞争相对激烈的有沈阳、昆明、长沙、成都、武汉、乌鲁木齐、海口、兰州、西安、合肥、哈尔滨、长春、武汉、济南14座城市。其中，合肥为第一梯度城市；西安、长沙、兰州、武汉、乌鲁木齐位于第二梯度；而沈阳、昆明、成都、乌鲁木齐、海口、哈尔滨、长春、济南位于第三梯度，竞争力较弱。

3 人口、经济总量、建成区面积的发展比较

3.1 引言

都市是人类行径和社会经济活动高度汇集的场地，是产业化结构的特别状态，而且是工业、农业、服务业、运输业和贸易活动等在空间上的会合，是某一地区经济的核心。城市的发展与布局对于国家与地区的经济发展和布局有着深刻的影响。近年来，工业化带动了城市化，地区之间的发展带动区域协同发展，形成了一种新型的经济与社会发展新模式。然而，国家中心城市则是一个国家发展过程中极其重要的一环，不可或缺。其具有多项综合性功能，能够带动区域内其他城市的发展进步，是显示负担任务、引领地区成长、踏进国际竞争范畴、代表国家形象的特大型城市。

2005 年，建设部编制《全国城镇体系规划》，第一次提出国家中心城市这一全新的概念。它改变了国内关于行政体系格局的传统认知，将直辖市、省会、地级市、县级市和乡镇的城镇体制格式转变为以国家中心城市为塔尖的金字塔形式，这是结合中国国情在城镇化进程中理念创新的重要标志。

2007 年由建设部上报的《全国城镇体系规划（2006—2020 年）》指出，国家中心城市是一个国家城镇体制的中枢，它在国家的金融体系、管理模式、文化氛围和交通运输中发挥着重要的中心和关键作用，在推进国际经济成长和文化交换方面也施展着重要的门户功用。国家中心城市理当具备本国范围内的焦点性和一定地区内的国际性两大特质。这两大特质的确定，能够为国家中心城市的建立探索到根本的理论支持，着实在本来理念的基础上进

一步强化国家中心城市科学内涵的提高。

2008 年，国家中心城市正式出现在《珠江三角洲地区改革发展规划纲要》中，被用来概括描述广州的都市定位。2010 年 2 月，住房和建设部发布的《全国城镇体系规划（2010—2020）》中，明确提出五大中心城市（北京、天津、上海、广州、重庆）的规划和定位。一定程度上在国家层面确定了国家中心城市在中国具备引领、辐射、集散功效，使国家中心城市的内涵进一步丰富与完善。

2017 年，国家发展和改革委员会出台《关于支持郑州建设国家中心城市的指导意见》，重点是郑州市要努力建设具有创新优势、区域优势、人口优势和文化优势的全国性中心城市，为中原城市群的整合和发展做出自己的贡献，以及在全国发展大局中占有重要位置。至此，国家已经明确支持建立的国家中心城市有北京、天津、上海、广州、重庆、成都、武汉、郑州等 8 个，仍然有若干城市在热烈的讨论与酝酿之中。

国家中心城市的基本功能作用一般包含区域引领、协调辐射、城市服务、信息枢纽四个方面。

区域引领功能：综合市场占有力、科技创新力、贸易流通力，是衡量一个城市能否成为国家中心城市极其重要的指标。同时城市区域引领能力的高低充分决定了其投资环境的好坏以及产业聚集能力的强弱，从而影响到整个城市集聚资源能力的强弱、创造财富的多少以及区域辐射总量、结构和效率水平。量度地区引领能力的高低可以从控制中心、创新中心、贸易中心三方面考察。

协调辐射功能：它是整个国家中心城市的基础。一个城市的辐射能力越强，市场占有率也越高，相应的，获取的利润和财富就会越多。城市辐射范围越大，潜在的资源供给地就会越多，能更大程度地得到经济发展、科技进步等所需要的资本。

城市服务功能：该功能是从社会经济发展角度出发，来探索城市产业结构是否完善，居民生活质量以及政府服务质量是否达标，城市服务功能的强弱能很好地体现国家中心城市是否以人为本发展与进步。

信息枢纽功能：该功能主要观察城市的信息化水平和文化水平。衡量信息枢纽功能的强弱一般以信息中心和文化中心这两方面的数据为参考。

本书以为郑州市加快国家中心城市建设提供理论支持和政策措施为目的，选取已经进入国家中心城市建设和有可能进入国家中心城市建设的城市为分析样本，选取备选城市的人口、经济总量以及建成区面积2000—2016年的数据，进行郑州与其他城市在国家中心城市建设中的比较分析，并进行动态分析预测。

3.2　比较城市的确定和预测模型简介

3.2.1　比较城市的确定和数据收集

备选城市的选取要遵循三个基本原则：①合理性原则。目的是说明备选城市的选取必须是建立在合理性的基础上，就是说在城市的选取过程中，要对涉及的各项指标进行综合性分析，以达到合理选取备选城市的目的。②单一性原则。要求选取备选城市时，该城市的经济总量、人口、建成区面积等数据可以分别进行单一性比较。③可行性原则。要求该选取城市的经济总量、人口、建成区面积等的数据指标准确，且便于获取、比较。

同时，备选城市的确定还要注意两点：①近20年内，城市的经济总量、人口、建成区面积这三项数据应较为稳定，不出现较大的波动，易于观察比较。②在选取过程中要注意地域与空间的分布，既不应只着眼于沿海发达城市也不只认准西北等发展较落后城市，而是在全国各地选取较为突出的城市使其能得出较为合理的结果，具有全面性、充分性。

根据以上原则以及综合分析，笔者确定了如下备选城市：郑州、哈尔滨、长春、沈阳、呼和浩特、兰州、乌鲁木齐、西安、成都、重庆、昆明、武汉、长沙、济南、青岛、合肥、南京、杭州、厦门、天津。本章的分析只围绕以上城市进行。

人口、经济总量等的数据均来源于各城市的统计公报，建成区面积来自《中国城市统计年鉴》。

3.2.2　预测模型简介

中国学者邓聚龙教授创立的灰色系统理论是研究数据不确定性和信息不

确定性的一种新方法。其主要内容包含灰色运算与灰色代数系统、灰色方程、灰色矩阵等灰色系统的基础理论；序列算子和灰色挖掘方法；用于系统诊断、分析的系列灰色关联分析模型；用于解决系统要素和对象分类问题的多种灰色聚类评估模型；系列灰色预测模型（GM）和灰色系统预测方法及技术；主要用于方案评价和选择的灰靶决策和多目标加权灰靶决策模型；以多方法融合改进为特点的灰色组合模型，如灰色规划、灰色投入产出、灰色博弈、灰色控制等。

本书主要利用灰色系统中的 GM 模型对数据进行相应的预测。选取相应的历史数据，运用其基本原理进行可行性预测，从而得出未来一段时期的数据量。其建模过程如下：

第 1 步：累加生成。设原始非负序列为 $X(0)=(x(0)(1)，\cdots，x(0)(n))$，则 $x(0)$ 的 1 - AGO 序列为 $X(1)=(x(1)(1)，\cdots，x(1)(n))$，其中，$X(1)=\sum_{i=1}^{k}x^{(0)}(i)$，$k=1，\cdots，n$。

第 2 步：构造背景值。由 $X(1)$ 构造背景值序列 $Z(1)=(z(1)(2)，\cdots，z(7)(n))$，其中 $Z(1)(k)=\alpha x(1)(k)+(1-\alpha)x(1)(k-1)$，$k=2，3，\cdots，n$，一般取 $\alpha=0.5$，作紧邻均值生成。

第 3 步：假定 $X(1)$ 具有近似值数变化规律，则白化微分方程为 $\frac{\mathrm{d}x^{(1)}}{\mathrm{d}t}+ax(1)=b$。将上式离散化，微分变差分，得到 GM（1，1）灰微分方程 $x(0)(k)+az(1)(k)=b$。

第 4 步：用最小二乘法可以解得参数 a、b，其中$-a$ 为发展系数，其大小反映了序列的增长速度；b 为灰作用量。$\hat{a}=[a，b]^{\mathrm{T}}=(\boldsymbol{B}^{\mathrm{T}}\boldsymbol{B})^{-1}\boldsymbol{B}^{\mathrm{T}}\boldsymbol{Y}=\boldsymbol{B}^{-1}\boldsymbol{Y}$，其中：

$$\boldsymbol{B}=\begin{bmatrix} -z^{(1)}(2) & 1 \\ \vdots & \vdots \\ -z^{(1)}(n) & 1 \end{bmatrix}，\boldsymbol{Y}=\begin{bmatrix} x^{(0)}(2) \\ \vdots \\ x^{(0)}(n) \end{bmatrix}$$

第 5 步：$X(1)$ 的预测公式为：

$$\hat{x}^{(1)}(k+1)=\left(x^{(0)}(1)-\frac{b}{a}\right)\mathrm{e}^{-ak}+\frac{b}{a}$$

相应的，$X(0)$ 的预测公式为：

$$\hat{x}^{(0)}(k+1) = \hat{x}^{(1)}(k+1) - \hat{x}^{(1)}(k) = (1-e^a)\left(x^{(0)}(1) - \frac{b}{a}\right)e^{-ak}$$

其优点是：①不需要大量样本；②样本不需要有规律性分布；③计算工作量小；④定量分析结果与定性分析结果不会不一致；⑤可用于短期、中长期预测；⑥灰色预测准确度高。

3.3 主要城市的人口比较和预测

3.3.1 人口比较

为了能直观、清楚地观察各个主要城市的人口变化，现将收集到的有关总人口与人口自然增长率的数据汇总成表（表3-1和表3-2），且表中数据均来自各城市的各个年份的统计公报。

表3-1 主要城市2000—2016年总人口（万人）

城市	2000年	2001年	2002年	2003年	2004年	2005年	2006年	2007年	2008年
郑州	665.9	677.0	687.7	697.7	708.2	716.0	724.3	735.6	743.6
哈尔滨	941.3	941.1	948.3	954.3	970.2	974.8	980.4	987.4	989.9
长春	699.6	705.7	712.5	718.0	724.0	731.5	739.3	745.9	752.5
沈阳	685.1	689.3	688.9	689.1	693.9	698.6	703.6	709.8	713.5
呼和浩特	209.2	211.8	213.5	213.9	214.7	213.5	215.8	220.8	224.3
兰州	290.7	296.5	301.0	304.4	308.1	311.7	313.6	319.3	322.3
乌鲁木齐	164.4	169.0	175.7	181.5	186.0	194.2	201.8	211.6	236.1
西安	688.0	694.8	702.6	716.6	725.0	741.7	753.1	764.3	772.3
成都	1 013.4	1 019.9	1 028.3	1 044.1	1 059.7	1 082.0	1 103.4	1 112.3	1 125.0
重庆	3 091.1	3 097.9	3 113.8	3 130.1	3 144.2	3 169.2	3 198.9	3 235.3	3 257.1
昆明	480.9	487.5	494.8	500.8	504.0	508.5	514.3	517.7	528.5
武汉	746.4	753.3	764.4	781.2	785.9	801.4	818.8	828.8	833.2
长沙	583.2	587.1	595.5	601.8	610.4	620.9	631.0	637.4	641.7
济南	562.7	569.0	575.0	582.6	590.1	597.4	603.4	604.9	604.0
青岛	706.7	710.5	715.7	720.7	731.1	740.9	749.4	758.0	761.6
合肥	438.2	442.2	448.1	456.6	444.7	455.7	469.9	478.9	486.7
南京	544.9	553.0	563.3	572.2	583.6	595.8	607.2	617.2	624.5

（续）

城市	2000 年	2001 年	2002 年	2003 年	2004 年	2005 年	2006 年	2007 年	2008 年
杭州	621.6	629.1	636.8	642.8	651.7	660.5	666.3	672.4	677.6
厦门	131.3	134.4	137.2	141.8	146.8	153.2	160.4	167.2	173.7
天津	912.7	914.0	919.1	926.0	932.6	939.3	948.9	959.1	968.9

城市	2009 年	2010 年	2011 年	2012 年	2013 年	2014 年	2015 年	2016 年
郑州	752.1	866.1	885.7	903.1	919.1	937.8	956.9	972.4
哈尔滨	991.6	992.0	993.3	993.5	995.2	987.3	961.4	962.1
长春	756.5	758.9	761.8	756.9	752.7	754.5	753.8	753.4
沈阳	716.5	719.6	722.7	724.8	727.1	730.8	730.4	734.4
呼和浩特	227.4	229.6	231.3	232.6	234.0	238.0	238.6	241.0
兰州	323.6	323.5	323.3	321.5	321.4	322.0	323.4	324.2
乌鲁木齐	241.2	243.0	249.4	257.8	262.9	266.9	266.8	267.9
西安	781.7	782.7	791.8	796.0	806.9	815.3	815.7	824.9
成都	1 139.6	1 149.0	1 163.3	1 173.3	1 188.0	1 210.7	1 228.1	1 398.9
重庆	3 275.6	3 303.5	3 329.8	3 343.4	3 358.4	3 375.2	3 371.8	3 392.1
昆明	534.0	536.3	544.0	543.5	546.8	550.5	555.6	559.8
武汉	835.6	836.7	827.2	821.7	822.1	827.8	829.3	833.8
长沙	646.8	650.1	656.6	660.6	662.8	671.4	680.4	696.0
济南	603.3	604.1	606.6	609.2	613.3	621.6	625.7	632.8
青岛	762.9	763.6	766.4	769.6	773.7	780.6	783.0	791.4
合肥	491.4	495.0	706.1	710.5	711.5	712.8	717.7	729.8
南京	629.8	632.4	636.4	638.5	643.1	648.7	653.4	662.8
杭州	683.4	689.1	695.7	700.5	706.6	715.8	723.6	736.0
厦门	177.0	180.2	185.3	190.9	196.8	203.4	211.2	220.6
天津	979.8	985.0	996.4	993.2	1 004.0	1 016.7	1 026.9	1 044.4

表 3-2 主要城市 2000—2016 年人口自然增长率（%）

城市	2000 年	2001 年	2002 年	2003 年	2004 年	2005 年	2006 年	2007 年	2008 年
郑州	5.6	5.6	4.0	3.8	4.2	4.2	4.4	4.7	4.8
哈尔滨	3.8	4.0	4.2	3.4	11.9	4.4	2.8	5.2	5.1

（续）

城市	2000 年	2001 年	2002 年	2003 年	2004 年	2005 年	2006 年	2007 年	2008 年
长春	2.4	2.6	2.7	2.1	4.2	2.4	5.3	6.4	7.4
沈阳	1.7	0.9	0.9	0.9	0.03	0.9	1.1	2.4	−0.8
呼和浩特	4.1	7.5	6.1	5.0	5.8	−1.7	4.9	10.1	8.8
兰州	2.0	1.8	2.2	3.1	2.1	2.0	2.6	2.5	3.0
乌鲁木齐	5.6	6.2	5.8	4.5	5.0	5.6	5.4	5.2	5.5
西安	4.7	4.7	4.4	4.4	4.5	4.4	5.0	4.5	4.6
成都	1.7	1.6	0.2	0.5	0.9	1.7	2.1	2.0	2.1
重庆	3.5	2.4	3.4	3.8	3.3	5.3	6.8	8.7	5.8
昆明	5.0	5.4	6.0	6.9	5.8	6.2	6.5	6.0	5.6
武汉	1.8	2.5	2.9	2.2	−1.9	2.9	3.7	3.6	2.5
长沙	3.5	3.8	2.9	3.0	3.4	3.8	4.2	4.2	5.1
济南	4.0	3.8	3.7	2.1	3.8	3.8	3.1	3.1	3.3
青岛	3.4	3.0	3.9	0.4	4.2	3.7	2.5	3.8	1.7
合肥	8.4	5.4	5.3	6.1	6.2	4.2	10.0	9.2	6.9
南京	0.8	1.0	1.2	−0.6	1.3	2.3	1.7	1.8	2.5
杭州	3.6	2.9	2.7	2.3	4.0	3.3	2.8	3.4	2.8
厦门	3.7	6.0	4.9	4.4	5.7	5.6	7.5	8.5	10.2
天津	1.5	1.6	1.5	1.1	1.3	1.4	1.6	2.1	2.2

城市	2009 年	2010 年	2011 年	2012 年	2013 年	2014 年	2015 年	2016 年
郑州	4.9	5.2	5.3	5.5	5.6	5.9	5.8	6.6
哈尔滨	4.1	3.2	2.7	−0.5	2.8	0.4	−0.2	2.3
长春	5.4	3.8	4.2	4.1	9.2	6.5	2.2	4.4
沈阳	0.2	−0.6	−0.1	−0.09	0.1	1.9	−1.6	1.2
呼和浩特	8.8	4.1	4.5	4.9	8.7	4.8	5.4	6.2
兰州	4.5	4.4	5.2	4.6	5.0	5.0	5.1	5.4
乌鲁木齐	4.9	4.6	5.0	5.2	4.8	5.6	4.8	4.6
西安	4.5	4.0	4.3	4.6	4.2	4.6	4.6	6.1
成都	1.9	−0.2	4.5	0.1	2.7	4.7	4.5	5.1
重庆	4.5	7.3	6.5	3.9	4.7	5.1	4.0	4.5
昆明	5.8	5.8	5.7	5.6	5.6	5.8	6.0	6.2
武汉	3.8	1.6	2.1	5.2	6.3	7.3	7.0	6.0

（续）

城市	2009 年	2010 年	2011 年	2012 年	2013 年	2014 年	2015 年	2016 年
长沙	5.4	5.0	6.9	6.1	4.7	10.0	9.7	10.6
济南	2.6	2.8	4.3	3.7	4.5	4.3	5.6	8.3
青岛	1.5	0.7	1.3	1.6	1.2	1.6	2.0	1.8
合肥	6.9	6.5	4.8	4.6	4.3	7.0	8.1	11.5
南京	2.0	1.8	1.6	2.2	1.8	2.0	2.1	2.0
杭州	3.4	3.4	4.6	4.0	4.7	6.9	4.2	7.2
厦门	8.3	4.3	7.1	11.0	11.2	11.3	10.7	11.9
天津	2.6	2.3	2.5	2.6	2.3	2.1	0.2	1.8

通过图 3-1 所示的折线图可以较为直观地看出：2000—2009 年这个时间段内，郑州市总人口虽然每年都在增加，但增加的幅度较小，这一点也可由每年的人口自然增长率得出。即在该时间段内郑州市的总人口变化幅度不大，较为平稳。这说明该时期内郑州人口数量进入了一个较为平稳的状态。然而，2009—2011 年，郑州市人口数量呈现出了较大幅度的上升，人口自然增长率提高，从侧面反映出该地区发展的变化之大。2011—2016 年所呈现的是人口平稳的增长，没有较大幅度的变化。

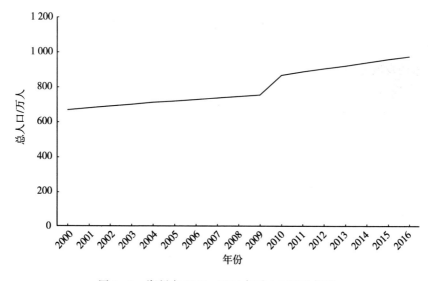

图 3-1　郑州市 2000—2016 年总人口变化折线

选取 2000 年、2005 年、2010 年、2015 年的数据来观察郑州在 20 个备选城市中的位次情况：其中 2000 年，备选城市中人口数量排名第一的城市为重庆市（3 091.1 万人），最后一名为厦门市（131.3 万人），郑州市居于第 10 位，人数为 665.9 万。人数与郑州市相差不大的城市分别为长春市（699.6 万人）、沈阳市（685.1 万人）、西安市（688.0 万人）、杭州市（621.6 万人）。2005 年时，排名第一的为重庆市（3 169.2 万人），最后一名为厦门市（153.2 万人），郑州市（716.0 万人）超越沈阳市（698.6 万人），从而排名为第 9 位。2010 年，重庆市（3 275.6 万人）仍居于榜首，而厦门市（177.0 万人）也仍旧为最后一位，郑州市（866.1 万人）超越长春市（758.9 万人）、西安市（782.7 万人）、武汉市（836.7 万人）、青岛市（710.5 万人）等城市成为人口数量排名第 5 位的城市。2015 年与 2010 年比较，城市的位次排名基本没有发生变化，郑州市仍然为第 5 名。

综上所述，郑州市近 17 年来，人口总量一直上升，排名在上升，但这种上升是阶段性的，总体来看呈平稳上升趋势。人口数量较重庆、成都等城市还有较大差距。虽然如此，郑州市也可以利用富余劳动力多等特点，积极吸引投资，大力发展。

3.3.2 人口预测

由于 2015 年时郑州市在主要城市排在第 5 位，因此，只需要对郑州市以及前 4 位的城市进行 10 年的预测（表 3-3），从而观察郑州与其他城市在未来的发展差距。

表 3-3 主要城市未来 10 年人口预测（万人）

城市	人口预测									
	2017 年	2018 年	2019 年	2020 年	2021 年	2022 年	2023 年	2024 年	2025 年	2026 年
郑州	1 010.8	1 039.2	1 068.5	1 098.5	1 129.5	1 161.2	1 193.9	1 227.5	1 262.0	1 297.6
重庆	3 440.2	3 462.7	3 485.4	3 508.2	3 531.2	3 554.3	3 577.6	3 601.0	3 624.6	3 648.3
成都	1 302.7	1 323.9	1 345.4	1 367.3	1 389.5	1 412.1	1 435.0	1 458.3	1 482.0	1 506.1
哈尔滨	992.4	994.3	996.2	998.1	1 000.0	1 001.9	1 003.8	1 005.7	1 007.6	1 009.6
天津	1 045.4	1 054.4	1 063.6	1 072.8	1 082.1	1 091.5	1 100.9	1 110.5	1 120.1	1 129.8
长春	770.5	773.9	777.3	780.8	784.2	787.7	791.2	794.6	798.2	801.7

（续）

城市	人口预测									
	2017 年	2018 年	2019 年	2020 年	2021 年	2022 年	2023 年	2024 年	2025 年	2026 年
呼和浩特	243.7	246.0	248.3	250.7	253.0	255.4	257.9	260.3	262.8	265.3
兰州	330.7	332.5	334.2	336.0	337.8	339.6	341.4	343.2	345.0	346.8
乌鲁木齐	294.2	303.8	313.8	324.1	334.8	345.8	357.2	369.0	381.1	393.6
西安	843.3	852.8	862.4	872.1	881.9	891.7	901.9	912.0	922.3	932.7
昆明	568.4	573.6	578.8	584.1	589.4	594.8	600.2	605.7	611.2	616.8
武汉	851.3	856.0	860.7	865.5	870.3	875.1	879.9	884.8	889.7	894.6
长沙	697.5	704.6	711.8	719.0	726.3	733.7	741.2	748.7	756.4	764.1
济南	632.5	636.1	639.8	643.4	647.1	650.9	654.6	658.3	662.1	665.9
青岛	798.5	803.9	809.2	814.6	820.1	825.6	831.1	836.6	842.2	847.8
合肥	792.8	828.0	864.8	903.2	943.4	985.3	1 029.0	1 074.7	1 122.5	1 172.3
南京	676.4	683.9	691.5	699.3	707.0	714.9	722.9	730.9	739.1	747.3
杭州	738.5	745.8	753.1	760.5	767.9	775.4	783.0	790.7	798.5	806.3
厦门	403.6	450.4	502.7	561.1	626.2	698.9	780.0	870.6	971.7	1 084.5
天津	1 045.4	1 054.4	1 063.6	1 072.8	1 082.1	1 091.5	1 100.9	1 110.5	1 120.1	1 129.8

由 GM 预测模型得到的未来 10 年的人口数量可以看出：各备选城市的人口数量都在稳步上升，由于重庆市继续保持着人口优势，排在第一位；郑州市在 2026 年成功超越了天津市、哈尔滨市，成为第三名；这说明郑州市在人口方面有着很大的优势，有望在下一个 10 年里超越重庆、成都。

3.4 主要城市建成区面积比较和预测

3.4.1 建成区面积比较

表 3 - 4 中各主要城市的建成区面积的数据均来自 2000—2016 年的《中国城市统计年鉴》。

表 3 - 4 主要城市 2000—2016 年建成区面积（千米²）

城市	2000 年	2001 年	2002 年	2003 年	2004 年	2005 年	2006 年	2007 年	2008 年
郑州	140.35	147.23	156.39	170.10	187.69	262.00	282.00	320.66	328.66
哈尔滨	189.00	202.24	213.84	225.09	292.97	302.41	331.21	336.01	340.33

（续）

城市	2000年	2001年	2002年	2003年	2004年	2005年	2006年	2007年	2008年
长春	152.65	159.36	168.60	171.00	192.74	230.96	267.38	284.76	327.71
沈阳	214.21	225.33	248.60	261.00	291.00	310.00	325.00	347.00	370.00
呼和浩特	101.32	112.54	120.00	120.00	135.00	143.00	150.00	150.00	154.00
兰州	140.56	153.24	179.83	141.06	141.06	147.90	154.00	175.81	182.88
乌鲁木齐	159.14	163.62	167.12	169.90	172.26	176.43	235.88	261.88	302.80
西安	168.00	173.51	186.97	203.77	221.74	230.71	261.40	267.91	272.71
成都	270.00	276.80	290.44	382.50	386.02	395.49	396.94	408.66	427.65
重庆	398.42	415.22	437.90	523.71	514.28	582.51	631.35	667.45	708.37
昆明	130.25	142.38	155.24	185.24	190.24	192.76	232.76	253.30	280.20
武汉	198.33	205.00	214.22	216.22	218.22	220.22	222.30	222.30	460.00
长沙	118.55	126.30	129.38	135.84	144.85	146.00	155.00	181.23	242.78
济南	174.00	180.56	189.57	200.08	217.16	238.35	305.00	315.34	326.20
青岛	114.05	122.26	133.03	145.91	154.82	178.76	227.46	250.69	267.12
合肥	131.66	138.00	148.32	148.32	748.32	224.74	224.74	224.74	268.00
南京	420.60	432.28	438.63	446.79	484.27	512.60	574.94	577.44	592.07
杭州	221.14	238.82	255.58	275.02	302.39	314.45	327.45	344.48	367.26
厦门	82.26	90.54	94.27	103.99	111.50	126.50	158.00	180.00	197.00
天津	420.00	441.22	453.99	487.47	500.14	530.00	539.98	571.53	640.85

城市	2009年	2010年	2011年	2012年	2013年	2014年	2015年	2016年
郑州	336.66	342.66	354.66	372.96	382.66	412.66	437.60	422.35
哈尔滨	345.31	359.21	367.14	383.02	390.54	400.58	402.90	435.28
长春	365.28	393.71	418.23	433.78	452.03	469.72	506.33	519.04
沈阳	395.00	412.00	430.00	455.00	455.00	465.00	465.00	588.26
呼和浩特	154.00	166.20	173.59	209.63	259.07	230.00	260.00	260.00
兰州	183.85	196.26	196.97	198.67	207.00	280.65	305.28	321.75
乌鲁木齐	339.23	342.67	383.80	368.40	391.20	412.26	429.96	436.00
西安	283.10	326.53	342.55	375.00	424.00	434.00	500.59	517.74
成都	439.21	455.56	483.35	515.53	528.90	550.38	615.71	837.27
重庆	783.29	870.23	1 034.92	1 051.71	1 114.92	1 231.44	1 329.45	1 350.66
昆明	285.30	295.03	314.70	334.10	407.37	406.89	420.50	435.81
武汉	466.60	484.01	506.42	520.30	543.28	552.61	566.13	585.61

（续）

城市	2009 年	2010 年	2011 年	2012 年	2013 年	2014 年	2015 年	2016 年
长沙	242.43	272.39	276.86	282.46	287.51	294.39	312.30	322.73
济南	336.40	347.00	355.35	363.25	371.67	383.29	392.96	447.69
青岛	272.87	282.33	291.52	376.64	469.56	490.67	566.37	599.32
合肥	280.00	325.91	339.10	378.00	393.00	402.00	438.20	460.00
南京	598.14	618.64	637.71	653.31	713.29	734.34	755.27	773.79
杭州	392.73	412.59	432.98	452.62	462.48	469.95	506.09	541.38
厦门	212.00	230.00	246.30	264.30	281.60	301.00	317.10	334.64
天津	662.25	686.71	710.60	722.14	747.26	797.10	885.43	1 007.91

（1）由表 3-4 及图 3-2 可以看出，郑州市建成区面积呈现逐渐上升的趋势，尤其是 2004—2007 年，上升得较快，说明该时期内郑州市城建事业取得了巨大的进展。其余时间内呈现较为平稳的上升趋势，与 2015 年相比，2016 年度建成区面积呈下降趋势，可能与市政府投资重心转移有关。

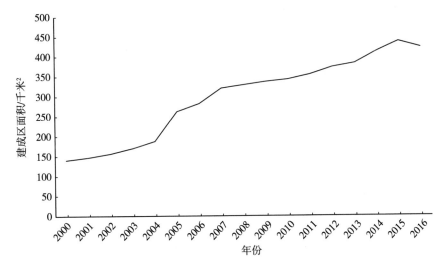

图 3-2　郑州市 2000—2016 年建成区面积变化折线

（2）选取 2000 年、2005 年、2010 年、2015 年数据，分析郑州市建成区面积与其他备选城市的差距。2000 年，南京市以 420.60 千米² 的建成区面积高居第一，紧随其后的是天津市，其建成区面积为 420.00 千米²，厦门市建成区面积为 82.26 千米²，居于最后一名。郑州市以 140.35 千米² 的建成区面积排在第 14 位，与其接近的城市有长春市、兰州市、昆明市、合肥市。2005 年时，重庆市后来居上，以 582.51 千米² 的建成区面积击败了天津市、南京市，排名第一。郑州市上升到了第 8 名，这说明郑州市这几年内在城市建设方面取得的成果巨大。2010 年，重庆市以 870.23 千米² 仍高居第一，呼和浩特市排最后一位，郑州市排在第 12 位。虽然郑州市建成区面积也在增加，但排名在下降。说明这 5 年内郑州市的城市建设相比较其他城市而言是下降的。2015 年，重庆市的建成区面积仍然是第一，且突破了1 000 千米² 的大关，达到了 1 329.45 千米²。呼和浩特市建成区面积为260 千米² 排在最后一位。郑州市 2016 年的排名为 16 位，说明本市的城市建设较其他城市在逐渐下降。

总的来说，郑州市的建成区面积虽在不断增加，但其在备选城市中的排名是下降的，这就需要城市规划部门下足功夫，继续努力，争取大力提高建成区面积，为城市发展规划好地区蓝图。

3.4.2　建成区面积预测

选取郑州以及天津、重庆、成都、南京等城市并以 2000—2016 年建成区面积数据为原始序列，运用 GM 模型预测 2017—2026 年的建成区面积（表 3 - 5）。

由表 3 - 5 中预测结果可以看出：郑州市 2017—2026 年内建成区面积虽然有很大的增长，然而距离其他大型城市仍有着很大的差距，但是，近些年国家大力支持中原崛起计划，郑州市应该抓住机遇，争取大力提高建成区面积。另外，我们还需要向天津、重庆等城市学习，借鉴其发展经验，为我所用，积极提高城市建设能力。

表 3 - 5　主要城市 2017—2026 年建成区面积预测（千米²）

城市	建成区面积预测									
	2017 年	2018 年	2019 年	2020 年	2021 年	2022 年	2023 年	2024 年	2025 年	2026 年
郑州	498.90	529.95	562.94	597.98	635.21	674.75	716.75	761.36	808.75	859.09
天津	978.85	1 030.97	1 085.87	1 143.69	1 204.59	1 268.74	1 336.29	1 407.45	1 482.39	1 561.33
成都	724.77	767.81	813.42	861.73	912.91	967.13	1 024.57	1 085.43	1 149.90	1 218.19

（续）

城市	建成区面积预测									
	2017 年	2018 年	2019 年	2020 年	2021 年	2022 年	2023 年	2024 年	2025 年	2026 年
重庆	1 540.75	1 670.64	1 811.47	1 964.18	2 129.76	2 309.29	2 503.97	2 715.05	2 943.93	3 192.11
南京	817.90	850.43	884.25	919.41	955.98	994.00	1 033.53	1 074.63	1 117.37	1 161.81
哈尔滨	700.87	764.34	833.56	909.04	991.37	1 081.14	1 179.05	1 285.83	1 402.27	1 529.26
长春	610.00	658.23	710.28	766.44	827.05	892.44	963.01	1 039.16	1 121.32	1 209.99
沈阳	576.68	608.15	641.34	676.34	713.25	752.17	793.22	836.50	882.15	930.29
呼和浩特	281.69	299.47	318.37	338.46	359.83	3 824.00	406.68	432.35	459.64	488.65
兰州	306.77	324.65	343.57	363.59	384.78	407.21	430.94	456.05	482.63	510.75
乌鲁木齐	513.97	550.85	590.37	632.73	678.12	726.78	778.92	834.80	894.70	958.89
西安	575.23	621.52	671.53	725.57	783.96	847.05	915.21	988.86	1 068.44	1 154.42
昆明	494.14	530.65	569.85	611.95	657.16	705.71	757.85	813.84	873.96	938.53
武汉	713.82	771.28	833.37	900.45	972.94	1 051.26	1 135.89	1 227.33	1 326.13	1 432.88
长沙	372.65	397.81	424.66	453.33	483.93	516.60	551.48	588.71	628.45	670.87
济南	469.50	494.27	520.34	547.79	576.68	607.10	639.13	672.84	708.33	745.70
青岛	670.72	748.70	835.74	932.90	1 041.35	1 162.41	1 297.55	1 448.40	1 616.78	1 804.74
合肥	466.74	489.00	512.33	536.76	562.37	589.19	617.30	646.74	677.59	709.92
杭州	569.38	598.74	629.62	662.08	696.22	732.12	769.87	809.57	851.32	895.22
厦门	390.41	424.56	461.71	502.11	546.04	593.82	645.77	702.27	763.72	830.54

3.5　经济总量比较和预测

3.5.1　经济总量比较

主要城市 2000—2016 年地区生产总值及其增长率分别见表 3-6 和表 3-7。

表 3-6　主要城市 2000—2016 年 GDP（亿元）

城市	2000 年	2001 年	2002 年	2003 年	2004 年	2005 年	2006 年	2007 年	2008 年
郑州	732.0	822.1	928.6	1 102.1	1 375.0	1 650.0	2 001.5	2 421.2	3 004.0
哈尔滨	1 002.7	1 120.1	1 232.1	1 414.8	1 680.5	1 830.4	2 094.0	2 436.8	2 868.2
长春	824.0	1 003.0	1 150.0	1 388.0	1 535.0	1 508.6	1 741.2	2 089.0	2 561.9
沈阳	1 116.1	1 238.0	1 400.0	1 602.0	1 900.7	2 084.1	2 482.5	3 073.9	3 860.5
呼和浩特	179.2	211.2	316.3	406.2	545.9	743.7	900.1	1 101.1	1 316.4

（续）

城市	2000 年	2001 年	2002 年	2003 年	2004 年	2005 年	2006 年	2007 年	2008 年
兰州	305.5	348.8	386.8	440.1	504.7	567.0	638.5	732.8	846.3
乌鲁木齐	279.1	315.0	354.0	408.6	478.0	571.0	654.0	782.0	1 020.0
西安	689.0	734.0	823.5	940.4	1 095.9	1 270.1	1 450.0	1 737.1	2 190.0
成都	1 310.0	1 491.0	1 663.2	1 870.8	2 185.7	2 371.0	2 750.0	3 324.4	3 901.0
重庆	1 791.0	1 976.9	2 232.9	2 555.7	3 034.6	3 467.7	3 907.2	4 676.1	5 793.7
昆明	614.0	673.1	730.1	812.0	942.1	1 062.3	1 203.1	1 393.7	1 605.4
武汉	1 207.0	1 348.0	1 493.1	1 662.4	1 956.0	2 238.0	2 590.0	3 141.5	3 960.1
长沙	656.4	728.1	812.9	928.2	1 108.9	1 519.5	1 790.7	2 190.3	3 001.0
济南	952.2	1 066.2	1 200.0	1 367.8	1 618.9	1 876.5	2 185.1	2 554.3	3 017.4
青岛	1 151.2	1 316.0	1 518.2	1 780.3	2 163.8	2 695.5	3 206.6	3 786.5	4 436.2
合肥	325.0	363.4	412.4	477.8	589.7	853.6	1 073.9	1 334.2	1 664.8
南京	1 020.0	1 154.4	1 295.0	1 576.2	1 910.0	2 413.0	2 774.0	3 275.0	3 775.0
杭州	1 380.0	1 568.0	1 780.1	2 092.3	2 515.0	2 942.7	3 441.0	4 103.9	4 781.2
厦门	501.2	556.4	648.3	760.1	883.2	1 029.6	1 162.4	1 375.3	1 560.0
天津	1 639.4	1 826.7	2 022.6	2 386.9	2 931.9	3 663.9	4 337.7	5 018.3	6 354.4

城市	2009 年	2010 年	2011 年	2012 年	2013 年	2014 年	2015 年	2016 年
郑州	3 300.4	4 000.0	4 912.7	5 547.0	6 201.9	6 783.0	7 315.2	8 114.0
哈尔滨	3 258.1	3 665.9	4 243.4	4 550.1	5 010.8	5 332.7	5 751.2	6 101.6
长春	2 848.6	3 329.0	4 003.0	4 456.6	5 003.2	5 342.4	5 530.0	5 928.5
沈阳	4 359.2	5 017.0	5 914.9	6 606.8	7 158.6	7 098.7	7 280.5	5 460.1
呼和浩特	1 644.0	1 865.7	2 177.3	2 475.6	2 710.4	2 894.1	3 091.0	3 173.6
兰州	926.0	1 100.4	1 360.0	1 564.4	1 776.3	1 914.0	2 096.0	2 264.2
乌鲁木齐	1 095.0	1 311.0	1 700.0	2 060.0	2 400.0	2 510.0	2 680.0	2 459.0
西安	2 719.1	3 241.5	3 864.2	4 369.4	4 884.1	5 474.8	5 810.0	6 257.2
成都	4 502.6	5 551.3	6 854.6	8 138.9	9 108.9	10 056.6	10 801.2	12 170.2
重庆	6 530.0	7 894.2	10 011.4	11 409.6	12 656.7	14 262.6	15 717.3	17 558.8
昆明	1 808.7	2 120.4	2 509.6	3 011.1	3 415.3	3 713.0	3 970.0	4 300.4
武汉	4 560.6	5 515.8	6 756.2	8 003.8	9 051.3	10 069.5	10 905.6	11 912.6
长沙	3 744.8	4 547.1	5 619.3	6 399.9	7 153.1	7 824.8	8 510.1	9 323.7
济南	3 351.4	3 910.8	4 406.3	4 812.7	5 230.2	5 770.6	6 100.2	6 536.1
青岛	4 890.3	5 666.2	6 615.6	7 302.1	8 006.6	8 692.1	9 300.1	10 011.3

（续）

城市	2009 年	2010 年	2011 年	2012 年	2013 年	2014 年	2015 年	2016 年
合肥	2 102.1	2 702.5	3 636.6	4 164.3	4 672.9	5 158.0	5 660.3	6 274.3
南京	4 230.3	5 010.4	6 145.5	7 201.6	8 011.8	8 820.8	9 720.8	10 503.0
杭州	5 098.7	5 945.8	7 011.8	7 804.0	8 343.5	9 201.2	10 053.6	11 050.5
厦门	1 623.2	2 053.7	2 535.8	2 817.1	3 018.2	3 273.5	3 466.0	3 784.3
天津	7 500.8	9 108.8	11 191.0	12 885.2	14 370.2	15 722.5	16 538.2	17 885.4

表 3 - 7　主要城市 2000—2016 年 GDP 增长率（％）

城市	2000 年	2001 年	2002 年	2003 年	2004 年	2005 年	2006 年	2007 年	2008 年
郑州	11.0	10.7	10.9	14.7	15.5	15.8	15.7	15.6	12.2
哈尔滨	12.4	11.2	11.5	13.5	14.7	14.1	13.5	13.5	13.2
长春	13.1	13.4	13.1	14.2	13.5	8.1	15.1	17.7	16.5
沈阳	10.3	10.1	13.1	14.2	15.5	16.0	16.5	17.7	16.3
呼和浩特	14.4	19.9	31.4	24.9	22.9	28.6	18.0	18.1	13.6
兰州	11.6	12.4	9.8	12.1	11.4	12.0	12.0	12.5	11.5
乌鲁木齐	8.6	9.4	10.3	12.7	13.1	13.6	14.0	15.2	15.0
西安	13.1	13.1	13.3	13.5	13.5	13.1	13.0	14.6	15.6
成都	10.8	13.1	13.1	13.0	13.6	13.5	13.8	15.3	12.1
重庆	8.7	9.2	10.5	11.7	12.4	11.7	12.4	15.9	14.5
昆明	10.6	11.2	10.8	10.3	12.0	11.1	12.0	12.5	12.0
武汉	12.0	12.0	11.8	12.1	14.5	14.7	14.8	15.6	15.1
长沙	11.3	12.1	12.7	14.0	14.8	14.9	14.4	16.0	15.1
济南	12.1	12.1	13.2	14.5	15.6	15.6	15.7	15.7	13.0
青岛	15.2	13.7	14.6	15.9	16.8	16.9	15.7	16.0	13.2
合肥	10.3	11.3	13.1	13.3	16.2	16.9	17.5	18.1	17.2
南京	12.2	11.2	12.5	15.1	17.3	15.2	15.1	15.1	12.1
杭州	11.8	12.2	13.2	15.0	15.0	13.0	14.3	14.6	11.0
厦门	15.1	12.0	15.2	17.2	16.0	16.0	16.7	16.1	11.1
天津	10.8	12.0	12.5	14.5	15.7	14.5	14.4	15.1	16.5

城市	2009 年	2010 年	2011 年	2012 年	2013 年	2014 年	2015 年	2016 年
郑州	12.0	13.0	13.2	12.0	10.0	9.5	10.1	8.5
哈尔滨	13.0	14.0	12.3	10.0	8.9	6.9	7.1	7.3

（续）

城市	2009 年	2010 年	2011 年	2012 年	2013 年	2014 年	2015 年	2016 年
长春	15.0	15.3	13.3	12.0	8.3	6.6	6.5	7.8
沈阳	14.1	14.1	12.3	10.0	8.8	6.0	3.5	−25.8
呼和浩特	15.9	13.0	11.3	11.0	10.0	8.0	8.3	7.7
兰州	10.8	12.8	15.0	13.4	13.4	10.4	9.1	8.3
乌鲁木齐	9.5	12.2	17.1	17.3	15.0	10.5	10.5	7.6
西安	14.5	14.5	13.8	11.8	11.1	9.9	8.2	8.5
成都	14.7	15.0	15.2	13.0	10.2	8.9	7.9	7.7
重庆	14.9	17.1	16.4	13.6	12.3	10.9	11.0	10.7
昆明	12.8	14.0	14.0	14.1	12.8	8.1	8.0	8.5
武汉	13.7	14.7	12.5	11.4	10.0	9.7	8.8	7.8
长沙	14.7	15.5	14.5	13.0	12.0	10.5	9.9	9.4
济南	12.2	12.7	10.6	9.5	9.6	8.8	8.1	7.8
青岛	12.2	12.9	11.7	10.6	10.0	8.0	8.1	7.9
合肥	17.3	17.5	15.4	13.6	11.5		10.5	9.8
南京	11.5	13.1	12.0	11.7	11.0	10.1	9.3	8.0
杭州	10.0	12.0	10.1	9.0	8.0	8.2	10.2	9.5
厦门	8.0	15.1	15.1	12.1	9.4	9.2	7.2	7.9
天津	16.5	17.4	16.4	13.8	12.5	10.0	9.3	9.0

（1）结合图 3-3 以及 GDP 增长率可以看到，郑州市的经济总量在这十几年间得到了巨大的提升，实现了从 2000 年的不满 1 000 亿元到 2016 年的超越 8 000 亿元的一个飞跃，这是值得我们骄傲的事情。另外从增长率来看，郑州市这些年的 GDP 增长率基本在 10% 以上，这也是发展迅速的又一体现。

（2）选取 2000 年、2005 年、2010 年、2015 年数据分析郑州市 GDP 与其他备选城市的差距。2000 年，重庆市 GDP 为 1 791.0 亿元，居备选城市第 1 位，最后一位为呼和浩特市，其 GDP 为 179.2 亿元。郑州市 GDP 为 732.0 亿元，居于第 12 位，这说明郑州市的发展水平有待提高。2005 年，天津 GDP 达到了 3 663.9 亿元，成为第 1 名，兰州 GDP 为 567.0 亿元，排最后一名，其经济发展较沿海城市落后。郑州市的 GDP 达到了 1 650.0 亿元，相比较 2000 年，经济发展比较迅速，但仍居于第 11 位，只提高了一个

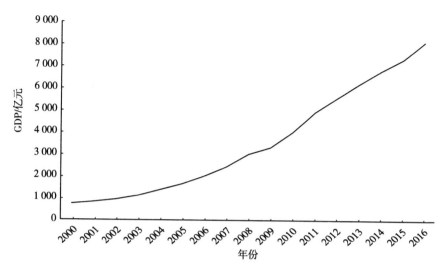

图3-3 郑州市2000—2016年GDP变化折线

名次，仍然需要加快经济建设。2010年，天津市GDP达到了9 108.8亿元，在备选城市中排第一位，且与2005年相比提高了5 444.9亿元。兰州市为最后一名，其GDP为1 100.4亿元。郑州市GDP达到了4 000.0亿元，与2005年相比，提高较大，但位次只提高了2名，排在第10位，因此，经济的发展还需提高。

经过分析和比较，郑州市GDP比以前有了较大提高，人民生活水平也显著提升。然而，与其他城市相比，郑州市还有着不小的差距，因此，市政府目前的首要目标便是想方设法提高经济总量。只有经济水平提高了，人民的生活水平才会日益提升，我们打造中原城市群的设想才有可能实现。

3.5.2 经济总量发展预测

选取郑州以及天津、重庆、成都、武汉等城市并以2000—2016年经济总量（单位：亿元）数据为原始序列，运用GM模型预测2017—2026年的经济总量（表3-8）。

由GM（1，1）模型得到的预测数据可以看出，郑州市在未来的10年内经济总量翻了两倍，达到了37 335亿元，这是个很可喜的成果，但我们也应当看到郑州市跟其他城市有着不小的差距，我们仍需要继续努力，可以参考天津、重庆等城市的发展模式，从而找出符合自己具体情况的道路。

表 3 - 8　主要城市 2017—2026 年经济总量预测（亿元）

城市	经济总量预测									
	2017 年	2018 年	2019 年	2020 年	2021 年	2022 年	2023 年	2024 年	2025 年	2026 年
郑州	10 748	12 342	14 175	16 278	18 693	21 467	24 652	28 310	32 511	37 335
天津	24 798	28 526	32 813	37 746	43 419	49 946	57 453	66 089	76 023	87 450
成都	15 404	17 761	20 477	23 609	27 220	31 384	36 184	41 718	48 100	55 457
重庆	22 294.5	25 743.6	29 726.3	34 325.1	39 635.4	45 767.2	52 847.7	61 023.5	70 464.2	81 365.4
武汉	15 766.1	18 236.1	21 094.2	24 399.6	28 223.0	32 645.4	37 760.8	43 677.8	50 522.0	58 438.6
哈尔滨	7 470.9	8 316.4	9 257.7	10 305.5	11 471.8	12 770.2	14 215.5	15 824.4	17 615.4	19 609.2
长春	7 449.5	8 368.9	9 401.7	10 562.0	11 865.5	13 329.9	14 975.0	16 823.1	18 899.3	21 231.7
沈阳	9 176.0	10 113.5	11 146.2	12 285.5	13 540.6	14 923.9	16 448.6	18 129.0	19 981.2	22 022.5
呼和浩特	4 613.4	5 256.8	5 989.9	6 825.3	7 777.3	8 862.0	10 097.9	11 506.3	13 111.0	14 939.6
兰州	2 775.9	3 151.8	3 578.5	4 063.0	4 613.2	5 237.8	5 947.0	6 752.2	7 666.4	8 704.5
乌鲁木齐	3 739.4	4 281.4	4 902.0	5 612.6	6 426.1	7 357.6	8 424.1	9 645.2	11 043.3	12 644.0
西安	8 404.1	9 650.5	11 081.6	12 725.0	14 612.0	16 779.0	19 267.3	22 124.5	25 405.6	29 173.1
昆明	5 351.0	6 044.7	6 866.9	7 800.9	8 662.0	10 067.3	11 436.6	12 992.2	14 759.3	16 766.8
长沙	13 713.9	15 977.4	18 614.4	21 686.9	25 265.9	29 435.9	34 294.2	39 954.4	46 548.7	54 231.4
济南	8 107.6	9 066.3	10 138.4	11 337.2	12 677.8	14 176.9	15 853.3	17 727.9	19 824.2	22 168.3
青岛	12 755.8	14 366.1	16 179.6	18 222.1	20 522.4	23 113.0	26 030.8	29 316.8	33 017.7	37 185.7
合肥	9 871.5	11 664.7	13 783.4	16 287.6	19 246.3	22 742.5	26 873.8	31 755.6	37 524.1	44 340.6
南京	13 617.4	15 611.6	17 897.7	20 518.7	23 523.5	26 968.2	30 917.5	35 445.1	40 635.7	46 586.4
杭州	13 486.8	15 182.7	17 091.7	19 240.8	21 660.1	24 383.6	27 449.5	30 901.0	34 786.5	39 160.5
厦门	4 720.3	5 318.4	5 992.3	6 751.5	7 606.9	8 570.7	9 656.7	10 880.2	12 258.8	13 812.0

3.6　结语

　　本书利用各城市统计公报以及城市年鉴进行人口、建成区面积、经济总量这三个变量的数据收集，再利用图表对数据进行整理。然后对三个变量分别进行对比分析与预测，从而为郑州的发展与崛起找出一条切实可行的道路。从以上的分析比较以及预测中可以发现，郑州市近些年来在人口、建成区面积、经济总量这三个方面确实有了很大的发展，进步巨大。这说明我们付出的努力没有白费，是值得肯定的。然而，我们必须承认在这三方面郑州市的发展跟其他一线城市相比，还是有着较大的差距，也存在着发展不平衡等其他或多或少的问题。这些都是值得我们重视的情况。我们要充分认识自己的不足，借鉴其他城市的发展模式，走出一条富有中原特色的国家中心城市的发展道路，提高市民的生活水平等，让他们过上更加幸福美满的生活。

4 交通运输能力比较
分析与动态预测

4.1 引言

目前，郑州市作为九大国家中心城市之一，正处在极其关键的战略机遇期。郑州市要积极地推进国家中心城市的建设，将国家中心城市建设作为城市发展的长期战略进行规划发展。其中，交通运输业的发展能够极大程度地促进城市的发展，对提升国家中心城市的综合能力起着至关重要的作用。交通运输业的发展对郑州建设国家中心城市发挥着重要的作用，极大地推动城市经济的迅速发展，是更好建设国家中心城市的重要保障。郑州市地处中原地区，具有良好的交通优势，是国家重要的综合交通枢纽，但是郑州的交通运输业的发展仍然存在一些不足，和其他的城市相比较存在一定的差距。在这样的背景下，比较郑州与其他城市的交通运输能力的优劣，有利于认清郑州的交通运输发展情况，从而更好地推进郑州国家中心城市的建设。

郑州市作为国家中心城市，提高交通运输能力是郑州市提高未来发展的现实需要，有利于促进经济的发展，推进对外的交流合作，提高竞争力和影响力。虽然郑州目前的交通运输处于稳定的发展状态，拥有极具优势的地理位置，但是，和一些其他的城市相比较，郑州的交通运输的发展仅处于中等水平，交通运输的发展仍然存在一些问题，阻碍了经济的发展和国家中心城市建设的步伐。所以郑州应该综合自身的优劣，改变交通运输发展的策略，加大对交通运输的投入，促进交通运输的发展。

部分学者利用主客观赋权法对 11 个中心城市的综合交通运输发展进行

评价，并进行了比较研究。基于上述研究，以推进郑州国家中心城市交通运输能力为前提，通过比较分析的方法，对进入国家中心城市和可能进入国家中心城市的城市交通运输能力进行评价研究，从而比较郑州与这些城市在交通运输方面的优势和不足。并且通过动态的发展预测，为郑州今后的交通运输发展提供决策理论依据探讨。

4.2 交通运输能力评价方法

熵权法的原理。熵起初是一个热力学的概念，它是由申农（C. E. Shannon）最先引入信息论中的，称为信息熵。在信息论中，熵是对不确定性的一种度量，信息量越大，不确定性就越小，熵就越小，权重也就越大；反之，信息量越小，不确定性就越大，熵就越大，权重也就越小。所以，在用到熵权法求指标的权重时，可以利用熵计算每个指标的熵权，从而可以获得比较客观的评价结果。具体步骤为：

对 m 个评价的对象，选定 n 个评价的指标，依照时间顺序 t_1，t_2，$\cdots$，t_n 得到各个评价指标的数值为 $y_{ij}(t_k)$（$i=1$，2，$\cdots$，m；$j=1$，2，$\cdots$，n；$k=1$，2，$\cdots$，N）。

（1）指标归一化处理

对于正向指标：

$$y_{ij}(t_k) = \frac{x_{ij}(t_k) - \min x_{ij}(t_k)}{\max x_{ij}(t_k) - \min x_{ij}(t_k)}$$

对于负向指标：

$$y_{ij}(t_k) = \frac{\max x_{ij}(t_k) - x_{ij}(t_k)}{\max x_{ij}(t_k) - \min x_{ij}(t_k)}$$

对于正向指标，指标值越大表明交通运输能力越强；对于负向指标，指标值越小表明交通运输能力越强。

（2）确定指标权重

确定 t_k 时刻第 j 个指标下第 i 个评价对象所占的指标比重：

$$p_{ij}(t_k) = \frac{y_{ij}(t_k)}{\sum_{i=1}^{m} y_{ij}(t_k)}$$

（3）计算第 j 项指标的熵值

$$e_j(t_k) = -\frac{1}{\ln m}\sum_{i=1}^{m} p_{ij}(t_k)\ln p_{ij}(t_k)$$

（4）计算信息熵的冗余度

$$d_j(t_k) = 1 - e_j(t_k)$$

（5）计算各项指标的熵权

$$w_j(t_k) = \frac{d_j(t_k)}{\sum_{j=1}^{n} d_j(t_k)}$$

（6）计算各评价对象的综合得分

$$s_i(t_k) = \sum_{j=1}^{n} p_{ij}(t_k)w_j(t_k)$$

厚今薄古归一化法是确定时间权重的一种方法，该方法的主要思想是在不同的时刻对待评价对象的评价结果，越接近现在时刻，评价的结果所占的权重就越大，表明其对总体的评价结果的影响就越大；反之，其对总体评价结果的影响就越小。因此，本文选取该评价方法计算时间的权重并进行二次加权。计算方法如下：

在时间 $[t_1, t_N]$ 中，t_k 时刻的时间权重为：

$$w_k = k/\sum_{k=1}^{N} k, \quad k = 1, 2, \cdots, N$$

综合评价结果。在熵权法计算出来的结果的基础上，利用厚今薄古归一化法对其进行二次加权，得到最终的综合得分。

各评价对象综合评价值为：

$$u_i = \sum_{k=1}^{N} w_k s_i(t_k)$$

4.3　交通运输能力的动态变化

4.3.1　数据收集

本章主要进行郑州与已经进入国家中心城市和可能进入国家中心城市的城市之间的交通运输能力的比较分析及预测，由于北京、上海、广州、深圳的总体实力比较强，郑州还不能够达到这四个国家中心城市的发展水平，还有一些城市的综合实力和郑州存在着较大的差距，也将不予考虑在内。所以结合这些因素，最终选取了郑州、杭州、南京、天津、重庆、成都、西安、武汉、沈阳、合肥、厦门、兰州、哈尔滨、青岛、乌鲁木齐、呼和浩特、长沙、济南、昆明这些城市作为比较分析的研究对象。

对一个城市的交通运输发展水平进行评价，首先要确定影响交通运输能力的因素并且对其进行分析。若从影响的因素出发，则很容易获得相应的数据资料。对于指标的选取，应该尽可能地选择对交通运输能力的评价结果能产生直接影响的一系列指标。对交通运输能力评价指标的选取来说，大多数学者通过查找《中国统计年鉴》来获取宏观的数据作为指标。依据这些，本章选取了大多数学者研究交通运输能力时共有的指标客运量、货运量作为指标，同时根据交通运输工具的不同将其分为公路客运量、铁路客运量、航空客运量、公路货运量、铁路货运量和航空货运量作为综合评价指标。通过《中国统计年鉴》《中国城市统计年鉴》、各城市的年度统计公报以及中国铁路网获得原始统计数据。

4.3.2　模型计算及结果

（1）计算指标权重

根据熵权法权重的计算步骤可以得出 2000—2016 年各个指标的权重，具体计算结果见表 4 - 1。

表 4 - 1　2000—2016 年各指标的权重

年份	权重					
	公路客运量	铁路客运量	航空客运量	公路货运量	铁路货运量	航空货运量
2000	0.108	0.196	0.187	0.181	0.158	0.172
2001	0.279	0.112	0.131	0.129	0.184	0.166
2002	0.334	0.134	0.158	0.154	0.220	0.199
2003	0.265	0.112	0.117	0.116	0.190	0.199
2004	0.299	0.126	0.132	0.131	0.215	0.224
2005	0.328	0.138	0.145	0.144	0.236	0.246
2006	0.359	0.151	0.159	0.157	0.258	0.269
2007	0.390	0.164	0.172	0.171	0.280	0.293

（续）

| 年份 | 权重 | | | | | |
	公路客运量	铁路客运量	航空客运量	公路货运量	铁路货运量	航空货运量
2008	0.429	0.180	0.189	0.187	0.308	0.322
2009	0.479	0.202	0.212	0.209	0.344	0.360
2010	0.503	0.212	0.223	0.220	0.361	0.378
2011	0.559	0.235	0.247	0.244	0.401	0.420
2012	0.603	0.254	0.267	0.264	0.433	0.453
2013	0.575	0.242	0.254	0.251	0.413	0.432
2014	0.581	0.245	0.257	0.254	0.417	0.436
2015	0.584	0.246	0.258	0.256	0.419	0.439
2016	0.163	0.164	0.184	0.131	0.279	0.119
均值	0.402	0.183	0.194	0.188	0.301	0.302

（2）计算时间指标权重

根据新信息优先原理和厚今薄古归一化法的计算步骤可以得到各年的时间的权重，具体计算结果见表4-2。

表4-2　2000—2016年时间的权重

时间/年	2000	2001	2002	2003	2004	2005	2006	2007	2008
权重	0.01	0.01	0.02	0.03	0.03	0.04	0.05	0.05	0.06

时间/年	2009	2010	2011	2012	2013	2014	2015	2016
权重	0.07	0.07	0.08	0.09	0.09	0.1	0.11	0.11

（3）计算评价综合值

根据熵权法和厚今薄古归一化法可以得到2000—2016年各城市的综合值和各城市的最终综合评价值及其排名，计算结果见表4-3。

表4-3　2000—2016年城市交通运输能力综合评价值及排名

| 城市 | 综合评价值 | | | | | | | | | |
	2000年	2001年	2002年	2003年	2004年	2005年	2006年	2007年	2008年	2009年
郑州	0.046	0.046	0.046	0.049	0.054	0.053	0.057	0.059	0.056	0.043
杭州	0.044	0.057	0.064	0.067	0.066	0.065	0.062	0.058	0.054	0.052

（续）

城市	综合评价值									
	2000 年	2001 年	2002 年	2003 年	2004 年	2005 年	2006 年	2007 年	2008 年	2009 年
南京	0.056	0.062	0.064	0.065	0.060	0.065	0.063	0.064	0.063	0.054
天津	0.050	0.049	0.043	0.045	0.045	0.052	0.061	0.070	0.068	0.076
重庆	0.091	0.090	0.118	0.128	0.120	0.102	0.092	0.102	0.108	0.110
成都	0.125	0.135	0.124	0.130	0.175	0.180	0.186	0.181	0.176	0.177
西安	0.083	0.079	0.064	0.058	0.056	0.059	0.039	0.035	0.049	0.053
武汉	0.075	0.073	0.077	0.079	0.072	0.092	0.096	0.095	0.091	0.090
沈阳	0.061	0.059	0.044	0.046	0.042	0.041	0.040	0.036	0.044	0.040
合肥	0.005	0.007	0.011	0.011	0.013	0.014	0.015	0.017	0.018	0.021
厦门	0.047	0.047	0.050	0.044	0.035	0.032	0.031	0.030	0.034	0.042
兰州	0.010	0.009	0.008	0.005	0.006	0.006	0.007	0.008	0.009	0.008
哈尔滨	0.042	0.040	0.030	0.030	0.029	0.031	0.030	0.028	0.028	0.028
青岛	0.070	0.074	0.076	0.076	0.076	0.053	0.055	0.058	0.058	0.051
乌鲁木齐	0.036	0.028	0.026	0.026	0.022	0.022	0.022	0.020	0.022	0.021
呼和浩特	0.018	0.016	0.013	0.013	0.014	0.015	0.018	0.016	0.003	0.006
长沙	0.039	0.024	0.024	0.029	0.027	0.025	0.025	0.023	0.023	0.034
济南	0.045	0.050	0.049	0.048	0.048	0.053	0.058	0.061	0.059	0.060
昆明	0.060	0.064	0.070	0.050	0.042	0.042	0.043	0.040	0.036	0.035

城市	综合评价值							二次加权	排名
	2010 年	2011 年	2012 年	2013 年	2014 年	2015 年	2016 年		
郑州	0.043	0.045	0.044	0.041	0.040	0.041	0.046	0.046	10
杭州	0.055	0.056	0.052	0.049	0.052	0.051	0.055	0.055	8
南京	0.051	0.044	0.046	0.043	0.030	0.030	0.034	0.047	9
天津	0.057	0.057	0.068	0.065	0.071	0.072	0.079	0.065	5
重庆	0.113	0.126	0.119	0.081	0.102	0.096	0.118	0.107	2
成都	0.188	0.120	0.134	0.144	0.147	0.155	0.084	0.149	1
西安	0.054	0.059	0.077	0.070	0.070	0.070	0.070	0.062	6
武汉	0.096	0.097	0.098	0.097	0.097	0.096	0.102	0.094	3
沈阳	0.039	0.032	0.031	0.025	0.032	0.031	0.034	0.036	13
合肥	0.018	0.026	0.028	0.028	0.027	0.020	0.025	0.021	17
厦门	0.046	0.054	0.049	0.046	0.047	0.042	0.047	0.043	11

（续）

城市	综合评价值							二次加权	排名
	2010 年	2011 年	2012 年	2013 年	2014 年	2015 年	2016 年		
兰州	0.007	0.011	0.010	0.039	0.012	0.013	0.019	0.013	19
哈尔滨	0.028	0.025	0.026	0.022	0.023	0.021	0.022	0.026	15
青岛	0.054	0.060	0.061	0.058	0.050	0.058	0.066	0.059	7
乌鲁木齐	0.019	0.023	0.023	0.022	0.021	0.021	0.024	0.022	16
呼和浩特	0.006	0.007	0.010	0.012	0.019	0.018	0.027	0.014	18
长沙	0.034	0.034	0.031	0.024	0.024	0.023	0.028	0.027	14
济南	0.060	0.061	0.065	0.105	0.100	0.109	0.123	0.079	4
昆明	0.032	0.061	0.030	0.031	0.034	0.033	0.037	0.039	12

4.3.3 比较分析

由表 4 - 3 可以得到，2000—2016 年所研究城市的交通运输能力从强到弱的排序为成都、重庆、武汉、济南、天津、西安、青岛、杭州、南京、郑州、厦门、昆明、沈阳、长沙、哈尔滨、乌鲁木齐、合肥、呼和浩特、兰州。

由表 4 - 3 可以看出，所研究城市的交通运输能力动态发展的变化趋势分明。所研究的城市可以分成三类，成都为第一类，重庆、武汉为第二类，济南、天津、西安、青岛、杭州、南京、郑州、厦门、昆明、沈阳、长沙、哈尔滨、乌鲁木齐、合肥、呼和浩特、兰州为第三类。第一类在 2000—2004 年波动幅度较大，在 2004—2010 年期间基本处于平缓状态，变化幅度很小，在 2010—2016 年期间变化幅度很大；第二类在 2000—2006 年期间的变化波动较大，在 2006—2011 年期间趋于平缓，在 2011 年后有幅度较小的变化波动；第三类在 2000—2016 年期间的变化幅度都处于平缓的状态，2014 年后有小幅度的上升趋势。

从总体上还能够看出，在 2005—2011 年所研究的城市的交通运输能力发展趋势都趋于平稳，在 2011 年之后，成都、重庆和济南三座城市波动的幅度较大，交通运输发展较不稳定，而其他城市在这期间波动幅度趋于平稳，表明在 2011 年之后，这些城市的交通运输发展较为稳定。

郑州的交通运输能力处于第三类，在所研究的城市中，其交通运输能力处于中等水平。交通运输的能力整体不高，和成都、重庆和武汉这些城市的交通运输综合评价值相比还存在一定的差距，也就是说和成都、重庆以及武汉相比较，郑州的交通运输能力还较薄弱。但总体来说，在2000—2016 年，郑州的波动幅度很小，基本处于平稳的状态。这就说明，郑州交通运输能力的发展在以往的时间里趋于稳定，而且郑州交通运输的综合值在近几年有上升的趋势，则郑州的交通运输能力会在以后的时间得到提高。

4.4 交通运输能力发展预测

利用 GM（1，1）预测模型，选择各主要城市 2000—2016 年的交通运输能力综合评价值作为原始序列，预测各主要城市 2017—2030 年的交通运输能力综合值，并选取各城市的均值作为比较值，具体结果见表 4 - 4。

表 4 - 4 2017—2030 年交通运输综合值预测

城市	综合预测值							
	2017 年	2018 年	2019 年	2020 年	2021 年	2022 年	2023 年	2024 年
郑州	0.042	0.042	0.041	0.041	0.040	0.040	0.039	0.039
杭州	0.050	0.049	0.048	0.047	0.046	0.046	0.045	0.044
南京	0.036	0.034	0.033	0.031	0.030	0.029	0.027	0.026
天津	0.079	0.082	0.084	0.087	0.090	0.093	0.096	0.099
重庆	0.106	0.105	0.105	0.105	0.105	0.104	0.104	0.104
成都	0.141	0.139	0.138	0.137	0.135	0.134	0.133	0.132
西安	0.067	0.068	0.069	0.070	0.071	0.072	0.073	0.074
武汉	0.105	0.107	0.109	0.111	0.113	0.115	0.118	0.120
沈阳	0.028	0.026	0.026	0.025	0.024	0.023	0.022	0.021
合肥	0.031	0.033	0.035	0.037	0.039	0.042	0.045	0.048
厦门	0.047	0.047	0.048	0.048	0.049	0.049	0.050	0.051
兰州	0.022	0.024	0.026	0.028	0.031	0.034	0.037	0.041
哈尔滨	0.021	0.020	0.020	0.019	0.018	0.018	0.017	0.017

（续）

城市	综合预测值							
	2017 年	2018 年	2019 年	2020 年	2021 年	2022 年	2023 年	2024 年
青岛	0.052	0.051	0.050	0.049	0.048	0.047	0.047	0.046
乌鲁木齐	0.020	0.020	0.020	0.020	0.020	0.019	0.019	0.019
呼和浩特	0.016	0.017	0.017	0.017	0.018	0.018	0.019	0.019
长沙	0.028	0.028	0.028	0.029	0.029	0.029	0.029	0.029
济南	0.119	0.128	0.138	0.148	0.159	0.171	0.184	0.198

城市	综合预测值						
	2025 年	2026 年	2027 年	2028 年	2029 年	2030 年	均值
郑州	0.038	0.037	0.037	0.036	0.036	0.035	0.039
杭州	0.043	0.043	0.042	0.041	0.040	0.040	0.045
南京	0.025	0.024	0.023	0.022	0.021	0.020	0.027
天津	0.102	0.106	0.109	0.112	0.116	0.120	0.098
重庆	0.104	0.103	0.103	0.103	0.103	0.102	0.104
成都	0.131	0.129	0.128	0.127	0.126	0.125	0.132
西安	0.075	0.076	0.077	0.078	0.079	0.080	0.074
武汉	0.122	0.124	0.126	0.129	0.131	0.133	0.119
沈阳	0.020	0.020	0.019	0.018	0.017	0.017	0.022
合肥	0.051	0.054	0.057	0.061	0.065	0.069	0.048
厦门	0.051	0.052	0.052	0.053	0.054	0.054	0.050
兰州	0.044	0.049	0.053	0.058	0.064	0.070	0.041
哈尔滨	0.016	0.016	0.015	0.015	0.014	0.014	0.017
青岛	0.045	0.044	0.043	0.042	0.042	0.041	0.046
乌鲁木齐	0.019	0.018	0.018	0.018	0.018	0.018	0.019
呼和浩特	0.019	0.020	0.020	0.021	0.021	0.022	0.019
长沙	0.029	0.030	0.030	0.030	0.030	0.030	0.029
济南	0.212	0.228	0.245	0.264	0.284	0.305	0.199

　　将表 4-4 中的数据绘制成折线图，以便能够更直观地看出折线的变化趋势和幅度波动的情况，从而能够更方便看出 2017—2030 年各备选城市的交通运输能力在未来十几年中每一年的变化情况，并且还可以从整体上看到

其各自发展的趋势。同时着重分析 2025 年和 2030 年两个时间点各个样本城市的交通运输能力综合预测值的动态变化情况，这就要求将 2025 年和 2030年的交通综合预测值绘制成折线图，以便更清楚地观察各样本城市在这几年的具体变化情况，见图 4 - 1 和图 4 - 2。

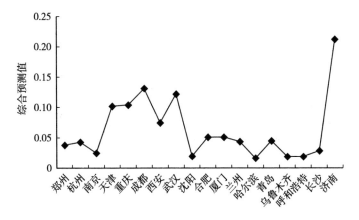

图 4 - 1　2025 年各样本城市交通运输能力综合预测值

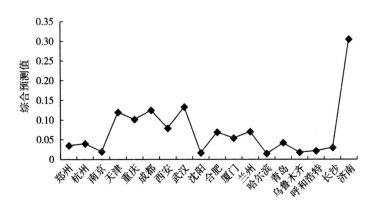

图 4 - 2　2030 年各样本城市交通运输能力综合预测值

根据表 4 - 4 可以得知，预测的样本城市的交通运输均值排名为济南、成都、武汉、重庆、天津、西安、厦门、合肥、青岛、杭州、兰州、郑州、长沙、南京、沈阳、乌鲁木齐、呼和浩特、哈尔滨。与表 4 - 1 相比较可以看出，长沙、济南、合肥、厦门、兰州的排名上升，天津、西安、武汉、呼和浩特的排名没有变化，其余的城市排名相较之前都下降。其中，兰州和合肥的名次上升的幅度较大，南京的名次下降最大。

从图 4-1 和图 4-2 可以看出，2025 年交通运输能力综合预测均值最大的是济南，均值最小的为哈尔滨，其中最大值与最小值之间的差值为 0.196 2，城市的总体均值为 0.061 4；2030 年仍然是济南的交通运输能力综合预测均值最大，还是哈尔滨的均值最小，最大值与最小值之间相差 0.291 1，城市的总体均值为 0.068 9。

从整体上来看，备选城市在未来的 14 年间只有济南有较大的变化幅度，其他城市的波动幅度较平缓，未来的各样本城市交通发展较稳定。2025 年城市之间的交通发展差别较大；在 2030 年总体均值要比 2025 年的要高，城市之间的差别也要比 2015 年大。这就表明 2025 年和 2030 年的城市总体交通运输能力是逐渐增强的，城市交通运输业的发展也趋于良好。

同时从图表中可以看出，2017—2030 年期间郑州的交通运输能力变化趋势平缓，波动幅度极小，但有微弱的下降趋势。总体来说，郑州在未来的十几年间，整体的交通运输能力的变化幅度不大，交通运输发展较稳定。但是郑州总体的运输能力不强，与济南的交通运输能力还存在很大的差距，同成都、武汉、重庆和天津也存在较大的差距。2025 年郑州的均值为 0.038，与最大值相差 0.174 4；2030 年郑州的交通运输能力综合预测均值为 0.035 4，其与最大值相差 0.269 5。这就可以看出，未来郑州与济南的交通运输能力相比较还存在很大的差距，而且这些差距没有呈现减小的趋势。因此，未来郑州要加大对交通运输业的重视，加大对交通运输业的发展力度，缩小郑州与其他城市的差距，并且能够超过其他城市，发挥郑州交通枢纽的优势，增强其交通运输能力。

4.5 结语

基于熵权法和新信息优先原理构建了多指标动态评价模型，对我国已经进入国家中心城市和可能进入国家中心城市的 19 个城市 2000—2017 年交通运输能力的评价结果进行了分析，然后运用灰色 GM（1.1）预测模型对评价城市 2017—2030 年进行了动态预测并对其结果进行了分析，同时对 2020 年、2025 年和 2030 年的预测结果进行了动态变化分析。

根据对指标权重的分析，客运量中的公路客运量对城市的交通运输能力的影响程度最大，货运量中的航空客运量以及铁路客运量次之，对交通运输能力的影响较大。

从总体上看，2000—2016 年城市的波动幅度较大，在 2017—2030 年评价城市的总体交通运输能力变化呈平稳的变化趋势，总体上呈逐渐增长的发展趋势。

（1）从增长的程度来看，济南的上升趋势最为明显，其增长幅度最大，说明济南在未来交通运输上的发展有很大的前景；兰州和合肥的上升趋势虽然没有济南那么明显，但是整体上升程度较大，这就表明这两座城市的交通运输业的发展存在较大的潜力；其中南京的下降幅度较大，下降的趋势也较为明显，这就表明南京未来的交通运输增长情况较差，其交通运输发展形势较为严峻，交通运输系统存在着一定的问题；天津、西安和武汉的交通运输排名变化不大，而且其排名相对靠前，这就表明这三座城市的交通运输能力稳定且处于良好的发展状态。

（2）2000—2016 年城市交通运输能力的综合排名为成都、重庆、武汉、济南、天津、西安、青岛、杭州、南京、郑州、厦门、昆明、沈阳、长沙、哈尔滨、乌鲁木齐、合肥、呼和浩特、兰州；2017—2030 年预测的城市交通运输发展水平的排名为济南、成都、武汉、重庆、天津、西安、厦门、合肥、青岛、杭州、兰州、郑州、长沙、南京、沈阳、乌鲁木齐、呼和浩特、哈尔滨。

（3）郑州 2000—2016 年交通运输综合值在所选城市中排名第十，预测的 2017—2030 年的交通运输能力在城市中排名第十二。郑州未来的交通运输总体呈平稳的趋势发展，但是交通运输的发展水平不是很高，与一些城市交通运输业发展较好的城市相比仍存在一定的差距。对于郑州而言，改善交通运输情况和更好地建设国家中心城市是必然的趋势。首先更好地改善市内交通拥堵的情况，加大对客运站、火车站和航空机场建设的投入，完善车站的基础设施建设，其次要更好地完善公路、铁路的建设，扩大路网和铁路线路的覆盖面积，优化公路和铁路的运输网络结构。

5 城市辐射能力比较
分析与发展预测

5.1 引言

国家中心城市是全国城镇体系规划的核心城市,是现代化的发展范畴,是体现国家意志、肩负国家使命、引领区域发展、跻身国际竞争领域、代表国家形象的大型都市。本书基于现有的国家中心城市及潜在可能进入国家中心城市行列的城市进行分析比较,提出郑州在国家中心城市建设发展中增强自身辐射力的合理性建议。

关于城市辐射力强度和范围理论研究与实践探讨,比较多地集中在辐射力范围确定和评价指标体系选择上。在理论方法上,如赖利根据牛顿引力理论提出的"零售引力模型"、康维斯提出的"断裂点"理论、克里斯塔勒的电话指数法、普雷斯顿城市中心性法、城市辐射力要素经验分析法、弗里德曼提出的中心-外围理论、海格特的空间相互作用理论及中国学者李小建利用优势产业法确定城市的辐射范围,郭振淮、王德等也对城市影响腹地及城市吸引力范围进行界定;在指标体系评价方法的选择上,主要有主成分分析法、层次分析法、因子分析法等。在实践方面,如刘继生、陈彦光运用分形城市引力模型对城市体系空间作用的引力进行探讨,殷晓莉、王里克运用主成分分析法对城市综合竞争力进行了评价,倪鹏飞将模糊曲线法引入城市竞争力研究中等。

本研究采用断裂点模型分析法,从空间角度对城市的辐射范围,结合研究城市的实际情况,确定了经济综合、产业、贸易、基础设施、人力资源等方面的辐射力为主要研究指标,并用层次分析法对指标体系进行了权重赋值。

5.2 评价指标体系的构建和数据收集

5.2.1 指标体系的构建

(1) 评价指标体系的构建

本研究分别从经济综合辐射力、产业辐射力、基础设施辐射力、贸易辐射力、人力资源辐射力五个维度构建关于城市辐射能力的评价指标体系。①城市经济资源、产品的规模是支撑和发挥城市辐射能力的基础。这种规模性因素主要包括经济总量的规模，经济规模反映了城市经济综合总体实力和水平。②产业辐射力主要取决于城市及周边腹地的经济实力和水平以及产业结构水平的高低，尤其是主导产业的发育情况，知识、技术密集型产业发达，往往可以调度更多的资源，形成对更广阔区域的控制力。③人力资源辐射力主要指人口和高端劳动人才的数量对消费、产业建设等的辐射带动作用。④城市的贸易辐射力是城市辐射效应的重要方面和现实体现，体现了城市经贸、金融、物流等对外服务能力。⑤基础设施人才的完备也是影响中心城市辐射能力的重要因素，执业（助理）医师的完备不仅保障了人民群众的生命安全，还为城市辐射力的提高奠定了基础。

(2) 权重的确定

层次分析法（AHP）是一种定性与定量相结合的多目标、多准则的决策分析方法。对各种类型问题，尤其是复杂问题的决策分析，具有较广泛的实用性，是目前国内外确定指标体系最常用的方法。鉴于在城市辐射力协调度评价的指标体系中，许多指标相互关联，甚至相互包含，因而在评判时所起的作用也不一样。故本章采用了层次分析法对该区域城市辐射力指标体系各项指标进行赋权。基本步骤如下：确定城市辐射力指标体系的层次递进结构；构造判断矩阵；权重的确定；消除量纲影响；综合分值的计算。评价指标体系构建见表5-1。

表5-1 中心城市辐射力评估指标体系

一级指标	二级指标	权重	三级指标	权重
经济综合辐射力（30）	经济总量辐射力	15	生产总值（亿元）	15
	人均经济水平辐射力	15	城乡居民年末余额（亿元）	15

（续）

一级指标	二级指标	权重	三级指标	权重
人力资源辐射力（20）	人口辐射力	10	年末总人口（万人）	10
	高端劳动辐射力	10	普通高等学校在校学生数（万人）	10
产业辐射力（20）	产业结构高级化程度	20	第二产业生产总值（亿元）	10
			第三产业生产总值（亿元）	10
贸易辐射力（20）	消费辐射力	10	社会商品零售总额（亿元）	10
	外贸辐射力	10	货物进出口总额（百万美元）	10
基础设施辐射力（10）	卫生辐射力	10	执业（助理）医师数（万人）	10

5.2.2 数据收集

表 5 - 2 至表 5 - 10 中数据来源于《中国城市统计年鉴》。为使数据全面完整，笔者在表 5 - 6 中补充了昆明市 2009 年数据，在表 5 - 7 中补充了昆明市 2009 年数据，在表 5 - 8 中补充了呼和浩特市 2010 年数据，在表 5 - 9 中补充了呼和浩特市 2009 年数据，并用"*"加以标注，补充数据计算公式为 $S_n = 2(S_n + 1) - S_n + 2$，$n$ 为目标年份，S 为目标数据。

表 5 - 2 主要城市 2009—2016 年度生产总值（亿元）

城市	生产总值							
	2009 年	2010 年	2011 年	2012 年	2013 年	2014 年	2015 年	2016 年
天津	7 521.9	9 224.5	11 307.3	12 893.9	14 442.0	15 726.9	16 538.2	17 885.4
呼和浩特	1 644.0	1 865.7	2 177.3	2 475.6	2 710.4	2 894.1	3 090.5	3 173.6
沈阳	4 269.0	5 017.5	5 915.7	6 602.6	7 158.6	7 098.7	7 272.3	5 460.0
长春	2 849.0	3 329.0	4 003.1	4 456.6	5 003.2	5 342.4	5 530.0	5 917.9
哈尔滨	3 175.0	3 664.9	4 242.2	4 550.2	5 017.0	5 340.1	5 751.2	6 101.6
南京	4 230.0	5 130.7	6 145.5	7 201.6	8 011.8	8 820.8	9 720.8	10 503.0
杭州	5 088.0	5 949.2	7 019.1	7 802.0	8 343.5	9 206.2	10 050.2	11 313.7
合肥	2 102.0	2 701.6	3 636.6	4 164.3	4 672.9	5 158.0	5 660.3	6 274.4
厦门	1 737.0	2 060.1	2 539.3	2 817.1	3 018.2	3 273.6	3 466.0	3 784.3
济南	3 351.0	3 910.6	4 406.3	4 803.7	5 230.2	5 770.6	6 100.2	6 536.1
青岛	4 854.0	5 666.2	6 615.6	7 302.1	8 006.6	8 692.1	9 300.1	10 011.3
郑州	3 308.0	4 040.9	4 979.8	5 549.8	6 201.9	6 777.0	7 311.5	8 025.3

（续）

城市	生产总值							
	2009 年	2010 年	2011 年	2012 年	2013 年	2014 年	2015 年	2016 年
武汉	4 621.0	5 565.9	6 762.2	8 003.8	9 051.3	10 069.5	10 905.6	11 912.6
长沙	3 745.0	4 547.1	5 619.3	6 399.9	7 153.1	7 824.8	8 510.1	9 455.4
重庆	6 530.0	7 925.6	10 011.4	11 409.6	12 783.3	14 262.6	15 717.3	17 740.6
成都	4 503.0	5 551.3	6 854.6	8 138.9	9 108.9	10 056.6	10 801.2	12 170.2
昆明	1 809.0	2 120.4	2 509.6	3 011.1	3 415.3	3 713.0	3 968.0	4 300.1
西安	2 724.0	3 241.5	3 864.2	4 366.1	4 884.1	5 492.6	5 801.2	6 257.2
兰州	926.0	1 100.4	1 360.0	1 563.8	1 776.3	2 000.9	2 096.0	2 264.2
乌鲁木齐	1 095.0	1 338.5	1 690.0	2 004.1	2 202.9	2 461.5	2 631.6	2 459.0

表 5-3　主要城市 2009—2016 年度第二产业增加值（亿元）

城市	增加值							
	2009 年	2010 年	2011 年	2012 年	2013 年	2014 年	2015 年	2016 年
天津	3 987.8	4 840.2	5 928.3	6 663.8	7 275.4	7 731.9	7 704.2	7 571.4
呼和浩特	593.2	679.0	790.0	902.3	866.7	848.2	867.1	884.4
沈阳	2 127.4	2 529.9	3 026.9	3 383.2	3 698.9	3 541.1	3 474.2	2 135.6
长春	1 442.8	1 719.9	2 092.7	2 291.9	2 658.7	2 813.6	2 771.0	2 915.7
哈尔滨	1 148.2	1 384.6	1 647.2	1 638.9	1 743.9	1 784.0	1 862.8	1 896.7
南京	1 930.7	2 327.9	2 760.8	3 170.8	3 450.6	3 623.5	3 916.8	4 117.3
杭州	2 387.1	2 844.1	3 323.8	3 572.4	3 662.0	3 845.6	3 909.6	4 120.9
合肥	1 105.0	1 456.6	2 002.2	2 303.9	2 583.8	2 872.0	2 977.3	3 181.2
厦门	821.0	1 024.5	1 297.1	1 374.0	1 434.8	1 460.3	1 511.3	1 544.6
济南	1 453.6	1 637.5	1 829.0	1 938.1	2 053.2	2 261.7	2 307.0	2 368.9
青岛	2 420.1	2 758.6	3 150.7	3 402.2	3 641.4	3 890.4	4 026.5	4 160.7
郑州	1 786.5	2 269.9	2 874.2	3 132.9	3 470.5	3 487.1	3 604.2	3 728.7
武汉	2 142.1	2 532.8	3 254.0	3 869.6	4 396.2	4 785.7	4 981.5	5 227.1
长沙	1 893.6	2 437.0	3 157.7	3 592.5	3 947.0	4 241.2	4 333.6	4 521.0
重庆	3 448.8	4 359.1	5 543.0	5 975.2	5 812.3	6 529.1	7 069.4	7 898.9
成都	2 001.8	2 480.9	3 143.4	3 765.6	4 181.5	4 508.5	4 723.5	5 232.0
昆明	824.6	960.9	1 161.2	1 378.5	1 537.1	1 538.5	1 586.4	1 660.1
西安	1 144.8	1 409.5	1 697.2	1 881.8	2 117.7	2 194.8	2 126.3	2 197.8

（续）

城市	增加值							
	2009 年	2010 年	2011 年	2012 年	2013 年	2014 年	2015 年	2016 年
兰州	433.6	529.2	656.5	744.7	820.4	824.9	782.7	790.1
乌鲁木齐	452.7	600.4	759.1	829.0	875.1	906.0	787.4	704.1

表 5-4　主要城市 2009—2016 年度第三产业增加值（亿元）

城市	增加值							
	2009 年	2010 年	2011 年	2012 年	2013 年	2014 年	2015 年	2016 年
天津	3 405.2	4 238.6	5 219.2	6 058.5	6 979.6	7 795.2	8 625.1	10 093.8
呼和浩特	972.6	1 095.4	1 277.8	1 452.8	1 708.9	1 920.4	2 097.2	2 175.7
沈阳	1 934.0	2 254.9	2 609.8	2 904.2	3 138.0	3 232.3	3 456.7	3 058.0
长春	1 181.8	1 356.4	1 620.2	1 847.7	2 012.5	2 196.8	2 415.8	2 678.7
哈尔滨	1 642.4	1 867.6	2 147.8	2 404.6	2 686.0	2 929.5	3 215.9	3 513.8
南京	2 170.4	2 660.5	3 220.4	3 845.7	4 356.6	4 983.0	5 571.6	6 133.2
杭州	2 509.9	2 896.7	3 458.5	3 974.3	4 416.1	5 086.2	5 853.2	6 888.6
合肥	888.5	1 112.2	1 426.2	1 631.4	1 842.0	2 028.3	2 419.6	2 823.0
厦门	895.7	1 012.5	1 217.5	1 417.9	1 557.4	1 789.5	1 930.8	2 216.5
济南	1 710.7	2 057.9	2 339.5	2 612.6	2 892.2	3 218.6	3 487.8	3 849.9
青岛	2 203.5	2 630.6	3 158.5	3 575.5	4 012.5	4 452.1	4 909.6	5 479.6
郑州	1 418.8	1 646.4	1 974.0	2 274.5	2 584.4	3 142.7	3 556.4	4 140.3
武汉	2 329.7	2 863.1	3 309.5	3 833.1	4 319.7	4 933.8	5 564.3	6 294.9
长沙	1 671.8	1 908.0	2 224.3	2 535.1	2 911.6	3 271.7	3 834.8	4 563.4
重庆	2 474.4	2 881.1	3 623.8	4 494.4	5 968.3	6 672.5	7 497.8	8 538.4
成都	2 233.0	2 785.3	3 383.4	4 025.2	4 574.2	5 191.0	5 704.5	6 463.3
昆明	870.0	1 039.0	1 214.6	1 473.5	1 708.5	1 992.9	2 193.5	2 439.5
西安	1 469.0	1 691.9	1 993.9	2 288.8	2 548.7	3 083.3	3 454.7	3 827.4
兰州	461.8	537.4	663.5	774.6	906.7	1 123.6	1 257.1	1 413.8
乌鲁木齐	625.5	718.2	908.9	1 150.0	1 301.4	1 528.0	1 812.6	1 726.8

表 5-5　主要城市 2009—2016 年度年末总人口（万人）

城市	总人口							
	2009 年	2010 年	2011 年	2012 年	2013 年	2014 年	2015 年	2016 年
天津	984.7	985.0	996.4	993.2	1 004.0	1 016.7	1 026.9	1 044.4

（续）

城市	总人口							
	2009 年	2010 年	2011 年	2012 年	2013 年	2014 年	2015 年	2016 年
呼和浩特	227.4	229.6	232.3	230.3	234.0	237.9	238.6	241.0
沈阳	716.5	719.6	722.7	724.8	727.1	730.8	730.4	734.4
长春	756.5	758.9	761.8	756.9	752.7	754.5	753.8	753.4
哈尔滨	991.6	992.0	993.3	993.5	995.2	987.3	961.4	962.0
南京	629.8	632.4	636.4	638.5	643.1	648.7	653.4	662.8
杭州	683.4	689.1	695.7	700.3	706.6	715.8	723.5	736.0
合肥	491.4	493.4	706.1	710.5	711.5	712.8	717.7	729.8
厦门	177.0	180.2	185.3	190.9	196.8	203.4	211.2	220.6
济南	603.3	604.1	606.6	609.2	613.3	621.6	625.7	632.8
青岛	762.9	763.6	766.4	769.6	773.7	780.6	783.0	791.4
郑州	731.5	744.6	1 010.1	1 072.5	919.1	937.8	810.5	827.1
武汉	835.5	836.7	827.2	821.7	822.0	827.3	829.3	833.9
长沙	646.8	650.1	656.6	660.3	662.8	671.4	680.4	696.0
重庆	3 275.6	3 303.0	3 329.8	3 343.4	3 358.4	3 375.2	3 371.8	3 392.1
成都	1 139.6	1 149.1	1 163.3	1 173.3	1 188.0	1 210.7	1 228.0	1 398.9
昆明	534.0	536.3	544.0	543.5	546.8	550.5	555.6	559.8
西安	781.7	782.7	791.8	796.0	806.9	815.3	815.7	824.9
兰州	323.6	323.5	323.3	321.5	368.6	374.7	321.9	324.2
乌鲁木齐	241.2	243.0	249.3	257.8	262.9	266.9	266.8	267.9

表 5-6 主要城市 2009—2016 年度城乡居民储蓄年末余额（亿元）

城市	余额							
	2009 年	2010 年	2011 年	2012 年	2013 年	2014 年	2015 年	2016 年
天津	4 885.9	5 558.2	6 123.1	7 055.4	7 612.3	7 916.9	8 743.8	9 125.4
呼和浩特	775.9	929.8	1 053.7	1 243.3	1 414.6	1 480.9	1 684.0	1 866.0
沈阳	2 948.5	3 338.2	3 729.5	4 318.8	4 765.5	5 147.6	5 769.3	6 145.5
长春	1 834.2	2 062.7	2 337.8	2 767.4	3 107.2	3 380.1	3 792.8	4 218.1
哈尔滨	2 249.5	2 580.1	2 896.6	3 320.7	3 593.6	3 768.8	4 370.4	4 671.9
南京	3 056.3	3 511.8	3 910.2	4 465.4	4 883.3	5 055.8	5 535.5	5 894.5
杭州	4 286.9	4 991.0	5 519.2	6 022.1	6 339.8	6 694.6	7 507.1	8 313.1

（续）

城市	余额							
	2009 年	2010 年	2011 年	2012 年	2013 年	2014 年	2015 年	2016 年
合肥	1 031.8	1 233.7	1 689.5	2 065.6	2 355.8	2 539.5	3 018.5	3 281.3
厦门	1 158.1	1 384.7	1 558.7	1 680.2	1 950.1	1 972.0	2 050.3	2 172.0
济南	1 911.5	2 187.7	2 427.5	2 888.7	3 267.8	3 541.4	3 951.4	4 279.9
青岛	2 527.9	2 912.3	3 198.5	3 757.6	4 140.6	4 435.9	5 023.6	5 326.3
郑州	2 511.2	2 911.0	3 252.1	3 845.5	4 475.3	4 839.3	5 695.5	6 297.6
武汉	3 010.1	3 590.6	4 036.2	4 623.0	5 117.4	5 352.1	6 059.0	6 464.9
长沙	1 881.3	2 172.1	2 526.9	2 981.3	3 483.0	3 866.8	4 348.6	4 868.6
重庆	4 908.7	5 839.7	6 990.2	8 361.6	9 622.3	10 774.1	12 207.3	13 399.4
成都	4 233.7	5 071.4	5 944.8	7 060.0	8 151.6	8 976.9	9 922.2	10 808.0
昆明	*2 061.3	2 341.5	2 615.7	2 967.0	3 355.3	3 495.8	3 429.5	3 540.7
西安	3 084.2	3 677.8	4 155.6	4 787.0	5 357.0	5 687.5	6 571.2	7 035.8
兰州	1 090.0	1 295.9	1 480.2	1 743.2	2 021.6	2 262.9	2 608.5	2 796.2
乌鲁木齐	1 040.7	1 242.9	1 470.3	1 716.0	1 896.3	1 974.8	2 157.3	2 295.7

表 5-7 主要城市 2009—2016 年度社会商品零售总额（亿元）

城市	零售总额							
	2009 年	2010 年	2011 年	2012 年	2013 年	2014 年	2015 年	2016 年
天津	2 430.8	2 860.2	3 395.1	3 921.4	4 470.4	4 738.7	5 257.3	5 635.8
呼和浩特	641.2	756.6	890.0	1 022.2	1 142.4	1 256.1	1 353.5	1 481.5
沈阳	1 778.6	2 065.9	2 426.9	2 802.2	3 186.1	3 570.1	3 883.2	3 985.9
长春	1 089.4	1 286.7	1 515.9	1 739.6	1 970.0	2 217.5	2 409.3	2 650.3
哈尔滨	1 507.9	1 770.0	2 070.4	2 394.6	2 728.3	3 070.9	3 394.5	3 744.2
南京	1 935.5	2 288.7	2 697.1	3 103.8	3 531.7	4 167.2	4 590.2	5 088.2
杭州	1 804.9	2 146.1	2 548.4	2 944.6	3 531.2	4 201.5	4 697.2	5 176.2
合肥	703.4	839.0	1 111.1	1 293.6	1 480.8	1 666.8	2 183.7	2 445.7
厦门	566.1	685.0	800.3	881.9	974.5	1 072.3	1 168.4	1 283.5
济南	1 595.7	1 802.5	2 114.3	2 420.2	2 743.4	3 087.6	3 410.3	3 764.6
青岛	1 730.2	1 961.1	2 302.4	2 635.6	2 986.8	3 361.7	3 713.7	4 104.9
郑州	1 434.8	1 678.0	1 987.1	2 289.9	2 586.4	2 913.6	3 294.7	3 665.8
武汉	2 164.1	2 570.4	3 031.8	3 432.4	3 916.6	4 369.3	5 102.2	5 610.6

（续）

城市	零售总额							
	2009 年	2010 年	2011 年	2012 年	2013 年	2014 年	2015 年	2016 年
长沙	1 524.9	1 864.5	2 201.6	2 521.7	2 802.0	3 162.1	3 690.6	4 117.4
重庆	2 479.0	3 051.1	3 782.3	4 403.0	5 055.8	5 710.7	6 424.0	7 271.4
成都	1 949.9	2 417.6	2 861.3	3 317.7	3 752.9	4 468.9	4 946.2	5 742.4
昆明	*641.1	956.4	1 271.7	1 493.8	1 702.3	1 905.9	1 937.0	2 310.1
西安	1 381.1	1 637.0	1 966.0	2 263.9	2 548.0	3 093.9	3 405.4	3 730.7
兰州	469.8	545.1	639.7	749.1	843.9	944.9	1 152.1	1 263.3
乌鲁木齐	473.4	563.7	695.0	834.4	970.0	1 070.0	1 151.5	1 236.7

表 5 - 8 主要城市 2009—2016 年度货物进出口总额（亿美元）

城市	总额							
	2009 年	2010 年	2011 年	2012 年	2013 年	2014 年	2015 年	2016 年
天津	639.44	822.01	1 033.91	1 156.23	1 285.28	1 608.47	1 142.83	1 026.56
呼和浩特	7.07	*15.15	20.25	25.34	15.99	21.95	20.73	13.09
沈阳	65.70	78.56	106.20	127.48	143.29	158.0	140.81	113.31
长春	85.57	132.25	173.49	196.81	204.17	207.29	140.0	141.63
哈尔滨	36.93	43.74	51.18	53.34	65.43	68.08	47.78	39.75
南京	337.45	435.18	573.44	552.35	557.57	572.21	532.40	502.14
杭州	404.20	523.56	639.72	616.83	650.71	679.98	665.66	679.92
合肥	64.28	99.58	201.29	176.42	181.90	200.87	203.38	186.87
厦门	433.14	570.36	701.67	744.91	840.94	835.53	832.91	771.77
济南	56.57	74.11	104.02	91.47	95.66	105.00	91.14	98.31
青岛	448.51	570.60	721.52	732.08	779.12	798.88	702.22	655.81
郑州	36.0	51.57	159.96	358.32	427.50	464.31	570.26	550.29
武汉	114.73	180.55	227.90	203.54	217.52	264.29	280.72	237.81
长沙	41.18	60.89	74.89	86.93	98.93	125.61	129.50	109.35
重庆	77.09	124.26	292.18	917.74	687.04	954.50	744.77	627.54
成都	178.63	224.50	379.06	475.39	505.85	558.44	395.32	410.09
昆明	81.97	101.09	120.22	200.96	174.22	293.94	123.64	66.81
西安	72.55	103.93	125.79	130.14	179.83	249.83	252.60	275.50
兰州	4.88	10.60	18.79	33.97	40.57	45.57	50.59	40.74
乌鲁木齐	36.83	59.85	90.30	103.97	77.98	82.85	58.43	49.03

表 5-9 主要城市 2009—2016 年度普通高等学校在校学生数（万人）

城市	学生数							
	2009 年	2010 年	2011 年	2012 年	2013 年	2014 年	2015 年	2016 年
天津	40.6	42.9	45.0	47.3	49.0	50.6	51.3	51.4
呼和浩特	20.4	21.5	22.2	22.7	22.9	23.2	23.5	23.8
沈阳	34.2	34.9	37.4	36.9	38.4	40.0	40.4	40.4
长春	35.9	36.6	37.7	38.8	40.2	41.5	42.6	43.4
哈尔滨	46.9	48.2	48.2	48.2	49.2	50.6	66.4	63.6
南京	77.3	79.3	80.8	65.2	80.7	80.5	81.3	82.8
杭州	39.4	43.5	44.7	45.9	47.5	47.5	47.6	42.8
合肥	35.2	37.3	41.0	41.7	44.3	49.7	52.7	50.0
厦门	13.1	12.8	13.6	14.4	15.3	15.8	14.4	14.3
济南	63.3	64.3	64.0	66.0	72.7	70.0	71.4	72.6
青岛	27.0	28.5	29.1	29.7	30.0	31.3	32.2	34.1
郑州	61.7	64.9	66.5	69.8	74.8	78.3	82.4	88.9
武汉	84.6	88.1	92.0	94.7	96.6	96.2	95.7	94.9
长沙	50.3	50.8	51.7	52.3	57.3	54.8	56.9	59.0
重庆	48.4	52.3	56.8	62.4	65.9	69.2	71.7	73.2
成都	58.9	61.7	64.7	68.6	70.2	72.9	75.6	79.2
昆明	*19.9	27.0	34.1	36.1	38.6	41.0	43.6	46.5
西安	63.2	73.4	68.5	72.4	75.3	76.6	84.9	83.2
兰州	26.2	27.7	29.3	30.7	46.5	41.4	41.6	42.5
乌鲁木齐	13.0	13.5	13.1	13.6	14.6	16.8	18.0	17.4

表 5-10 主要城市 2009—2016 年度执业（助理）医师数（万人）

城市	医师数							
	2009 年	2010 年	2011 年	2012 年	2013 年	2014 年	2015 年	2016 年
天津	2.8	2.9	3.0	3.1	3.2	3.3	3.6	3.8
呼和浩特	0.6	0.7	0.7	0.5	0.5	0.6	0.9	0.9
沈阳	2.0	2.1	2.2	2.3	2.3	2.4	2.5	2.7
长春	1.7	1.8	1.8	1.9	1.8	1.9	2.1	2.1
哈尔滨	1.9	2.2	2.1	1.9	2.2	2.0	2.4	2.4
南京	1.7	1.7	1.7	1.9	2.1	2.2	2.2	2.5

（续）

城市	医师数							
	2009 年	2010 年	2011 年	2012 年	2013 年	2014 年	2015 年	2016 年
杭州	2.3	2.4	2.6	2.7	3.0	3.2	3.5	3.8
合肥	1.1	1.1	1.4	1.5	1.6	1.7	1.8	1.9
厦门	0.7	0.8	0.9	0.9	0.9	0.9	1.0	1.1
济南	1.6	1.8	1.8	1.9	2.3	2.5	3.3	3.4
青岛	1.7	1.8	1.8	2.2	2.4	2.5	2.6	2.8
郑州	1.8	1.5	1.6	1.8	2.0	2.9	2.4	2.7
武汉	2.4	2.5	2.5	2.6	2.8	3.0	3.3	3.5
长沙	1.7	1.8	1.9	2.0	2.3	2.4	2.6	2.7
重庆	4.5	4.8	5.0	5.2	5.5	5.8	6.1	6.5
成都	3.2	3.5	4.0	4.3	4.6	4.8	5.0	5.5
昆明	3.2	3.3	1.9	3.8	2.2	2.3	2.4	2.6
西安	1.5	1.5	2.2	2.3	2.4	2.5	2.7	2.8
兰州	0.9	1.0	1.1	1.1	1.1	1.2	1.2	1.3
乌鲁木齐	1.0	1.1	1.2	1.2	1.3	1.3	1.3	1.4

5.3　主要城市辐射能力测度

这里不考虑北上广深四个城市，我们优先选取部分实力较强、功能较齐全的区域性中心城市，包括已经进入国家中心城市行列及潜在可能进入国家中心城市行列的城市作为研究样本。然后，利用选取的指标体系，从经济、人力、产业、贸易、基础设施等五个维度选取 9 个代表性指标，对国内 20 个城市的辐射功能进行测度和比较。

5.3.1　辐射能力各指标基点

鉴于本部分计算过程数据过于冗长，这里只展示了部分数据，其余数据在附表 5-1 至附表 5-8 中展示，笔者利用层次分析法将各原始数据代入指标体系中，在计算过程中，通过对原始数据进行标准化处理，即首先选取各指标数据中数值最高的城市，以此数据为 1，然后以此为基数，分别计算出其他城市的相对基数，处理结果见表5-11。

表5-11 主要城市生产总值2009—2016年度基点

城市	基点							
	2009年	2010年	2011年	2012年	2013年	2014年	2015年	2016年
天津	1.00	1.00	1.00	1.00	1.00	1.00	1.00	1.00
呼和浩特	0.22	0.20	0.19	0.19	0.19	0.18	0.19	0.18
沈阳	0.57	0.54	0.52	0.51	0.50	0.45	0.44	0.31
长春	0.38	0.36	0.35	0.35	0.35	0.34	0.33	0.33
哈尔滨	0.42	0.40	0.38	0.35	0.35	0.34	0.35	0.34
南京	0.56	0.56	0.54	0.56	0.55	0.56	0.59	0.59
杭州	0.68	0.64	0.62	0.61	0.58	0.59	0.61	0.63
合肥	0.28	0.29	0.32	0.32	0.32	0.33	0.34	0.35
厦门	0.23	0.22	0.22	0.22	0.21	0.21	0.21	0.21
济南	0.45	0.42	0.39	0.37	0.36	0.37	0.37	0.37
青岛	0.65	0.61	0.59	0.57	0.55	0.55	0.56	0.56
郑州	0.44	0.44	0.44	0.43	0.43	0.43	0.44	0.45
武汉	0.61	0.60	0.60	0.62	0.63	0.64	0.66	0.67
长沙	0.50	0.49	0.50	0.50	0.50	0.50	0.51	0.53
重庆	0.87	0.86	0.89	0.88	0.89	0.91	0.95	0.99
成都	0.60	0.60	0.61	0.63	0.63	0.64	0.65	0.68
昆明	0.24	0.23	0.22	0.23	0.24	0.24	0.24	0.24
西安	0.36	0.35	0.34	0.34	0.34	0.35	0.35	0.35
兰州	0.12	0.12	0.12	0.12	0.12	0.13	0.13	0.13
乌鲁木齐	0.15	0.15	0.15	0.16	0.15	0.16	0.16	0.14

5.3.2 辐射能力各指标分值

本部分数据为标准化处理后的生产总值，然后乘以其在指标体系中的权重，得出生产总值年度分值，其余指标处理方法同上，基数乘以各指标相应权重，得出各指标年度分值。表5-12中只展示了生产总值年度分值数据，其余数据在附表5-9至附表5-16中展示。

表 5-12 主要城市生产总值 2009—2016 年度分值

城市	分值							
	2009 年	2010 年	2011 年	2012 年	2013 年	2014 年	2015 年	2016 年
天津	15.00	15.00	15.00	15.00	15.00	15.00	15.00	15.00
呼和浩特	3.30	3.00	2.85	2.85	2.85	2.70	2.85	2.70
沈阳	8.55	8.10	7.80	7.65	7.50	6.75	6.60	4.65
长春	5.70	5.40	5.25	5.25	5.25	5.10	4.95	4.95
哈尔滨	6.30	6.00	5.70	5.25	5.25	5.10	5.25	5.10
南京	8.40	8.40	8.10	8.40	8.25	8.40	8.85	8.85
杭州	10.20	9.60	9.30	9.15	8.70	8.85	9.15	9.45
合肥	4.20	4.35	4.80	4.80	4.80	4.95	5.10	5.25
厦门	3.45	3.30	3.30	3.30	3.15	3.15	3.15	3.15
济南	6.75	6.30	5.85	5.55	5.40	5.55	5.55	5.55
青岛	9.75	9.15	8.85	8.55	8.25	8.25	8.40	8.40
郑州	6.60	6.60	6.60	6.45	6.45	6.45	6.60	6.75
武汉	9.15	9.00	9.00	9.30	9.45	9.60	9.90	10.05
长沙	7.50	7.35	7.50	7.50	7.50	7.50	7.65	7.95
重庆	13.05	12.90	13.35	13.20	13.35	13.65	14.25	14.85
成都	9.00	9.00	9.15	9.45	9.45	9.60	9.75	10.20
昆明	3.60	3.45	3.30	3.45	3.60	3.60	3.60	3.60
西安	5.40	5.25	5.10	5.10	5.10	5.25	5.25	5.25
兰州	1.80	1.80	1.80	1.80	1.80	1.95	1.95	1.95
乌鲁木齐	2.25	2.25	2.25	2.40	2.25	2.40	2.40	2.10

5.4 主要城市辐射能力排名及其变化分析

5.4.1 主要城市辐射能力各指标排名

笔者将处理后的各指标年度分值做排名,从而得出不同指标、不同城市、不同年份各项指标年度排名对比,表 5-13 至表 5-21 展示了各指标年度排名变化。

表 5-13　主要城市生产总值年度排名

城市	排名							
	2009 年	2010 年	2011 年	2012 年	2013 年	2014 年	2015 年	2016 年
天津	1	1	1	1	1	1	1	1
呼和浩特	18	18	18	18	18	18	18	18
沈阳	7	8	8	8	8	9	10	15
长春	13	13	13	13	13	13	15	14
哈尔滨	12	12	12	12	12	14	13	13
南京	8	7	7	7	6	6	6	6
杭州	3	3	3	5	5	5	5	5
合肥	15	15	15	15	15	15	14	11
厦门	17	17	16	17	17	17	17	17
济南	10	11	11	11	11	11	11	10
青岛	4	4	6	6	7	7	7	7
郑州	11	10	10	10	10	10	9	9
武汉	5	5	5	4	4	3	3	4
长沙	9	9	9	9	9	8	8	8
重庆	2	2	2	2	2	2	2	2
成都	6	6	4	3	3	4	4	3
昆明	16	16	17	16	16	16	16	16
西安	14	14	14	14	14	12	12	12
兰州	20	20	20	20	20	20	20	20
乌鲁木齐	19	19	19	19	19	19	19	19

表 5-14　主要城市第二产业增加值年度排名

城市	排名							
	2009 年	2010 年	2011 年	2012 年	2013 年	2014 年	2015 年	2016 年
天津	1	1	1	1	1	1	1	2
呼和浩特	18	18	18	18	19	19	18	18
沈阳	6	6	8	8	6	9	10	14
长春	12	11	11	12	11	12	12	11
哈尔滨	13	15	15	15	15	15	15	15
南京	8	9	10	9	10	8	7	8

（续）

城市	排名							
	2009 年	2010 年	2011 年	2012 年	2013 年	2014 年	2015 年	2016 年
杭州	4	3	3	6	7	7	8	7
合肥	15	13	12	11	12	11	11	10
厦门	17	16	16	17	17	17	17	17
济南	11	12	13	13	14	13	13	12
青岛	3	4	6	7	8	6	6	6
郑州	10	10	9	10	9	10	9	9
武汉	5	5	4	3	3	3	3	4
长沙	9	8	5	5	5	5	5	5
重庆	2	2	2	2	2	2	2	1
成都	7	7	7	4	4	4	4	3
昆明	16	17	17	16	16	16	16	16
西安	14	14	14	14	13	14	14	13
兰州	20	20	20	20	20	20	20	19
乌鲁木齐	19	19	19	19	18	18	19	20

表 5 - 15　主要城市第三产业增加值年度排名

城市	排名							
	2009 年	2010 年	2011 年	2012 年	2013 年	2014 年	2015 年	2016 年
天津	1	1	1	1	1	1	1	1
呼和浩特	15	16	16	17	16	17	17	18
沈阳	8	8	8	8	8	9	11	13
长春	14	14	14	14	14	14	15	15
哈尔滨	11	11	11	11	11	13	13	12
南京	7	6	6	5	5	5	5	6
杭州	2	2	3	4	4	4	3	3
合肥	17	15	15	15	15	15	14	14
厦门	16	18	17	18	18	18	18	17
济南	9	9	9	9	10	10	10	10
青岛	6	7	7	7	7	7	7	7
郑州	13	13	13	13	12	11	9	9

（续）

城市	排名							
	2009 年	2010 年	2011 年	2012 年	2013 年	2014 年	2015 年	2016 年
武汉	4	4	5	6	6	6	6	5
长沙	10	10	10	10	9	8	8	8
重庆	3	3	2	2	2	2	2	2
成都	5	5	4	3	3	3	4	4
昆明	18	17	18	16	17	16	16	16
西安	12	12	12	12	13	12	12	11
兰州	20	20	20	20	20	20	20	20
乌鲁木齐	19	19	19	19	19	19	19	19

表 5 - 16 主要城市年末总人口年度排名

城市	排名							
	2009 年	2010 年	2011 年	2012 年	2013 年	2014 年	2015 年	2016 年
天津	4	4	4	5	3	3	3	3
呼和浩特	19	19	19	19	19	19	19	19
沈阳	10	10	10	10	10	10	10	11
长春	8	8	9	9	9	9	9	9
哈尔滨	3	3	5	4	4	4	4	4
南京	13	13	14	14	14	14	14	14
杭州	11	11	12	12	12	11	11	10
合肥	16	16	11	11	11	12	12	12
厦门	20	20	20	20	20	20	20	20
济南	14	14	15	15	15	15	15	15
青岛	7	7	8	8	8	8	8	8
郑州	9	9	3	3	5	5	7	6
武汉	5	5	6	6	6	6	5	5
长沙	12	12	13	13	13	13	13	13
重庆	1	1	1	1	1	1	1	1
成都	2	2	2	2	2	2	2	2
昆明	15	15	16	16	16	16	16	16
西安	6	6	7	7	7	7	6	7
兰州	17	17	17	17	17	17	17	17
乌鲁木齐	18	18	18	18	18	18	18	18

表 5-17 主要城市城乡居民储蓄余额年度排名

城市	排名							
	2009 年	2010 年	2011 年	2012 年	2013 年	2014 年	2015 年	2016 年
天津	2	2	2	3	3	3	3	3
呼和浩特	20	20	20	20	20	20	20	20
沈阳	8	8	8	8	8	7	7	8
长春	15	15	15	15	15	15	14	14
哈尔滨	11	11	11	11	11	12	11	12
南京	6	7	7	7	7	8	9	9
杭州	3	4	4	4	4	4	4	4
合肥	19	19	16	16	16	16	16	16
厦门	16	16	17	19	18	19	19	19
济南	13	13	14	14	14	13	13	13
青岛	9	9	10	10	10	10	10	10
郑州	10	10	9	9	9	9	8	7
武汉	7	6	6	6	6	6	6	6
长沙	14	14	13	12	12	11	12	11
重庆	1	1	1	1	1	1	1	1
成都	4	3	3	2	2	2	2	2
昆明	12	12	12	13	13	14	15	15
西安	5	5	5	5	5	5	5	5
兰州	17	17	18	17	17	17	17	17
乌鲁木齐	18	18	19	18	19	18	18	18

表 5-18 主要城市社会商品零售总额年度排名

城市	排名							
	2009 年	2010 年	2011 年	2012 年	2013 年	2014 年	2015 年	2016 年
天津	2	2	2	2	2	2	2	3
呼和浩特	16	17	17	17	17	17	17	17
沈阳	7	7	7	7	7	7	7	9
长春	14	14	14	14	14	14	14	14
哈尔滨	11	11	11	11	11	12	12	11
南京	5	5	5	5	5	6	6	6

（续）

城市	排名							
	2009 年	2010 年	2011 年	2012 年	2013 年	2014 年	2015 年	2016 年
杭州	6	6	6	6	6	5	5	5
合肥	15	16	16	16	16	16	15	15
厦门	18	18	18	18	18	18	18	18
济南	9	10	10	10	10	11	10	10
青岛	8	8	8	8	8	8	8	8
郑州	12	12	12	12	12	13	13	13
武汉	3	3	3	3	3	4	3	4
长沙	10	9	9	9	9	9	9	7
重庆	1	1	1	1	1	1	1	1
成都	4	4	4	4	4	3	4	2
昆明	17	15	15	15	15	15	16	16
西安	13	13	13	13	13	10	11	12
兰州	20	20	20	20	20	20	19	19
乌鲁木齐	19	19	19	19	19	19	20	20

表 5-19　主要城市货物进出口总额年度排名

城市	排名							
	2009 年	2010 年	2011 年	2012 年	2013 年	2014 年	2015 年	2016 年
天津	1	1	1	1	1	1	1	1
呼和浩特	19	19	19	20	20	20	20	20
沈阳	12	13	14	14	14	14	12	13
长春	8	8	10	11	10	12	13	12
哈尔滨	16	18	18	18	18	18	19	19
南京	5	5	5	6	6	6	7	7
杭州	4	4	4	5	5	5	5	3
合肥	13	12	9	12	11	13	11	11
厦门	3	3	3	3	2	3	2	2
济南	14	14	15	16	16	16	16	15
青岛	2	2	2	4	3	4	4	4
郑州	18	17	11	8	8	8	6	6

（续）

城市	排名							
	2009 年	2010 年	2011 年	2012 年	2013 年	2014 年	2015 年	2016 年
武汉	7	7	8	9	9	10	9	10
长沙	15	15	17	17	15	15	14	14
重庆	10	9	7	2	4	2	3	5
成都	6	6	6	7	7	7	8	8
昆明	9	11	13	10	13	9	15	16
西安	11	10	12	13	12	11	10	9
兰州	20	20	20	19	19	19	18	18
乌鲁木齐	17	16	16	15	17	17	17	17

表 5-20　主要城市普通高等学校在校学生数年度排名

城市	排名							
	2009 年	2010 年	2011 年	2012 年	2013 年	2014 年	2015 年	2016 年
天津	10	11	10	10	10	9	11	10
呼和浩特	17	18	18	18	18	18	18	18
沈阳	14	14	14	14	16	16	16	16
长春	12	13	13	13	14	13	14	13
哈尔滨	9	9	9	9	9	9	8	8
南京	2	2	2	6	2	2	4	4
杭州	11	10	11	11	11	12	12	14
合肥	13	12	12	12	13	11	10	11
厦门	19	20	19	19	19	20	20	20
济南	3	5	6	5	5	6	7	7
青岛	15	15	17	17	17	17	17	17
郑州	5	4	4	3	4	3	3	2
武汉	1	1	1	1	1	1	1	1
长沙	7	8	8	8	8	8	9	9
重庆	8	7	7	7	7	7	6	6
成都	6	6	5	4	6	5	5	5
昆明	18	17	15	15	15	15	13	12
西安	4	3	3	2	3	4	2	3
兰州	16	16	16	16	12	14	15	15
乌鲁木齐	20	19	20	20	20	19	19	19

表 5 - 21　主要城市执业（助理）医师数年度排名

城市	排名							
	2009 年	2010 年	2011 年	2012 年	2013 年	2014 年	2015 年	2016 年
天津	4	4	3	4	3	3	3	3
呼和浩特	20	20	20	20	20	20	20	20
沈阳	7	8	6	7	8	10	10	9
长春	10	9	11	11	15	15	15	15
哈尔滨	8	7	8	11	11	14	11	14
南京	10	13	14	11	13	13	14	13
杭州	6	6	4	5	4	4	4	3
合肥	16	16	16	16	16	16	16	16
厦门	19	19	19	19	19	19	19	19
济南	14	9	11	11	8	7	5	6
青岛	10	9	11	9	6	7	8	7
郑州	9	14	15	15	14	6	11	9
武汉	5	5	5	6	5	5	5	5
长沙	10	9	9	10	8	10	8	9
重庆	1	1	1	1	1	1	1	1
成都	2	2	2	2	2	2	2	2
昆明	2	3	9	3	11	12	11	12
西安	15	14	6	7	6	7	7	7
兰州	18	18	18	18	18	18	18	18
乌鲁木齐	17	16	17	17	17	17	17	17

5.4.2　主要城市辐射能力各指标排名变化分析

本部分笔者分别从三个维度分析：①各指标数据中的第一名；②郑州各指标数据变化；③各指标进步最大的城市。从表 5 - 13 至表 5 - 21 可以看出，天津市生产总值从 2009—2016 年高居榜首，郑州市生产总值由 2009 年的第 11 名跃升为 2016 年的第 9 名，合肥市由 2009 年的第 15 名跃升为 2016 年的第 11 名，合肥市成为生产总值进步最大的城市。天津市第二产业增加值 2009—2015 年高居榜首，2016 年被重庆市超越，郑州市由第 10 名跃升为第 9 名，合肥市由 2009 第 15 名跃升为 2016 年第 10 名，合肥市成为第二产业增加值进步最大的城市。天津市第三产业增加值 2009—2016 年稳居榜首，郑州市第三产业增加值由 2009 年第 13 名跃升至第 9 名，郑州市成为第三产业增加值进步最大的城市。

重庆市年末总人口从 2009—2016 年稳居榜首，郑州市年末总人口由 2009 年第 9 名跃升为 2016 年第 6 名，合肥市年末总人口由 2009 年的第 16 名跃升为 12 名，合肥市成为年末总人数进步最大的城市。重庆市城乡居民储蓄年末余额 2009—2016 年稳居榜首，郑州市城乡居民储蓄年末余额从 2009 年第 10 名跃升为 2016 年第 7 名，合肥市城乡居民储蓄年末余额由 2009 年第 19 名跃升为 2016 年第 16 名，长沙市城乡居民储蓄年末余额由 2009 年 14 名跃升为 2016 年第 11 名，郑州市、合肥市、长沙市并列成为城乡居民储蓄年末余额进步最大的城市。重庆市社会商品零售总额 2009—2016 年稳居第一名，郑州市社会商品零售总额由 2009 年第 12 名倒退至 2016 年第 13 名，长沙市社会商品零售总额由 2009 年第 10 名跃升至 2016 年第 7 名，长沙市成为社会商品零售总额进步最大的城市。

天津市货物进出口总额 2009—2016 年稳居第一名，郑州市货物进出口总额由 2009 年第 18 名跃升至 2016 年的第 6 名，郑州市成为货物进出口总额进步最大的城市。武汉市普通高等学校在校学生数 2009—2016 年稳居榜首，郑州市普通高等学校在校学生数由 2009 年 5 名跃升至 2016 年第 2 名，昆明市普通高等学校在校学生数由 2009 年的第 18 名跃升至 2016 年的第 12 名，昆明市成为普通高等学校在校学生数进步最大的城市。重庆市执业（助理）医师数 2009—2016 年稳居榜首，郑州市执业（助理）医师数由 2009 年第 9 名变化为 2016 年第 9 名，济南市执业（助理）医师数由 2009 年第 14 名跃升至 2016 年第 6 名，西安市执业（助理）医师数由 2009 年第 15 名跃升至 2016 年第 7 名。不难看出合肥市近年来各指标数据变化最大，郑州市各指标数据稳中有进，缓缓上升。重庆市各项指标超越天津市成为第一。

5.4.3　主要城市辐射能力综合评分及排名

表 5 - 22 中数据是通过评价指标体系中各指标评分相加所得，从而得出不同城市、不同年份综合辐射能力评分表；表 5 - 23 中数据是通过对表 5 - 22 中主要城市年度综合评分排名所得。

表 5-22 主要城市各指标年度综合评分

城市	评分							
	2009 年	2010 年	2011 年	2012 年	2013 年	2014 年	2015 年	2016 年
天津	83.80	82.55	81.10	80.50	79.55	78.25	78.30	76.90
呼和浩特	17.20	16.70	15.90	15.50	15.10	14.80	15.45	14.80
沈阳	47.35	45.55	43.95	43.35	42.40	40.45	39.85	34.55
长春	34.35	33.55	32.50	32.40	31.85	31.15	31.10	31.00
哈尔滨	40.30	39.30	37.15	35.45	35.00	33.85	36.15	34.95
南京	56.80	55.70	54.10	51.75	52.20	51.55	53.00	53.15
杭州	62.15	60.45	58.45	56.05	54.50	53.75	56.10	56.95
合肥	24.65	25.00	28.70	28.55	28.50	29.15	31.35	31.25
厦门	24.45	24.20	23.90	22.90	22.55	20.95	22.70	22.95
济南	41.40	39.85	37.70	36.80	37.00	37.00	38.25	38.15
青岛	53.30	51.15	49.35	48.20	47.20	45.90	47.35	47.30
郑州	42.85	41.60	42.45	44.25	44.40	45.60	47.45	49.00
武汉	58.90	58.45	57.20	56.75	56.50	56.60	58.70	57.95
长沙	41.30	40.80	40.40	40.30	40.90	40.70	42.05	42.85
重庆	80.85	81.10	83.65	89.10	87.05	88.75	91.15	92.15
成都	61.80	62.15	63.50	64.95	65.00	65.35	65.50	68.15
昆明	29.60	29.85	26.85	31.00	27.75	28.00	26.60	26.50
西安	41.95	42.10	41.25	40.85	41.10	41.70	43.35	43.10
兰州	15.70	15.60	15.65	15.65	17.25	17.10	17.10	17.10
乌鲁木齐	15.20	15.30	15.60	15.95	15.55	15.40	15.30	14.25

表 5-23 主要城市各指标年度综合排名

城市	排名							
	2009 年	2010 年	2011 年	2012 年	2013 年	2014 年	2015 年	2016 年
天津	1	1	2	2	2	2	2	2
呼和浩特	18	18	18	20	20	20	19	19
沈阳	8	8	8	9	9	11	11	13
长春	14	14	14	14	14	14	15	15
哈尔滨	13	13	13	13	13	13	13	12
南京	6	6	6	6	6	6	6	6

（续）

城市	排名							
	2009 年	2010 年	2011 年	2012 年	2013 年	2014 年	2015 年	2016 年
杭州	3	4	4	5	5	5	5	5
合肥	16	16	15	16	15	15	14	14
厦门	17	17	17	17	17	17	17	17
济南	11	12	12	12	12	12	12	11
青岛	7	7	7	7	7	7	8	8
郑州	9	10	9	8	8	8	7	7
武汉	5	5	5	4	4	4	4	4
长沙	12	11	11	11	11	10	10	10
重庆	2	2	1	1	1	1	1	1
成都	4	3	3	3	3	3	3	3
昆明	15	15	16	15	16	16	16	16
西安	10	9	10	10	10	9	9	9
兰州	19	19	19	19	18	18	18	18
乌鲁木齐	20	20	20	18	19	19	20	20

从表 5-22 中可以看出，2009—2010 年天津市辐射力高居榜首，但 2011—2016 年重庆市超越天津市成为辐射力最大的城市，郑州市由 2009 年的第 9 名跃升为 2016 年的第 7 名，合肥市由 2009 年第 16 名跃升为 2016 年第 14 名，长沙市由 2009 年第 12 名跃升为 2016 年第 10 名。郑州市、合肥市、长沙市并列为进步最大的城市，相比而言郑州市综合辐射力更为靠前，但其辐射能力远低于重庆、天津和成都，仍然处于第三层次的边缘。中原经济腾飞、中原崛起需要郑州在建设国家中心城市发展中不断增强自身的辐射能力，提高自身的影响力。

5.5 结语

2000 年 6 月，时任河南省省长李克强同志在郑州调研时提出"一定要增强郑州中心城市功能，加快全省城市化进程"，并强调"郑州市当前面临的首要任务是扩大城市规模"，2003 年 1 月，以郑州国际会展中心开工为标志，郑东新区开发建设拉开序幕，2015 年 9 月 25 日李克强总理考察郑东新区，2015年12月上合组织峰会在郑州召开。2016年底，国家发展和改革委员会出台的《促进中部地区崛起的"十三五"规划》明确提出，支持郑州、武汉建设国家中心城市。

郑州的国际地位不断提高，郑州市在国家建设发展中担任着越来越重要的角色，承担着越来越重要的职能，郑州的城市化建设已经有小成，但依然有很大的不足。笔者结合收集分析的数据提出了如下建议。

第一，要大力推进产业结构调整和升级。继续推进高端产业发展，着力发展高增值、宽辐射的绿色新型产业。鼓励本土龙头产业开拓创新，产业链升级，增强龙头企业的辐射带动作用。支持中小产业发展，改善投资环境，降低经营成本，鼓励和吸引外省企业到郑州建立机构，开展产业发展、产业合作和贸易、投融资活动。减轻中小企业税务负担，根据行业特点实施有针对性的政策支持，支持中小企业兼并重组，加快形成独具特色的优良产业。

第二，要大力推进港区建设，加强贸易交流。郑州货物进出口总额实现了稳步提升，由2009年的第18名提升至2016年第6名，这与郑州航空港区的建设、省人民政府大力引进外资推动港区贸易往来密不可分。天然的地理环境决定了郑州应承担什么样的功能，发挥地理优势，推进高铁建设，加大同周边兄弟省份的联系，加强信息交流促进经贸合作，是增强郑州辐射功能的重要途径。

第三，要大力推进人才队伍建设。人才队伍是企业生存的血液，是城市发展的推力。发挥郑州普通高等学校在校学生人数多的优势，留住本土人才的同时大力引进高层次人才，利用强大资源形成的独特优势增强郑州在国家中心城市建设中的辐射带动能力。

本章附表

附表5-1　主要城市第二产业增加值年度基点

城市	基点							
	2009年	2010年	2011年	2012年	2013年	2014年	2015年	2016年
天津	1.00	1.00	1.00	1.00	1.00	1.00	1.00	0.96
呼和浩特	0.15	0.14	0.13	0.14	0.12	0.11	0.11	0.11

（续）

城市	基点							
	2009 年	2010 年	2011 年	2012 年	2013 年	2014 年	2015 年	2016 年
沈阳	0.53	0.52	0.51	0.51	0.51	0.46	0.45	0.27
长春	0.36	0.36	0.35	0.34	0.37	0.36	0.36	0.37
哈尔滨	0.29	0.29	0.28	0.25	0.24	0.23	0.24	0.24
南京	0.48	0.48	0.47	0.48	0.47	0.47	0.51	0.52
杭州	0.60	0.59	0.56	0.54	0.50	0.50	0.51	0.52
合肥	0.28	0.30	0.34	0.35	0.36	0.37	0.39	0.40
厦门	0.21	0.21	0.22	0.21	0.20	0.19	0.20	0.20
济南	0.36	0.34	0.31	0.29	0.28	0.29	0.30	0.30
青岛	0.61	0.57	0.53	0.51	0.50	0.50	0.52	0.53
郑州	0.45	0.47	0.48	0.47	0.48	0.45	0.47	0.47
武汉	0.54	0.52	0.55	0.58	0.60	0.62	0.65	0.66
长沙	0.47	0.50	0.53	0.54	0.54	0.55	0.56	0.57
重庆	0.86	0.90	0.94	0.90	0.80	0.84	0.92	1.00
成都	0.50	0.51	0.53	0.57	0.57	0.58	0.61	0.66
昆明	0.21	0.20	0.20	0.21	0.21	0.20	0.21	0.21
西安	0.29	0.29	0.29	0.28	0.29	0.28	0.28	0.28
兰州	0.11	0.11	0.11	0.11	0.11	0.11	0.10	0.10
乌鲁木齐	0.11	0.12	0.13	0.12	0.12	0.12	0.10	0.09

附表 5-2　主要城市第三产业增加值年度基点

城市	基点							
	2009 年	2010 年	2011 年	2012 年	2013 年	2014 年	2015 年	2016 年
天津	1.00	1.00	1.00	1.00	1.00	1.00	1.00	1.00
呼和浩特	0.29	0.26	0.24	0.24	0.24	0.25	0.24	0.22
沈阳	0.57	0.53	0.50	0.48	0.45	0.41	0.40	0.30
长春	0.35	0.32	0.31	0.30	0.29	0.28	0.28	0.27
哈尔滨	0.48	0.44	0.41	0.40	0.38	0.38	0.37	0.35
南京	0.64	0.63	0.62	0.63	0.62	0.64	0.65	0.61
杭州	0.74	0.68	0.66	0.66	0.63	0.65	0.68	0.68
合肥	0.26	0.26	0.27	0.27	0.26	0.26	0.28	0.28

（续）

城市	基点							
	2009 年	2010 年	2011 年	2012 年	2013 年	2014 年	2015 年	2016 年
厦门	0.26	0.24	0.23	0.23	0.22	0.23	0.22	0.22
济南	0.50	0.49	0.45	0.43	0.41	0.41	0.40	0.38
青岛	0.65	0.62	0.61	0.59	0.57	0.57	0.57	0.54
郑州	0.42	0.39	0.38	0.38	0.37	0.40	0.41	0.41
武汉	0.68	0.68	0.63	0.63	0.62	0.63	0.65	0.62
长沙	0.49	0.45	0.43	0.42	0.42	0.42	0.44	0.45
重庆	0.73	0.68	0.69	0.74	0.86	0.86	0.87	0.85
成都	0.66	0.66	0.65	0.66	0.66	0.67	0.66	0.64
昆明	0.26	0.25	0.23	0.24	0.24	0.26	0.25	0.24
西安	0.43	0.40	0.38	0.38	0.37	0.40	0.40	0.38
兰州	0.14	0.13	0.13	0.13	0.13	0.14	0.15	0.14
乌鲁木齐	0.18	0.17	0.17	0.19	0.19	0.20	0.21	0.17

附表 5-3 主要城市年末总人口年度基点

城市	基点							
	2009 年	2010 年	2011 年	2012 年	2013 年	2014 年	2015 年	2016 年
天津	0.30	0.30	0.30	0.30	0.30	0.30	0.30	0.31
呼和浩特	0.07	0.07	0.07	0.07	0.07	0.07	0.07	0.07
沈阳	0.22	0.22	0.22	0.22	0.22	0.22	0.22	0.22
长春	0.23	0.23	0.23	0.23	0.22	0.22	0.22	0.22
哈尔滨	0.30	0.30	0.30	0.30	0.30	0.29	0.29	0.28
南京	0.19	0.19	0.19	0.19	0.19	0.19	0.19	0.20
杭州	0.21	0.21	0.21	0.21	0.21	0.21	0.21	0.21
合肥	0.15	0.15	0.21	0.21	0.21	0.21	0.21	0.22
厦门	0.05	0.05	0.06	0.06	0.06	0.06	0.06	0.07
济南	0.18	0.18	0.18	0.18	0.18	0.18	0.19	0.19
青岛	0.23	0.23	0.23	0.23	0.23	0.23	0.23	0.23
郑州	0.22	0.23	0.30	0.32	0.27	0.28	0.24	0.24
武汉	0.26	0.25	0.25	0.25	0.24	0.25	0.25	0.25
长沙	0.20	0.20	0.20	0.20	0.20	0.20	0.20	0.21

（续）

城市	基点							
	2009 年	2010 年	2011 年	2012 年	2013 年	2014 年	2015 年	2016 年
重庆	1.00	1.00	1.00	1.00	1.00	1.00	1.00	1.00
成都	0.35	0.35	0.35	0.35	0.35	0.36	0.36	0.41
昆明	0.16	0.16	0.16	0.16	0.16	0.16	0.16	0.17
西安	0.24	0.24	0.24	0.24	0.24	0.24	0.24	0.24
兰州	0.10	0.10	0.10	0.10	0.11	0.11	0.10	0.10
乌鲁木齐	0.07	0.07	0.07	0.08	0.08	0.08	0.08	0.08

附表 5 - 4　主要城市城乡居民储蓄年末余额年度基点

城市	基点							
	2009 年	2010 年	2011 年	2012 年	2013 年	2014 年	2015 年	2016 年
天津	1.00	0.95	0.88	0.84	0.79	0.73	0.72	0.68
呼和浩特	0.16	0.16	0.15	0.15	0.15	0.14	0.14	0.14
沈阳	0.60	0.57	0.53	0.52	0.50	0.48	0.47	0.46
长春	0.37	0.35	0.33	0.33	0.32	0.31	0.31	0.31
哈尔滨	0.46	0.44	0.41	0.40	0.37	0.35	0.36	0.35
南京	0.62	0.60	0.56	0.53	0.51	0.47	0.45	0.44
杭州	0.87	0.85	0.79	0.72	0.66	0.62	0.61	0.62
合肥	0.21	0.21	0.24	0.25	0.24	0.24	0.25	0.24
厦门	0.24	0.24	0.22	0.20	0.20	0.18	0.17	0.16
济南	0.39	0.37	0.35	0.35	0.34	0.33	0.32	0.32
青岛	0.51	0.50	0.46	0.45	0.43	0.41	0.41	0.40
郑州	0.51	0.50	0.47	0.46	0.47	0.45	0.47	0.47
武汉	0.61	0.61	0.58	0.55	0.53	0.50	0.50	0.48
长沙	0.38	0.37	0.36	0.36	0.36	0.36	0.36	0.36
重庆	1.00	1.00	1.00	1.00	1.00	1.00	1.00	1.00
成都	0.86	0.87	0.85	0.84	0.85	0.83	0.81	0.81
昆明	0.42	0.40	0.37	0.35	0.35	0.32	0.28	0.26
西安	0.63	0.63	0.59	0.57	0.56	0.53	0.54	0.53
兰州	0.22	0.22	0.21	0.21	0.21	0.21	0.21	0.21
乌鲁木齐	0.21	0.21	0.21	0.21	0.20	0.18	0.18	0.17

附表 5-5　主要城市社会商品零售总额年度基点

城市	基点							
	2009 年	2010 年	2011 年	2012 年	2013 年	2014 年	2015 年	2016 年
天津	0.98	0.94	0.90	0.89	0.88	0.83	0.82	0.78
呼和浩特	0.26	0.25	0.24	0.23	0.23	0.22	0.21	0.20
沈阳	0.72	0.68	0.64	0.64	0.63	0.63	0.60	0.55
长春	0.44	0.42	0.40	0.40	0.39	0.39	0.38	0.36
哈尔滨	0.61	0.58	0.55	0.54	0.54	0.54	0.53	0.51
南京	0.78	0.75	0.71	0.70	0.70	0.73	0.71	0.70
杭州	0.73	0.70	0.67	0.67	0.70	0.74	0.73	0.71
合肥	0.28	0.27	0.29	0.29	0.29	0.29	0.34	0.34
厦门	0.23	0.22	0.21	0.20	0.19	0.19	0.18	0.18
济南	0.64	0.59	0.56	0.55	0.54	0.54	0.53	0.52
青岛	0.70	0.64	0.61	0.60	0.59	0.59	0.58	0.56
郑州	0.58	0.55	0.53	0.52	0.51	0.51	0.51	0.50
武汉	0.87	0.84	0.80	0.78	0.77	0.77	0.79	0.77
长沙	0.62	0.61	0.58	0.57	0.55	0.55	0.57	0.57
重庆	1.00	1.00	1.00	1.00	1.00	1.00	1.00	1.00
成都	0.79	0.79	0.76	0.75	0.74	0.78	0.77	0.79
昆明	0.26	0.31	0.34	0.34	0.34	0.33	0.30	0.32
西安	0.56	0.54	0.52	0.51	0.50	0.54	0.53	0.51
兰州	0.19	0.18	0.17	0.17	0.17	0.17	0.18	0.17
乌鲁木齐	0.19	0.18	0.18	0.19	0.19	0.19	0.18	0.17

附表 5-6　主要城市货物进出口总额年度基点

城市	基点							
	2009 年	2010 年	2011 年	2012 年	2013 年	2014 年	2015 年	2016 年
天津	1.00	1.00	1.00	1.00	1.00	1.00	1.00	1.00
呼和浩特	0.01	0.02	0.02	0.02	0.01	0.01	0.02	0.01
沈阳	0.10	0.10	0.10	0.11	0.11	0.10	0.12	0.11
长春	0.13	0.16	0.17	0.17	0.16	0.13	0.12	0.14
哈尔滨	0.06	0.05	0.05	0.05	0.05	0.04	0.04	0.04
南京	0.53	0.53	0.55	0.48	0.43	0.36	0.47	0.49

（续）

城市	基点							
	2009 年	2010 年	2011 年	2012 年	2013 年	2014 年	2015 年	2016 年
杭州	0.63	0.64	0.62	0.53	0.51	0.42	0.58	0.66
合肥	0.10	0.12	0.19	0.15	0.14	0.12	0.18	0.18
厦门	0.68	0.69	0.68	0.64	0.65	0.52	0.73	0.75
济南	0.09	0.09	0.10	0.08	0.07	0.07	0.08	0.10
青岛	0.70	0.69	0.70	0.63	0.61	0.50	0.61	0.64
郑州	0.06	0.06	0.15	0.31	0.33	0.29	0.50	0.54
武汉	0.18	0.22	0.22	0.18	0.17	0.16	0.25	0.23
长沙	0.06	0.07	0.07	0.08	0.08	0.08	0.11	0.11
重庆	0.12	0.15	0.28	0.79	0.53	0.59	0.65	0.61
成都	0.28	0.27	0.37	0.41	0.39	0.35	0.35	0.40
昆明	0.13	0.12	0.12	0.17	0.14	0.18	0.11	0.07
西安	0.11	0.13	0.12	0.11	0.14	0.16	0.22	0.27
兰州	0.01	0.01	0.02	0.03	0.03	0.03	0.04	0.04
乌鲁木齐	0.06	0.07	0.09	0.09	0.06	0.05	0.05	0.05

附表 5-7 主要城市普通高等学校在校学生数年度基点

城市	基点							
	2009 年	2010 年	2011 年	2012 年	2013 年	2014 年	2015 年	2016 年
天津	0.48	0.49	0.49	0.50	0.51	0.53	0.54	0.54
呼和浩特	0.24	0.24	0.24	0.24	0.24	0.24	0.25	0.25
沈阳	0.40	0.40	0.41	0.39	0.40	0.42	0.42	0.43
长春	0.42	0.42	0.41	0.41	0.42	0.43	0.45	0.46
哈尔滨	0.55	0.55	0.52	0.51	0.51	0.53	0.69	0.67
南京	0.91	0.90	0.88	0.69	0.84	0.84	0.85	0.87
杭州	0.47	0.49	0.49	0.48	0.49	0.49	0.50	0.45
合肥	0.42	0.42	0.45	0.44	0.46	0.52	0.55	0.53
厦门	0.15	0.15	0.15	0.15	0.16	0.16	0.15	0.15
济南	0.75	0.73	0.70	0.70	0.75	0.73	0.75	0.77
青岛	0.32	0.32	0.32	0.31	0.31	0.33	0.34	0.36
郑州	0.73	0.74	0.72	0.74	0.77	0.81	0.86	0.94

（续）

城市	基点							
	2009 年	2010 年	2011 年	2012 年	2013 年	2014 年	2015 年	2016 年
武汉	1.00	1.00	1.00	1.00	1.00	1.00	1.00	1.00
长沙	0.59	0.58	0.56	0.55	0.59	0.57	0.59	0.62
重庆	0.57	0.59	0.62	0.66	0.68	0.72	0.75	0.77
成都	0.70	0.70	0.70	0.72	0.73	0.76	0.79	0.83
昆明	0.24	0.31	0.37	0.38	0.40	0.43	0.46	0.49
西安	0.75	0.83	0.74	0.76	0.78	0.80	0.89	0.88
兰州	0.31	0.31	0.32	0.32	0.48	0.43	0.43	0.45
乌鲁木齐	0.15	0.15	0.14	0.14	0.15	0.17	0.19	0.18

附表 5-8　主要城市执业（助理）医师数年度基点

城市	基点							
	2009 年	2010 年	2011 年	2012 年	2013 年	2014 年	2015 年	2016 年
天津	0.62	0.60	0.60	0.60	0.58	0.57	0.59	0.58
呼和浩特	0.13	0.15	0.14	0.10	0.09	0.10	0.15	0.14
沈阳	0.44	0.44	0.44	0.44	0.42	0.41	0.41	0.42
长春	0.38	0.38	0.36	0.37	0.33	0.33	0.34	0.32
哈尔滨	0.42	0.46	0.42	0.37	0.40	0.34	0.39	0.37
南京	0.38	0.35	0.34	0.37	0.38	0.38	0.36	0.38
杭州	0.51	0.50	0.52	0.52	0.55	0.55	0.57	0.58
合肥	0.24	0.23	0.28	0.29	0.29	0.29	0.30	0.29
厦门	0.16	0.17	0.18	0.17	0.16	0.16	0.16	0.17
济南	0.36	0.38	0.36	0.37	0.42	0.43	0.54	0.52
青岛	0.38	0.38	0.36	0.42	0.44	0.43	0.43	0.43
郑州	0.40	0.31	0.32	0.35	0.36	0.50	0.39	0.42
武汉	0.53	0.52	0.50	0.50	0.51	0.52	0.54	0.54
长沙	0.38	0.38	0.38	0.38	0.42	0.41	0.43	0.42
重庆	1.00	1.00	1.00	1.00	1.00	1.00	1.00	1.00
成都	0.71	0.73	0.80	0.83	0.84	0.83	0.82	0.85
昆明	0.71	0.69	0.38	0.73	0.40	0.40	0.39	0.40
西安	0.33	0.31	0.44	0.44	0.44	0.43	0.44	0.43

（续）

城市	基点							
	2009 年	2010 年	2011 年	2012 年	2013 年	2014 年	2015 年	2016 年
兰州	0.20	0.21	0.22	0.21	0.20	0.21	0.20	0.20
乌鲁木齐	0.22	0.23	0.24	0.23	0.24	0.22	0.21	0.22

附表 5-9　主要城市城乡居民年末储蓄余额年度分值

城市	分值							
	2009 年	2010 年	2011 年	2012 年	2013 年	2014 年	2015 年	2016 年
天津	15.00	14.25	13.20	12.60	11.85	10.95	10.80	10.20
呼和浩特	2.40	2.40	2.25	2.25	2.25	2.10	2.10	2.10
沈阳	9.00	8.55	7.95	7.80	7.50	7.20	7.05	6.90
长春	5.55	5.25	4.95	4.95	4.80	4.65	4.65	4.65
哈尔滨	6.90	6.60	6.15	6.00	5.55	5.25	5.40	5.25
南京	9.30	9.00	8.40	7.95	7.65	7.05	6.75	6.60
杭州	13.05	12.75	11.85	10.80	9.90	9.30	9.15	9.30
合肥	3.15	3.15	3.60	3.75	3.60	3.60	3.75	3.60
厦门	3.60	3.60	3.30	3.00	3.00	2.70	2.55	2.40
济南	5.85	5.55	5.25	5.25	5.10	4.95	4.80	4.80
青岛	7.65	7.50	6.90	6.75	6.45	6.15	6.15	6.00
郑州	7.65	7.50	7.05	6.90	7.05	6.75	7.05	7.05
武汉	9.15	9.15	8.70	8.25	7.95	7.50	7.50	7.20
长沙	5.70	5.55	5.40	5.40	5.40	5.40	5.40	5.40
重庆	15.00	15.00	15.00	15.00	15.00	15.00	15.00	15.00
成都	12.90	13.05	12.75	12.60	12.75	12.45	12.15	12.15
昆明	6.30	6.00	5.55	5.25	5.25	4.80	4.20	3.90
西安	9.45	9.45	8.85	8.55	8.40	7.95	8.10	7.95
兰州	3.30	3.30	3.15	3.15	3.15	3.15	3.15	3.15
乌鲁木齐	3.15	3.15	3.15	3.15	3.00	2.70	2.70	2.55

附表 5-10　主要城市年末总人口数年度分值

城市	分值							
	2009 年	2010 年	2011 年	2012 年	2013 年	2014 年	2015 年	2016 年
天津	3.00	3.00	3.00	3.00	3.00	3.00	3.00	3.10

（续）

城市	分值							
	2009 年	2010 年	2011 年	2012 年	2013 年	2014 年	2015 年	2016 年
呼和浩特	0.70	0.70	0.70	0.70	0.70	0.70	0.70	0.70
沈阳	2.20	2.20	2.20	2.20	2.20	2.20	2.20	2.20
长春	2.30	2.30	2.30	2.30	2.20	2.20	2.20	2.20
哈尔滨	3.00	3.00	3.00	3.00	3.00	2.90	2.90	2.80
南京	1.90	1.90	1.90	1.90	1.90	1.90	1.90	2.00
杭州	2.10	2.10	2.10	2.10	2.10	2.10	2.10	2.20
合肥	1.50	1.50	2.10	2.10	2.10	2.10	2.10	2.20
厦门	0.50	0.50	0.60	0.60	0.60	0.60	0.60	0.70
济南	1.80	1.80	1.80	1.80	1.80	1.80	1.90	1.90
青岛	2.30	2.30	2.30	2.30	2.30	2.30	2.30	2.30
郑州	2.20	2.30	3.00	3.20	2.70	2.80	2.40	2.40
武汉	2.60	2.50	2.50	2.50	2.40	2.50	2.50	2.50
长沙	2.00	2.00	2.00	2.00	2.00	2.00	2.00	2.10
重庆	10.00	10.00	10.00	10.00	10.00	10.00	10.00	10.00
成都	3.50	3.50	3.50	3.50	3.50	3.60	3.60	4.10
昆明	1.60	1.60	1.60	1.60	1.60	1.60	1.60	1.70
西安	2.40	2.40	2.40	2.40	2.40	2.40	2.40	2.40
兰州	1.00	1.00	1.00	1.00	1.10	1.10	1.00	1.00
乌鲁木齐	0.70	0.70	0.70	0.80	0.80	0.80	0.80	0.80

附表 5-11　主要城市普通高等学校在校学生数年度分值

城市	分值							
	2009 年	2010 年	2011 年	2012 年	2013 年	2014 年	2015 年	2016 年
天津	4.80	4.90	4.90	5.00	5.10	5.30	5.40	5.40
呼和浩特	2.40	2.40	2.40	2.40	2.40	2.40	2.50	2.50
沈阳	4.00	4.00	4.10	3.90	4.00	4.20	4.20	4.30
长春	4.20	4.20	4.10	4.10	4.20	4.30	4.50	4.60
哈尔滨	5.50	5.50	5.20	5.10	5.10	5.30	6.90	6.70
南京	9.10	9.00	8.80	6.90	8.40	8.40	8.50	8.70
杭州	4.70	4.90	4.90	4.80	4.90	4.90	5.00	4.50

（续）

城市	分值							
	2009 年	2010 年	2011 年	2012 年	2013 年	2014 年	2015 年	2016 年
合肥	4.20	4.20	4.50	4.40	4.60	5.20	5.50	5.30
厦门	1.50	1.50	1.50	1.50	1.60	1.60	1.50	1.50
济南	7.50	7.30	7.00	7.00	7.50	7.30	7.50	7.70
青岛	3.20	3.20	3.20	3.10	3.10	3.30	3.40	3.60
郑州	7.30	7.40	7.20	7.40	7.70	8.10	8.60	9.40
武汉	10.00	10.00	10.00	10.00	10.00	10.00	10.00	10.00
长沙	5.90	5.80	5.60	5.50	5.90	5.70	5.90	6.20
重庆	5.70	5.90	6.20	6.60	6.80	7.20	7.50	7.70
成都	7.00	7.00	7.00	7.20	7.30	7.60	7.90	8.30
昆明	2.40	3.10	3.70	3.80	4.00	4.30	4.60	4.90
西安	7.50	8.30	7.40	7.60	7.80	8.00	8.90	8.80
兰州	3.10	3.10	3.20	3.20	4.80	4.30	4.30	4.50
乌鲁木齐	1.50	1.50	1.40	1.40	1.50	1.70	1.90	1.80

附表 5－12　主要城市第二产业增加值年度分值

城市	分值							
	2009 年	2010 年	2011 年	2012 年	2013 年	2014 年	2015 年	2016 年
天津	10.00	10.00	10.00	10.00	10.00	10.00	10.00	9.60
呼和浩特	1.50	1.40	1.30	1.40	1.20	1.10	1.10	1.10
沈阳	5.30	5.20	5.10	5.10	5.10	4.60	4.50	2.70
长春	3.60	3.60	3.50	3.40	3.70	3.60	3.60	3.70
哈尔滨	2.90	2.90	2.80	2.50	2.40	2.30	2.40	2.40
南京	4.80	4.80	4.70	4.80	4.70	4.70	5.10	5.20
杭州	6.00	5.90	5.60	5.40	5.00	5.00	5.10	5.20
合肥	2.80	3.00	3.40	3.50	3.60	3.70	3.90	4.00
厦门	2.10	2.10	2.20	2.10	2.00	1.90	2.00	2.00
济南	3.60	3.40	3.10	2.90	2.80	2.90	3.00	3.00
青岛	6.10	5.70	5.30	5.10	5.00	5.00	5.20	5.30
郑州	4.50	4.70	4.80	4.70	4.80	4.50	4.70	4.70
武汉	5.40	5.20	5.50	5.80	6.00	6.20	6.50	6.60

（续）

城市	分值							
	2009年	2010年	2011年	2012年	2013年	2014年	2015年	2016年
长沙	4.70	5.00	5.30	5.40	5.40	5.50	5.60	5.70
重庆	8.60	9.00	9.40	9.00	8.00	8.40	9.20	10.00
成都	5.00	5.10	5.30	5.70	5.70	5.80	6.10	6.60
昆明	2.10	2.00	2.00	2.10	2.10	2.00	2.10	2.10
西安	2.90	2.90	2.90	2.80	2.90	2.80	2.80	2.80
兰州	1.10	1.10	1.10	1.10	1.10	1.10	1.00	1.00
乌鲁木齐	1.10	1.20	1.30	1.20	1.20	1.20	1.00	0.90

附表5-13 主要城市第三产业增加值年度分值

城市	分值							
	2009年	2010年	2011年	2012年	2013年	2014年	2015年	2016年
天津	10.00	10.00	10.00	10.00	10.00	10.00	10.00	10.00
呼和浩特	2.90	2.60	2.40	2.40	2.40	2.50	2.40	2.20
沈阳	5.70	5.30	5.00	4.80	4.50	4.10	4.00	3.00
长春	3.50	3.20	3.10	3.00	2.90	2.80	2.80	2.70
哈尔滨	4.80	4.40	4.10	4.00	3.80	3.80	3.70	3.50
南京	6.40	6.30	6.20	6.30	6.20	6.40	6.50	6.10
杭州	7.40	6.80	6.60	6.60	6.30	6.50	6.80	6.80
合肥	2.60	2.60	2.70	2.70	2.60	2.60	2.80	2.80
厦门	2.60	2.40	2.30	2.30	2.20	2.30	2.20	2.20
济南	5.00	4.90	4.50	4.30	4.10	4.10	4.00	3.80
青岛	6.50	6.20	6.10	5.90	5.70	5.70	5.70	5.40
郑州	4.20	3.90	3.80	3.80	3.70	4.00	4.10	4.10
武汉	6.80	6.80	6.30	6.30	6.20	6.30	6.50	6.20
长沙	4.90	4.50	4.30	4.20	4.20	4.20	4.40	4.50
重庆	7.30	6.80	6.90	7.40	8.60	8.60	8.70	8.50
成都	6.60	6.60	6.50	6.60	6.60	6.70	6.60	6.40
昆明	2.60	2.50	2.30	2.40	2.40	2.60	2.50	2.40
西安	4.30	4.00	3.80	3.80	3.70	4.00	4.00	3.80
兰州	1.40	1.30	1.30	1.30	1.30	1.40	1.50	1.40
乌鲁木齐	1.80	1.70	1.70	1.90	1.90	2.00	2.10	1.70

附表 5 - 14　主要城市社会商品销售总额年度分值

城市	分值							
	2009 年	2010 年	2011 年	2012 年	2013 年	2014 年	2015 年	2016 年
天津	9.80	9.40	9.00	8.90	8.80	8.30	8.20	7.80
呼和浩特	2.60	2.50	2.40	2.30	2.30	2.20	2.10	2.00
沈阳	7.20	6.80	6.40	6.40	6.30	6.30	6.00	5.50
长春	4.40	4.20	4.00	4.00	3.90	3.90	3.80	3.60
哈尔滨	6.10	5.80	5.50	5.40	5.40	5.40	5.30	5.10
南京	7.80	7.50	7.10	7.00	7.00	7.30	7.10	7.00
杭州	7.30	7.00	6.70	6.70	7.00	7.40	7.30	7.10
合肥	2.80	2.70	2.90	2.90	2.90	2.90	3.40	3.40
厦门	2.30	2.20	2.10	2.00	1.90	1.90	1.80	1.80
济南	6.40	5.90	5.60	5.50	5.40	5.40	5.30	5.20
青岛	7.00	6.40	6.10	6.00	5.90	5.90	5.80	5.60
郑州	5.80	5.50	5.30	5.20	5.10	5.10	5.10	5.00
武汉	8.70	8.40	8.00	7.80	7.70	7.70	7.90	7.70
长沙	6.20	6.10	5.80	5.70	5.50	5.50	5.70	5.70
重庆	10.00	10.00	10.00	10.00	10.00	10.00	10.00	10.00
成都	7.90	7.90	7.60	7.50	7.40	7.80	7.70	7.90
昆明	2.60	3.10	3.40	3.40	3.40	3.30	3.00	3.20
西安	5.60	5.40	5.20	5.10	5.00	5.40	5.30	5.10
兰州	1.90	1.80	1.70	1.70	1.70	1.70	1.80	1.70
乌鲁木齐	1.90	1.80	1.80	1.90	1.90	1.90	1.80	1.70

附表 5 - 15　主要城市货物进出口总额年度分值

城市	分值							
	2009 年	2010 年	2011 年	2012 年	2013 年	2014 年	2015 年	2016 年
天津	10.00	10.00	10.00	10.00	10.00	10.00	10.00	10.00
呼和浩特	0.10	0.20	0.20	0.20	0.10	0.10	0.20	0.10
沈阳	1.00	1.00	1.00	1.10	1.10	1.00	1.20	1.10
长春	1.30	1.60	1.70	1.70	1.60	1.30	1.20	1.40
哈尔滨	0.60	0.50	0.50	0.50	0.50	0.40	0.40	0.40
南京	5.30	5.30	5.50	4.80	4.30	3.60	4.70	4.90

（续）

城市	分值							
	2009 年	2010 年	2011 年	2012 年	2013 年	2014 年	2015 年	2016 年
杭州	6.30	6.40	6.20	5.30	5.10	4.20	5.80	6.60
合肥	1.00	1.20	1.90	1.50	1.40	1.20	1.80	1.80
厦门	6.80	6.90	6.80	6.40	6.50	5.20	7.30	7.50
济南	0.90	0.90	1.00	0.80	0.70	0.70	0.80	1.00
青岛	7.00	6.90	7.00	6.30	6.10	5.00	6.10	6.40
郑州	0.60	0.60	1.50	3.10	3.30	2.90	5.00	5.40
武汉	1.80	2.20	2.20	1.80	1.70	1.60	2.50	2.30
长沙	0.60	0.70	0.70	0.80	0.80	0.80	1.10	1.10
重庆	1.20	1.50	2.80	7.90	5.30	5.90	6.50	6.10
成都	2.80	2.70	3.70	4.10	3.90	3.50	3.50	4.00
昆明	1.30	1.20	1.20	1.70	1.40	1.80	1.10	0.70
西安	1.10	1.30	1.20	1.10	1.40	1.60	2.20	2.70
兰州	0.10	0.10	0.20	0.30	0.30	0.30	0.40	0.40
乌鲁木齐	0.60	0.70	0.90	0.90	0.60	0.50	0.50	0.50

附表 5-16　主要城市执业（助理）医师数年度分值

城市	分值							
	2009 年	2010 年	2011 年	2012 年	2013 年	2014 年	2015 年	2016 年
天津	6.20	6.00	6.00	6.00	5.80	5.70	5.90	5.80
呼和浩特	1.30	1.50	1.40	1.00	0.90	1.00	1.50	1.40
沈阳	4.40	4.40	4.40	4.40	4.20	4.10	4.10	4.20
长春	3.80	3.80	3.60	3.70	3.30	3.30	3.40	3.20
哈尔滨	4.20	4.60	4.20	3.70	4.00	3.40	3.90	3.70
南京	3.80	3.50	3.40	3.70	3.80	3.80	3.60	3.80
杭州	5.10	5.00	5.20	5.20	5.50	5.50	5.70	5.80
合肥	2.40	2.30	2.80	2.90	2.90	2.90	3.00	2.90
厦门	1.60	1.70	1.80	1.70	1.60	1.60	1.60	1.70
济南	3.60	3.80	3.60	3.70	4.20	4.20	5.40	5.20
青岛	3.80	3.80	3.60	4.20	4.40	4.30	4.30	4.30
郑州	4.00	3.10	3.20	3.50	3.60	5.00	3.90	4.20

（续）

城市	分值							
	2009 年	2010 年	2011 年	2012 年	2013 年	2014 年	2015 年	2016 年
武汉	5.30	5.20	5.00	5.00	5.10	5.20	5.40	5.40
长沙	3.80	3.80	3.80	3.80	4.20	4.10	4.30	4.20
重庆	10.00	10.00	10.00	10.00	10.00	10.00	10.00	10.00
成都	7.10	7.30	8.00	8.30	8.40	8.30	8.20	8.50
昆明	7.10	6.90	3.80	7.30	4.00	4.00	3.90	4.00
西安	3.30	3.10	4.40	4.40	4.40	4.30	4.40	4.30
兰州	2.00	2.10	2.20	2.10	2.00	2.10	2.00	2.00
乌鲁木齐	2.20	2.30	2.40	2.30	2.40	2.20	2.10	2.20

6 城市国际竞争力比较分析

6.1 引言

随着经济全球化和贸易国际化进程的推进，城市扮演着一个国家对外开放、经济文化交流窗口的角色，城市的地位和重要性也引起越来越多的关注，与此同时城市之间的竞争也愈发的激烈。2010年住房和城乡建设部编制的《全国城镇体系规划》中提出建设在全国具备引领、辐射、集散等功能的和处于最高城镇体系层次的国家中心城市。国家中心城市在全国具备引领、辐射、集散功能的城市，这种功能表现在政治、经济、文化、对外交流等多方面。在国务院《促进中部地区崛起的"十三五"规划》和《中原城市群规划》文件中均明确提出支持"郑州建设国家中心城市"。目前，入选国家中心城市的包括北京、天津、上海、广州、重庆、武汉、成都、西安及郑州共9个城市。郑州市作为河南省的省会城市并且又入选国家中心城市，比较分析郑州与其他城市的国际竞争力情况，对提升其国际竞争力水平，加快郑州市国家中心城市建设、辐射、带动区域经济发展有很大帮助。因此，本文结合历史数据和对照城市对郑州市的国际竞争力进行比较分析。

目前国际上对于城市国际竞争力还没有一个明确和被大家所广泛认可的定义，对此国外学者在这方面也做出了许多研究。关于城市国际竞争力的讨论，艾嘉·林纳玛认为在经济全球化和国内外经济政治变化的背景下，网络管理越来越成为影响城市竞争力的一个重要因素，世界各城市的发展模式日益建立在网络的基础上。一个城市的竞争力主要受六大重要因素的影响：企业、人力资源、生活环境的质量、基础设施、网络中的成员、制度和政策网络。应当把城市看成一个整体去运营，有意识地去发展城市的核心竞争力，进而提高城市的国际竞争力。

丹尼斯教授在 20 世纪 90 年代提出关于城市国际竞争力问题的看法，他认为一个城市的国际竞争力无法直接测量得到准确数值，但是可以通过有关因素的测量来侧面反映一个城市的国际竞争力。丹尼斯选择了城市支撑国际贸易交往的商业活动环境、城市受国家政策影响程度、城市国际贸易条约的依附程度、城市内企业和产业的国际竞争力这 4 个影响因素，并将有关数据代入其数学模型，从而得出各城市的国际竞争力得分以及排名情况。

关于城市竞争力的研究，国外学者各道拉斯·韦伯斯特认为影响城市竞争力的因素主要归纳为经济结构、人力资源、区域优势、政策环境这 4 个不同的方面，因为因素影响和制约城市的发展，从而决定城市竞争力的提升与否。

就如何提升城市的竞争力，应对经济全球化的趋势，实现与国际化大都市并轨发展，国内研究者也付出了许多努力。叶珊珊、翟国方认为，城市国际竞争力是指一个城市在全球化市场竞争中，其在世界范围内优化配置资源、创造自身财富，从而实现经济持续增长、提高人民生活水平、促进社会全面进步的能力。他们强调了城市国际竞争力是高层次、高水平的竞争，城市发展能级达到一定水平才来研究其国际竞争力大小，能级太低就没有谈论城市竞争力的意义。

郝寿义、倪鹏飞认为，城市竞争力是指一个城市在国内外市场上与其他城市相比所具有的自身创造财富和推动地区、国家或世界创造更多社会财富的现实的和潜在的能力。它系统反映了一个城市的总体经济实力、人民生活质量、科技创新能力及对外程度。徐康宁将城市竞争力定义为城市创造适当的经济、文化和制度环境，与其他城市一同竞争吸纳社会上有限的促进社会发展的资源，从而转化为城市实际经济发展的能力，在竞争中始终保持优势与活力。于涛方、顾朝林等认为，城市竞争力是一个城市为满足不同市场的需要生产不同商品、为社会提供服务和创造社会财富的能力，以及提高人民生活水平、促进整个城市的全面和可持续发展的能力。

竞争力是竞争主体来争夺相同且有限资源来满足自身生存发展的能力。对于不同的竞争主体，竞争力的指代也并不相同。从个人层面上看，竞争力指具有健康的体格、良好的素养和完成任务的能力。从公司和企业的层面上看，竞争力是指在应对不同经济环境时，企业生产盈利、运营发展和扩大市场份额的一种能力。从国家的层面上看，竞争力是指保持一国国内生产总值较高增长、拥有国际发言权、保障国民生活幸福的能力。

城市作为国家经济发展的载体、人民生产生活的基本依托，城市的国际竞争力非常值得我们研究与关注。结合竞争力、企业竞争力、国家竞争力的概念和在国内外学者研究的基础上，本书对城市国际竞争力理解如下：城市国际竞争力是城市基于经济全球化、政策开放化、竞争国际化的一个背景，城市吸收和利用国内和国外的资源，然后转化为城市经济增长、人均收入提高、人民生活水平提高和城市全面协调发展的能力。

6.2　城市国际竞争力评价指标体系的构建

在参考前人关于城市国际竞争力指标选取的基础上，本节立足于城市的国际化以及城市的竞争力，并兼顾指标的实用性和可得性，从而选取城市年生产总值、实际利用外资额、城市年进出口总额、年接待国际游客数量、年旅游外汇收入这 5 个指标进行比较分析。

城市年生产总值是城市在统计年度内生产的全部产品和服务的价值，是衡量一个城市经济发展水平最好的标准，也能很好地反映城市竞争力高低。年接待国际游客人数和旅游外汇收入是衡量城市对外开放程度、在国际是否具有知名度和影响力的重要指标。实际利用外资额是城市经济政策和对外开放政策的体现，实际利用外商投资额高则代表城市受国际投资者的青睐，城市的国际竞争力就较大。城市货物年进出口总额是城市一年从国外进口货物和将出口产品的经济总额，它是衡量城市国际经济交流水平的重要指标，侧面也体现了城市国际竞争力的大小。

国际竞争力评级的权威机构 IMD 在评价城市国际竞争力时，赋予每个评价指标以相同的权重，再测算各项指标的标准值、综合指标的标准值和权重，最后得出每个城市的国际竞争力的得分，以及根据得分的排名情况。叶珊珊、翟国方在《城市的国际竞争力及评价指标研究——以南京为例》中提出每个指标的数据进行标准化处理［即(指标值－均值)/标准差］，再做归一

化处理（以该指标的最大、最小值分别为 0、1，指标实际值与最小值之差
处以最大值与最小值的极差即得归一化数值），最后将处理后的指标值乘上
权重就可以得出最终的竞争力得分，从城市得分情况高低就可以直接比较相
互的城市国际竞争力的大小。

在本次城市研究分析中，我们借鉴 IMD 和叶珊珊、翟国方的评价方法，
将所选的城市年生产总值、年接待入境游客数量、年旅游外汇收入、实际利
用外资额和进出口总额 5 个指标等权重分配，即每个指标的权重为 1/5；对
数据进行标准化处理，即城市指标测算值＝指标数据实际值－指标数据的最
小值/（指标数据最大值－指标数据最小值）；加总每项城市国际竞争力的指
标测算值与权重的乘积可以得到一个城市的城市国际竞争力的得分，城市得
分的高低体现了城市国际竞争力的大小。根据最终得分，将得到郑州市的城
市国际竞争力在比较城市中所处的位置。

6.3 比较城市的选取与数据收集

国家中心城市是处于国家城镇体系最高层次的城镇层级，本身具有较强
的经济实力和城市竞争力，且对区域经济发展起到辐射、引导和带动作用。
因此，选取国家中心城市以及有实力极有可能进入国家中心城市的城市进行
城市国际竞争力的讨论与郑州市比较分析，十分合适和有意义。从 2010 年
住房和城乡建设部批复建设国家中心城市开始至 2018 年初，共有北京、天
津、上海、广州、重庆、武汉、西安及郑州 8 个城市被纳入国家中心城市建
设的范畴。但是北京、上海和广州的综合经济实力以及国际化程度都远远领
先郑州以及全国其他城市，故不纳入与郑州城市国际竞争力的比较分析体系
中。另外西安市的许多指标数据查询收集不到，也暂不纳入城市国际竞争力
的比较体系中。南京、杭州、长沙、成都、昆明、厦门、济南、合肥、青
岛、哈尔滨和沈阳 11 个城市的综合实力相当强，在国内极具竞争力，它们
入选国家中心城市的呼声也一直不断。因此，本文选取上述 11 个城市和已
经入选国家中心城市的天津、重庆和武汉这 3 个城市，作为郑州城市国际竞
争力的比较分析。

鉴于部分城市 2017 年的国民经济统计数据并没有公布，为保证评价分

析的公平性和可比性，本书指标数据的收集为 2012—2016 年间的数据。通过查询中国国家统计局发布主要城市 2012—2016 年度统计报告、15 个城市 2012—2016 年的城市年鉴以及 15 个城市的旅游局和商务局发布的 2012—2016 年的年度统计公报，我们收集到了 5 个指标的统计数据情况，数据见表 6-1 至表 6-5。

表 6-1 2012 年 15 个城市 5 项测算指标的原始数据

城市	年生产总值/亿元	年接待入境游客人数/万人	旅游外汇收入/亿美元	实际利用外资额/亿美元	进出口总额/亿美元
郑州	5 549.80	42.20	1.58	34.28	358.31
成都	8 138.90	158.13	6.28	86.00	475.38
武汉	8 003.80	150.89	8.52	44.44	203.53
杭州	7 802.00	331.12	22.02	49.60	616.83
青岛	7 302.10	127.01	8.08	46.00	732.07
长沙	6 399.90	105.09	6.64	29.76	86.92
天津	12 893.88	234.10	22.26	150.16	1 156.22
南京	7 201.60	162.71	13.62	41.30	552.34
哈尔滨	4 550.20	24.11	1.13	9.21	53.33
合肥	4 164.30	37.50	2.30	16.56	176.41
厦门	2 817.10	230.02	15.77	15.94	744.91
济南	4 803.70	31.60	1.60	12.20	91.47
重庆	11 409.60	224.28	11.68	105.76	917.74
沈阳	6 602.60	75.00	6.00	58.04	127.48
昆明	3 011.10	113.73	3.59	15.88	200.95

表 6-2 2013 年 15 个城市 5 项测算指标的原始数据

城市	年生产总值/亿元	年接待入境游客人数/万人	旅游外汇收入/亿美元	实际利用外资额/亿美元	进出口总额/亿美元
郑州	6 201.90	43.80	1.65	33.21	427.49
成都	9 108.89	176.43	9.80	112.16	505.84
武汉	9 051.27	161.37	9.14	52.50	217.51
杭州	8 343.52	219.81	21.60	52.76	650.71
青岛	8 006.60	128.28	7.95	55.22	779.20

（续）

城市	年生产总值/ 亿元	年接待入境游客 人数/万人	旅游外汇收入/ 亿美元	实际利用外 资额/亿美元	进出口总额/ 亿美元
长沙	7 153.13	116.97	7.79	34.00	98.92
天津	14 442.01	264.53	25.91	168.29	1 285.28
南京	8 011.78	51.86	4.01	40.33	557.57
哈尔滨	5 017.05	21.05	0.98	9.79	65.43
合肥	4 672.91	38.93	2.50	19.17	181.89
厦门	3 018.16	240.74	16.47	18.56	840.94
济南	5 230.19	30.70	1.50	13.20	95.66
重庆	12 783.26	242.26	12.68	105.97	687.04
沈阳	7 158.57	81.36	6.64	58.10	143.28
昆明	3 415.31	123.23	4.03	17.98	174.22

表 6-3 2014 年 15 个城市 5 项测算指标的原始数据

城市	年生产总值/ 亿元	年接待入境游客 人数/万人	旅游外汇收入/ 亿美元	实际利用外 资额/亿美元	进出口总额/ 亿美元
郑州	6 776.99	45.10	1.71	36.30	464.30
成都	10 056.59	197.8	7.40	87.60	558.44
武汉	10 069.48	170.57	9.34	61.99	264.28
杭州	9 206.16	225.48	23.18	63.34	679.97
青岛	8 692.10	128.05	8.79	60.81	798.88
长沙	7 824.81	120.20	7.81	39.69	125.61
天津	15 726.93	296.17	29.92	188.67	1 608.46
南京	8 820.75	56.62	5.53	32.90	572.20
哈尔滨	5 340.07	20.58	1.04	9.76	68.07
合肥	5 157.97	40.09	2.82	21.93	200.87
厦门	3 273.58	266.82	18.09	19.71	835.53
济南	5 770.60	31.50	1.70	14.30	105.00
重庆	14 262.60	263.75	13.50	106.29	954.50
沈阳	7 098.71	59.13	7.05	22.74	158.00
昆明	3 712.99	119.20	3.85	22.37	293.94

表 6-4 2015 年 15 个城市 5 项测算指标的原始数据

城市	年生产总值/ 亿元	年接待入境游客 人数/万人	旅游外汇收入/ 亿美元	实际利用外 资额/亿美元	进出口总额/ 亿美元
郑州	7 311.52	47.30	1.81	38.26	570.26
成都	10 801.16	230.14	8.73	75.28	395.31
武汉	10 905.60	202.36	13.37	73.43	280.71
杭州	10 050.21	342.00	29.29	71.14	665.66
青岛	9 300.07	133.80	8.53	66.80	702.22
长沙	8 510.13	120.31	7.93	44.05	129.49
天津	16 538.19	326.00	32.98	211.34	1 142.82
南京	9 720.77	58.81	5.75	33.34	532.40
哈尔滨	5 751.21	21.08	1.14	8.62	47.77
合肥	5 660.27	41.31	3.31	25.26	203.37
厦门	3 466.03	317.00	19.96	20.93	832.90
济南	6 100.23	33.29	1.84	15.8	91.14
重庆	15 717.27	282.53	14.69	107.65	744.76
沈阳	7 272.31	65.00	8.00	10.61	140.80
昆明	3 968.01	114.49	3.37	22.61	123.64

表 6-5 2016 年 15 个城市 5 项测算指标的原始数据

城市	年生产总值/ 亿元	年接待入境游客 人数/万人	旅游外汇收入/ 亿美元	实际利用外 资额/亿美元	进出口总额/ 亿美元
天津	17 885.39	335.00	34.00	101.00	1 026.55
成都	12 170.23	272.31	12.42	86.20	410.08
武汉	11 912.61	225.00	15.10	85.23	237.80
杭州	11 313.72	363.23	31.49	72.09	679.92
青岛	10 011.29	141.04	9.80	70.00	655.81
长沙	9 455.36	121.52	7.96	48.13	109.34
天津	17 885.39	335.00	34.00	101.00	1 026.55
南京	10 503.02	63.78	6.76	34.79	502.14
哈尔滨	6 101.61	21.75	1.26	6.58	39.74
合肥	6 274.38	41.70	3.48	28.29	186.86
厦门	3 784.27	357.81	27.69	22.24	771.76

（续）

城市	年生产总值/亿元	年接待入境游客人数/万人	旅游外汇收入/亿美元	实际利用外资额/亿美元	进出口总额/亿美元
济南	6 536.12	35.20	1.97	16.90	98.30
重庆	17 740.59	358.35	19.48	101.83	627.53
沈阳	5 460.01	68.10	3.44	8.20	113.31
昆明	4 300.08	123.47	4.82	7.39	66.81

6.4 郑州城市国际竞争力的比较分析

6.4.1 城市国际竞争力年度比较分析

通过上述方法和对数据的处理，我们得到如下 15 个城市的各项指标测算值、城市国际竞争力得分和排名情况。

2012 年度郑州在 15 个城市中城市国际竞争力排名第 11 位（表 6 - 6），处于中等偏下的位置。总体上说，郑州城市国际竞争力比较弱，与天津、重庆和杭州的差距比较大，与长沙、昆明和沈阳实力相当。在单个指标上，郑州市 2012 年生产总值为 5 549.8 亿元，年接待入境游客数量达 42.2 万人，旅游外汇收入则为 1.58 亿美元，全年实际利用外资额为 34.28 亿美元，货物进出口总额达 358.31 亿美元。郑州年生产总值和进出口总额的得分都处于中等位置；而在接待年入境游客人数和旅游外汇收入上表现得非常差，分别排在倒数第 4 和倒数第 2 的位置，这也成为郑州城市国际竞争力不高的主要原因。

表 6 - 6　2012 年 15 个城市指标测算值、得分和排名情况

城市	得分				进出口总额	总得分	排名
	年生产总值	接待入境游客人数	旅游外汇收入	实际利用外资额			
天津	1.00	0.68	1.00	1.00	1.00	0.94	1
重庆	0.85	0.65	0.50	0.68	0.78	0.69	2
杭州	0.49	1.00	0.99	0.27	0.51	0.65	3
成都	0.53	0.44	0.24	0.53	0.38	0.43	4

（续）

城市	得分				进出口总额	总得分	排名
	年生产总值	接待入境游客人数	旅游外汇收入	实际利用外资额			
南京	0.44	0.45	0.59	0.21	0.45	0.43	4
厦门	0.00	0.67	0.69	0.03	0.63	0.40	6
青岛	0.45	0.34	0.33	0.24	0.62	0.39	7
武汉	0.51	0.41	0.35	0.23	0.14	0.33	8
沈阳	0.38	0.17	0.23	0.33	0.07	0.23	9
长沙	0.36	0.26	0.26	0.13	0.03	0.21	10
郑州	0.27	0.06	0.02	0.16	0.28	0.16	11
昆明	0.02	0.29	0.12	0.03	0.13	0.12	12
合肥	0.13	0.04	0.06	0.03	0.11	0.08	13
济南	0.20	0.02	0.02	0.00	0.03	0.06	14
哈尔滨	0.17	0.00	0.00	0.05	0.00	0.04	15

2013年度郑州在15个城市中城市国际竞争力同样排在第11位，跟上年度没有变化，得分也几乎相同（表6-7）。在总体上，天津、重庆和杭州依然在城市国际竞争力上领跑，且天津优势非常明显，南京、青岛、武汉、沈阳和长沙之间的排名发生微小变化，其余城市排名没有变化。在具体评价指标上，2013年郑州市年生产总值达6 201.90亿元，较2012年稳步提升；2013年接待入境游客数量达43.8万人，旅游外汇收入为1.65亿美元，这两项数据较2012年无明显变化，仍旧远远落后于其他城市；实际利用外资额为33.21亿美元；进出口总额为427.49亿美元，相比2012年增长了近20%。

表6-7 2013年15个城市指标测算值、得分和排名情况

城市	得分				进出口总额	总得分	排名
	年生产总值	接待入境游客人数	旅游外汇收入	实际利用外资额			
天津	1.00	1.00	1.00	1.00	1.00	1.00	1
重庆	0.85	0.91	0.47	0.60	0.51	0.67	2
杭州	0.47	0.82	0.83	0.26	0.48	0.57	3
成都	0.53	0.64	0.35	0.64	0.36	0.50	4

（续）

城市	得分				进出口总额	总得分	排名
	年生产总值	接待入境游客人数	旅游外汇收入	实际利用外资额			
厦门	0.00	0.90	0.62	0.03	0.64	0.44	5
青岛	0.44	0.44	0.28	0.27	0.59	0.40	6
武汉	0.53	0.58	0.33	0.25	0.12	0.36	7
南京	0.44	0.13	0.12	0.17	0.40	0.25	8
长沙	0.36	0.39	0.27	0.13	0.03	0.24	9
沈阳	0.36	0.25	0.23	0.29	0.06	0.24	9
郑州	0.28	0.09	0.03	0.13	0.30	0.17	11
昆明	0.03	0.42	0.12	0.03	0.09	0.14	12
合肥	0.14	0.07	0.06	0.04	0.10	0.08	13
济南	0.19	0.04	0.02	0.00	0.02	0.06	14
哈尔滨	0.17	0.00	0.00	0.06	0.00	0.05	15

2014 年度郑州在 15 个城市的城市国际竞争力比较中排在了第 10 位，超过了沈阳，较 2013 年排名上升一位，整个排名前 8 位和后 4 位的排名都没有发生任何的变化（表 6-8）。国际竞争力强的城市依然强势，国际竞争力弱的城市短时间也无法迅速提升城市国际竞争力从而改变现状，郑州城市国际竞争力也一直稳定在第 10、第 11 名的位置。在具体评价指标上，郑州 2014 年生产总值为 6 776.99 亿元，增长了 1%，增幅不明显；年接待入境游客人数是 45.1 万人次，带来 1.71 亿美元的旅游外汇收入，与前两年数据基本持平，严重影响了郑州城市国际竞争力的提升；实际利用外资额达 36.3 亿美元，单项指标得分排在第 8 位，高于总的国际竞争力排名；2014 年郑州进出口总额为 464.3 亿美元，增幅为 8.6%，较 2013 年 20% 的增速下降明显。

表 6-8 2014 年 15 个城市指标测算值、得分和排名情况

城市	得分				进出口总额	总得分	排名
	年生产总值	接待入境游客人数	旅游外汇收入	实际利用外资额			
天津	1.00	1.00	1.00	1.00	1.00	1.00	1

（续）

城市	得分				进出口总额	总得分	排名
	年生产总值	接待入境游客人数	旅游外汇收入	实际利用外资额			
重庆	0.88	0.88	0.43	0.53	0.58	0.66	2
杭州	0.48	0.74	0.77	0.28	0.40	0.53	3
成都	0.54	0.64	0.22	0.42	0.32	0.43	4
厦门	0.00	0.89	0.59	0.03	0.50	0.40	5
青岛	0.44	0.39	0.27	0.27	0.47	0.37	6
武汉	0.55	0.54	0.29	0.27	0.13	0.36	7
南京	0.45	0.13	0.16	0.11	0.33	0.23	8
长沙	0.37	0.36	0.23	0.15	0.04	0.23	8
郑州	0.28	0.09	0.02	0.13	0.26	0.16	10
沈阳	0.31	0.14	0.21	0.05	0.06	0.15	11
昆明	0.04	0.36	0.10	0.05	0.15	0.14	12
合肥	0.15	0.07	0.06	0.04	0.09	0.08	13
济南	0.20	0.04	0.02	0.00	0.02	0.06	14
哈尔滨	0.17	0.00	0.00	0.07	0.00	0.05	15

2015年度郑州城市国际竞争力在15个城市排第10名，较上一年度排名没有发生变化，但得分上略有提升，正在努力缩小与南京和长沙的差距，前6名的城市国际竞争力依然处于绝对优势（表6-9）。在单项得分上，2015年郑州市货物进出口总额达570.26亿美元，在郑州城市国际竞争力5个单项指标得分里面是最高的；其次是年生产总值达7 311.52亿元，保持着7.8%的增长，在5个单项指标中得分第二；年接待入境游客人数为47.1万人次，实际利用外资额38.26亿美元，两项指标得分也很一般；得分最低的依然是旅游外汇收入，年度旅游外汇收入为1.81亿美元，单项得分排15个城市里倒数第2位。

表6-9　2015年15个城市指标测算值、得分和排名情况

城市	得分				进出口总额	总得分	排名
	年生产总值	接待入境游客人数	旅游外汇收入	实际利用外资额			
天津	1.00	1.00	1.00	1.00	1.00	1.00	1

（续）

城市	得分				进出口总额	总得分	排名
	年生产总值	接待入境游客人数	旅游外汇收入	实际利用外资额			
重庆	0.94	0.86	0.43	0.48	0.64	0.67	2
杭州	0.50	1.05	0.88	0.30	0.56	0.66	3
厦门	0.00	0.97	0.59	0.05	0.72	0.47	4
成都	0.56	0.69	0.24	0.32	0.32	0.42	5
武汉	0.57	0.59	0.38	0.31	0.21	0.41	6
青岛	0.45	0.37	0.23	0.28	0.60	0.39	7
南京	0.48	0.12	0.14	0.11	0.44	0.26	8
长沙	0.39	0.33	0.21	0.17	0.07	0.23	9
郑州	0.29	0.09	0.02	0.14	0.48	0.20	10
沈阳	0.29	0.14	0.22	0.00	0.08	0.15	11
昆明	0.04	0.31	0.07	0.06	0.07	0.11	12
合肥	0.17	0.07	0.07	0.07	0.14	0.10	13
济南	0.20	0.04	0.02	0.03	0.04	0.07	14
哈尔滨	0.17	0.00	0.00	0.10	0.00	0.05	15

2016 年度郑州城市国际竞争力依然排在第 10 位，与前两个年度都相同；得分稳步上升，跟第 9 名长沙的差距很小，与此同时比后 5 名的领先优势在拉大（表 6-10）。在单项得分上，郑州市年生产总值达到 8 025.31 亿元，较 2015 年增长了 9.8%，单项得分为 0.3；年接待入境游客 48.1 万人次，创造旅游外汇收入 1.88 亿美元，这两项指标得分依旧很低，分别为 0.08 和 0.02；2016 年郑州市实际利用外资 40.33 亿美元，较 2015 年增长了 5.4%；货物进出口总额达到 550.28 亿美元，较 2015 年略有下降，单项指标排名排在第 6 名，仍然是郑州城市国际竞争力 5 个指标中得分最高的。

表 6-10 2016 年 15 个城市指标测算值、得分和排名情况

城市	得分				进出口总额	总得分	排名
	年生产总值	接待入境游客人数	旅游外汇收入	实际利用外资额			
天津	1.00	0.92	1.00	0.99	1.00	0.98	1

（续）

城市	得分				进出口总额	总得分	排名
	年生产总值	接待入境游客人数	旅游外汇收入	实际利用外资额			
重庆	0.99	0.99	0.56	1.00	0.60	0.83	2
杭州	0.53	1.00	0.92	0.69	0.65	0.76	3
成都	0.59	0.73	0.34	0.83	0.38	0.58	4
厦门	0.00	0.98	0.81	0.16	0.74	0.54	5
武汉	0.58	0.60	0.42	0.82	0.20	0.52	6
青岛	0.44	0.35	0.26	0.66	0.62	0.47	7
南京	0.48	0.12	0.17	0.29	0.47	0.31	8
长沙	0.40	0.29	0.20	0.43	0.07	0.28	9
郑州	0.30	0.08	0.02	0.35	0.52	0.25	10
合肥	0.18	0.06	0.07	0.22	0.15	0.13	11
哈尔滨	0.16	0.00	0.00	0.26	0.00	0.09	12
昆明	0.04	0.30	0.11	0.00	0.03	0.09	13
济南	0.20	0.04	0.02	0.10	0.06	0.08	14
沈阳	0.12	0.14	0.07	0.01	0.07	0.08	15

6.4.2 郑州城市国际竞争力综合分析

通过对上述 15 个城市的近 5 年每年国际竞争力得分与排名情况的汇总，可以得到各城市国际竞争力排名的变化情况（表 6 - 11）。

表 6 - 11 15 个城市 5 年内国际竞争力排名变化

城市	排名				
	2012 年	2013 年	2014 年	2015 年	2016 年
天津	1	1	1	1	1
重庆	2	2	2	2	2
杭州	3	3	3	3	3
成都	4	4	4	5	4
南京	5	8	4	8	8
厦门	6	5	5	4	5
青岛	7	6	6	7	7

（续）

城市	排名				
	2012 年	2013 年	2014 年	2015 年	2016 年
武汉	8	7	7	6	6
沈阳	9	10	11	11	15
长沙	10	9	9	9	9
郑州	11	11	10	10	10
昆明	12	12	12	12	13
合肥	13	12	13	13	11
济南	14	14	14	14	14
哈尔滨	15	15	15	15	13

2012—2016 年这 5 年间，郑州城市国际竞争力的得分情况分别为 0.16、0.17、0.16、0.20、0.25，在 15 个城市之中的排名分别排在了 11、11、10、10、10 位，总体上郑州城市国际竞争力还是处于一个中等水平。可以明显地看到郑州城市国际竞争力的得分在慢慢地上升，排名一直很稳定且有略微提高，且在不断缩小与第 9、第 8 名城市的差距和拉大排名其后的城市的差距。

城市国际竞争力大的城市例如天津、重庆和杭州，就会利用自身的优势，不断巩固发展优势点，继续提升城市的国际竞争力，让其他城市的追赶变得更加困难。城市国际竞争力较弱的城市因为自身优势不明显或者没有优势，短期内城市国际竞争力很难有巨大的提升，相反因为起点低，却很容易被拉开更大的差距。

天津和重庆作为直辖市，有着国家政策重点关注的先天优势，再加上扩大开放程度，不断吸收和利用国内和国际资源从而提升城市国际竞争力。厦门和青岛作为最先对外开放的沿海城市，国际贸易以及文化交流已经先行发展起来，自身城市国际竞争力自然排在其他城市的前列。成都、杭州和武汉也是内陆对外开放较早的城市，不断加快对外经济贸易建设，同时充分发挥自身旅游资源，每年吸引大批国际游客并带来大量旅游外汇收入，城市国际知名度和竞争力位列国内城市的前茅。

相比而言，郑州受国家政策照顾没有天津和重庆那么多，对外开放程度也不如厦门和青岛那么高；自身旅游资源开发也不如成都、杭州和武汉等城市，不能吸引大量国际游客，缺乏城市国际旅游品牌；这些都导致郑州城市国际竞争力不如以上城市，统计年度里城市国际竞争力也一直处于一个中等偏弱的水平。

6.5 郑州提升国际竞争力的对策

第一，打造城市国际旅游品牌。郑州目前拥有 A 级旅游景区 41 个，以及黄河风景名胜区、康百万庄园、黄帝故里等 4A 级景区 14 个。但是缺少国际旅游品牌，旅游景区在国际上吸引不足，致使来郑州旅游的国际游客很少，旅游外汇也不多。创造国际旅游品牌有助于城市旅游文化的宣传，打造城市以及景区的知名度，吸引更多国际游客来郑州游玩。郑州作为历史上 5 个朝代的都城，又紧靠十三朝古都开封，因此有着非常深厚的历史文化底蕴。故我们可以将郑州打造为一个历史文化旅游城市，将嵩山少林寺、黄帝故里、康百万庄园和嵩阳书院等历史文化景点打包为一个国际旅游品牌进行推广宣传，提升整体知名度，进而能够提高郑州城市国际竞争力。

第二，优化外资良好投资环境。经济全球化的浪潮已经越来越汹涌，郑州应该抓住这次机遇，坚持"走出去"战略，做经济全球化浪潮的弄潮儿，将郑州推向国际，提升城市国际竞争力。郑州新郑航空港保税区和河南（郑州）自由贸易试验区的相继设立，表明郑州已经意识到扩大对外开放的重要性。因此郑州应该继续推进新郑航空港区和自由贸易区的建设，提升对外开放的广度与深度；郑东新区作为核心经济圈，郑州也可以将郑东新区打造成一个国际金融交流中心。政府应该制定相关政策，为国际友商来郑州投资提供方便，例如为外企规划合理的厂区，建立配套物流体系和减免部分税收等，从而吸引外商来郑州投资，带来更多的资金与先进产生管理经验，促进郑州经济发展，提升郑州城市国际竞争力。

第三，继续提升自身经济实力。自身经济硬实力的提升，自身便会在城市竞争中始终保持优势地位，在统计年度内，郑州年生产总值一直保持着高速增长，但与先进城市相比还有一定的差距，因此郑州必须坚持经济全面且可持续发展，努力提升自身经济实力。郑州应该深化产业结构调整，鼓励科技创新，让科技创新行业和先进制造业成为经济增长的主要推动力，降低劳动密集型产业结构比例，例如将荥阳和中牟等地纳入科技高新区建设。鼓励和推广环保绿色行业发展，关闭高能耗高污染行业，节约社会资源，实现经济可持续发展。努力增加第三产业结构比例，实现经济又好又快发展，提升经济硬实力，增强城市国际竞争力。

7 城市科技创新能力比较 分析与预测

7.1 引言

国家中心城市是现代化的发展范畴,是体现国家意志、肩负国家使命、引领区域发展、跻身国际竞争领域、代表国家形象的特大型都市。郑州做好国家中心城市的抓手,一是冲破传统思维定式。树立国家中心城市的责任意识、竞争意识和机遇意识,积极利用区域资源创造新优势,将国家中心城市建设作为城市发展长期战略来规划发展。二是提升国家中心城市综合功能。按照国际大都市标准规划、建设、管理和运营城市,不断提高城市的科技创新能力、国际竞争能力、辐射带动能力、交通通达能力、信息交流能力、可持续发展能力。三是推进属地区域产业城镇集群发展。应发挥国家中心城市的能动作用,大力发展城市功能全覆盖的中小城镇,形成国家中心城市—区域型城市—中小城市—小城镇等多层级功能的城市集群。发挥国家中心城市的辐射带动功能,以产业技术链和物流链为纽带,合理布局区域产业基地,整体提升区域发展水平。国家中心城市建设是一个长期过程,需要发挥好国内市场枢纽和区域整合协调作用,成为国家发展的重要增长极。国家中心城市建设具有丰富的内涵,既要注重总量规模建设,更要注重发展内涵,尤其要注重提升城市的科技创新能力。

科技创新通过扩大资源基量和提高资源利用效率,已经成为国际竞争力的关键和核心因素。只有拥有强大的科技创新能力,才能提高我国的国际竞争力。在国家中心城市建设中,郑州承担着中国东中西部地区交通的枢纽作用，要着力发展枢纽经济，着力提升科技创新能力。本书站在郑州市发展的视角，选取已经进入国家中心城市建设和有可能进入国家中心城市建设的14个城市作为分析样本，建立相应的评价指标体系，通过使用因子分析法对城市科技创新能力进行较为科学的定量评价研究。运用SPSS19.0对统计数据进行无量纲化处理，进行郑州与其他城市在国家中心城市建设工程中的比较分析，为郑州市加快国家中心城市建设提供理论支持和政策措施。

7.2　城市科技创新能力指标体系构建

城市的科技创新能力是指一个城市的创新主体，以大学、科研机构、政府、大中型企业为依托，有目的、有意识地依靠自身的科技资源和科技创新投入，包括人力、物力和财力，通过科技创新活动，研究、开发、创造出一系列科技成果，并通过产学研合作与科技成果转化机制形成新的科技产业，进而推动社会和经济快速发展的能力。

要全面系统地反映我国14个省市的科技创新能力，必须建立一套科技创新指标体系（表7-1），从各个方面评价、分析，以使结果更具说服力。目前国内还没有建立统一的指导和评价科技创新能力的指标体系，乔章风和周志刚将城市科技创新能力归纳为科技创新投入、科技创新能力、基础创新支撑与创新环境支撑4个方面。孙钰、李泽涛和马瑞将城市科技创新能力分解为基础支撑、经济投入、科技支撑、教育储备四大板块。还有学者从科技创新投入、科技创新产出、科技创新载体、科技创新绩效4个方面对城市科技创新能力进行测度。再对郑州、合肥、济南、天津、武汉等多个城市创新指标体系研究并借鉴科技部关于《创新型城市建设检测评价指标》，以及对城市创新和经济增长评价的研究成果，遵循科学性、系统性、综合性、可行性的原则，从科技创新投入、科技创新环境和科技创新绩效3个方面筛选和设计科技、经济、教育和社会领域具有代表性和典型性的核心指标，构建城市科技创新能力评价指标体系。最终确定了包含3个一级指标和8个二级指标的评价指标体系。

表 7-1 科技创新能力评价指标体系的构成

一级指标	二级指标	变量
科技创新投入	R&D 经费支出/万元	X_1
	R&D 活动人员/人	X_2
	R&D 投入占 GDP 比重/%	X_3
科技创新环境	高校在校生/万人	X_4
	生产总值/亿元	X_5
	普通高等学校/所	X_6
科技创新绩效	专利申请数/件	X_7
	专利授权数/件	X_8

7.3 备选城市的确定和数据收集

国家中心城市是在直辖市和省会城市层级之上出现的新的"塔尖",集中了中国和中国城市在空间、人口、资源和政策上的主要优势。目前进入国家中心城市的有北京、天津、上海、广州、重庆、成都、武汉、郑州、西安9个城市。考虑到郑州与北上广三个城市的科技创新能力差距较大,故不在本文的比较范围之内。选取济南、兰州、西安、成都、重庆、武汉、长沙、合肥、青岛、南京、杭州、厦门、天津13个城市,2010—2016年共7年的有关数据与郑州做横向和纵向的比较和分析。

全面采集郑州、济南、兰州、西安、成都、重庆、武汉、长沙、合肥、青岛、南京、杭州、厦门、天津2010—2016年年度数据。原始数据来源于各相关省、市2011—2017统计年鉴,相关城市国民经济与社会发展统计公报,数据来源真实可靠。为了解决各指标量纲不同无法进行综合比较的问题,在完成数据采集工作后需对数据进行同趋势化处理、标准化处理。相关数据见表7-2至表7-8。

表 7-2 各指标相对应的数据(2010 年)

城市	R&D 经费支出/亿元	R&D 活动人员/人	R&D 投入占 GDP 比重/%	高校在校生/万人	地区生产总值/亿元	普通高等学校/所	专利申请数/件	专利授权数/件
郑州	54.03	39 568	1.34	64.27	4 040.89	47	8 000	5 600

（续）

城市	R&D经费支出/亿元	R&D活动人员/人	R&D投入占GDP比重/%	高校在校生/万人	地区生产总值/亿元	普通高等学校/所	专利申请数/件	专利授权数/件
济南	81.45	44 348	2.08	50.65	3 910.53	34	15 519	9 593
兰州	23.95	16 855	2.18	35.60	1 100.39	24	1 750	1 019
西安	167.27	128 559	5.16	65.74	3 242.86	50	19 486	8 037
成都	84.31	27 371	1.52	61.60	5 551.33	42	31 261	25 981
重庆	79.46	53 359	1.00	52.27	7 925.58	53	22 825	7 464
武汉	165.75	67 746	2.58	88.14	6 424.59	78	15 045	10 165
长沙	75.18	45 201	1.65	50.82	4 547.06	48	9 071	6 209
合肥	57.63	78 553	2.13	37.26	2 701.61	44	14 459	413
青岛	124.47	46 106	2.20	28.48	5 666.19	25	10 735	6 796
南京	107.74	74 137	2.10	79.34	5 130.65	53	19 275	9 190
杭州	166.87	81 700	3.49	43.48	4 776.80	37	29 745	26 483
厦门	50.98	28 295	2.47	14.12	2 060.07	17	5 524	5 040
天津	193.03	154 535	2.06	42.92	9 357.64	55	25 142	10 998

表 7-3 各指标相对应的数据（2011 年）

城市	R&D经费支出/亿元	R&D活动人员/人	R&D投入占GDP比重/%	高校在校生/万人	地区生产总值/亿元	普通高等学校/所	专利申请数/件	专利授权数/件
郑州	72.80	45 028	1.46	66.51	4 979.85	51	10 997	6 141
济南	95.53	57 246	2.17	50.90	4 406.29	39	18 564	11 329
兰州	26.07	17 983	1.92	37.40	1 360.03	25	2 320	1 093
西安	202.53	147 814	5.23	68.52	3 869.84	61	27 717	9 274
成都	84.37	29 718	1.21	67.26	6 950.58	53	37 466	21 228
重庆	128.36	65 287	1.28	56.78	10 011.37	59	32 039	15 525
长沙	112.13	64 411	1.20	51.68	5 619.33	50	13 122	6 692
合肥	78.26	100 500	2.15	40.95	3 636.62	48	11 478	627
青岛	164.31	52 296	2.48	29.15	6 615.60	22	19 816	9 149
南京	190.51	82 881	3.10	80.85	6 145.52	63	28 043	12 404
杭州	202.35	99 100	2.85	44.67	5 629.72	38	40 892	29 251

（续）

城市	R&D经费支出/亿元	R&D活动人员/人	R&D投入占GDP比重/%	高校在校生/万人	地区生产总值/亿元	普通高等学校/所	专利申请数/件	专利授权数/件
厦门	68.86	35 027	2.71	14.92	2 539.31	17	8 311	5 484
天津	279.76	173 635	2.44	44.97	11 480.32	55	36 258	13 982

表7-4　各指标相对应的数据（2012年）

城市	R&D经费支出/亿元	R&D活动人员/人	R&D投入占GDP比重/%	高校在校生/万人	地区生产总值/亿元	普通高等学校/所	专利申请数/件	专利授权数/件
郑州	80.73	46 994	1.45	68.43	5 549.79	52	16 254	9 065
济南	98.95	58 388	2.06	50.50	4 803.67	40	23 094	14 367
兰州	29.00	18 728	1.85	37.70	1 563.82	25	3 299	1 615
西安	229.47	162 232	5.22	72.40	4 394.47	62	36 983	11 862
成都	115.61	33 647	1.42	68.53	8 138.94	53	48 901	32 563
重庆	159.80	72 609	1.40	62.36	11 409.60	60	38 924	20 364
武汉	212.90	54 200	2.66	94.70	8 003.82	79	24 105	13 689
长沙	134.44	72 220	2.10	53.32	6 399.91	50	14 973	10 382
合肥	115.91	112 373	2.78	30.28	4 164.32	48	15 142	10 535
青岛	190.45	58 783	2.61	29.67	7 302.11	22	27 009	12 689
南京	209.97	90 509	2.92	81.53	7 201.57	63	42 732	18 612
杭州	228.00	78 275	3.64	45.92	6 271.13	38	53 785	40 651
厦门	79.01	43 835	2.81	19.22	2 815.17	17	9 965	7 477
天津	360.49	194 425	2.75	47.31	13 110.87	55	41 500	20 003

表7-5　各指标相对应的数据（2013年）

城市	R&D经费支出/亿元	R&D活动人员/人	R&D投入占GDP比重/%	高校在校生/万人	地区生产总值/亿元	普通高等学校/所	专利申请数/件	专利授权数/件
郑州	94.80	56 518	1.53	74.76	6 201.85	56	20 259	10 372
济南	111.15	62 111	2.13	49.90	5 230.19	41	22 527	12 403
兰州	31.92	19 918	1.80	31.16	1 776.28	25	3 904	1 963

（续）

城市	R&D经费支出/亿元	R&D活动人员/人	R&D投入占GDP比重/%	高校在校生/万人	地区生产总值/亿元	普通高等学校/所	专利申请数/件	专利授权数/件
西安	256.77	161 004	5.21	75.27	4 924.97	63	47 111	16 250
成都	201.70	87 584	2.21	70.20	9 108.89	53	59 370	33 256
重庆	176.49	83 722	1.38	65.94	12 783.26	63	47 833	24 828
武汉	248.00	60 400	2.74	96.64	9 051.27	80	25 680	15 901
长沙	153.71	77 560	2.15	53.06	7 153.13	50	15 956	10 362
合肥	144.70	114 703	3.10	44.34	4 672.91	50	19 425	1 153
青岛	218.73	65 232	2.73	31.35	8 006.60	22	48 607	13 856
南京	236.35	111 756	2.93	80.74	8 080.21	61	55 094	19 484
杭州	248.73	81 617	3.70	47.18	6 725.88	38	58 279	41 518
厦门	87.37	45 584	2.89	16.70	3 018.16	17	11 162	8 255
天津	428.09	216 899	2.91	48.99	14 689.94	55	60 915	24 856

表 7-6 各指标相对应的数据（2014 年）

城市	R&D经费支出/亿元	R&D活动人员/人	R&D投入占GDP比重/%	高校在校生/万人	地区生产总值/亿元	普通高等学校/所	专利申请数/件	专利授权数/件
郑州	105.44	63 340	1.56	78.32	6 776.99	55	24 307	12 316
济南	120.54	69 523	2.09	52.47	5 770.60	42	23 512	11 737
兰州	37.09	20 923	1.85	31.63	2 000.94	27	4 228	2 139
西安	287.16	173 320	5.23	76.64	5 492.64	63	47 134	16 723
成都	219.53	59 377	2.18	72.93	10 056.59	56	64 975	31 935
重庆	201.85	93 167	1.42	69.16	14 262.60	63	55 298	24 312
武汉	293.38	62 000	2.90	96.21	9 051.27	80	27 802	16 335
长沙	171.07	85 294	2.19	54.75	7 824.81	50	17 763	11 448
合肥	160.34	125 812	3.09	57.86	5 180.56	50	25 393	1 615
青岛	244.29	67 523	2.81	32.23	8 692.10	22	55 174	14 176
南京	262.86	116 734	2.98	80.53	8 820.75	59	56 108	22 844
杭州	274.00	90 193	3.43	47.47	7 977.37	38	48 569	33 548
厦门	96.39	50 252	2.94	17.33	3 273.54	17	12 844	8 944
天津	464.69	164 076	2.90	50.58	16 002.98	55	63 422	26 351

表 7-7　各指标相对应的数据（2015 年）

城市	R&D经费支出/亿元	R&D活动人员/人	R&D投入占GDP比重/%	高校在校生/万人	地区生产总值/亿元	普通高等学校/所	专利申请数/件	专利授权数/件
郑州	116.73	67 589	1.60	82.42	7 311.52	55	26 406	16 125
济南	133.05	75 383	2.18	53.62	6 100.23	43	28 944	15 537
兰州	40.55	22 348	1.93	31.50	2 095.99	27	5 703	2 914
西安	303.71	160 629	5.24	75.75	5 801.20	63	60 986	25 103
成都	257.57	62 202	2.38	75.58	10 801.16	56	77 538	44 852
重庆	247.00	97 774	1.53	71.66	15 717.27	64	82 791	38 915
武汉	329.26	42 400	3.02	95.68	10 905.60	82	33 620	21 740
长沙	188.32	93 887	2.21	56.94	8 510.13	51	21 999	14 633
合肥	174.87	126 195	3.09	61.54	5 660.27	50	32 364	2 019
青岛	263.71	69 687	2.84	34.09	9 300.07	24	63 691	20 168
南京	290.65	119 547	2.99	81.26	9 720.77	59	56 099	28 104
杭州	302.19	94 323	3.46	47.56	8 721.99	39	60 839	46 245
厦门	103.42	47 158	2.98	15.96	3 466.01	16	16 384	12 467
天津	510.18	240 637	3.03	51.29	16 837.86	55	79 963	37 342

表 7-8　各指标相对应的数据（2016 年）

城市	R&D经费支出/亿元	R&D活动人员/人	R&D投入占GDP比重/%	高校在校生/万人	全市地区生产总值/亿元	普通高等学校/所	专利申请数/件	专利授权数/件
郑州	141.95	75 630	1.75	88.93	8 113.97	56	37 411	17 884
济南	156.74	79 479	2.40	55.79	6 536.10	43	31 789	15 454
兰州	40.95	21 559	1.81	31.89	2 264.23	30	7 488	3 505
西安	325.56	98 974	5.18	73.68	6 282.65	63	46 103	38 279
成都	289.07	75 200	2.38	79.20	12 170.20	56	98 251	41 309
重庆	302.18	111 943	1.72	73.25	17 558.76	65	59 500	42 738
武汉	307.35	52 630	2.58	94.88	11 912.61	84	44 826	22 967
长沙	198.71	99 245	2.15	59.00	9 223.70	51	29 758	14 961
合肥	194.78	140 471	3.10	54.55	6 274.38	50	50 792	2 980
青岛	286.37	78 190	2.86	34.10	10 011.29	26	59 549	22 046

（续）

城市	R&D经费支出/亿元	R&D活动人员/人	R&D投入占GDP比重/%	高校在校生/万人	全市地区生产总值/亿元	普通高等学校/所	专利申请数/件	专利授权数/件
南京	320.34	123 926	3.05	82.78	10 503.02	59	65 198	28 782
杭州	368.86	35 027	3.10	48.10	2 539.31	39	73 546	41 052
厦门	117.66	53 924	3.11	15.98	3 784.25	16	20 439	12 109
天津	537.00	177 165	3.00	51.38	17 885.39	55	106 514	39 734

7.4 评价模型与得分结果

对 14 个城市的科技创新能力进行对比、评价是一件比较困难的事情。因为各评价指标常出现此高彼低的情况，而且各指标又经常互相联系，采用一般的分析方法会给分析结果带来偏差。因此要对 14 个城市的科技创新能力进行综合客观的评价，因子分析是比较好的综合评价方法。本文借助 SPSS 统计软件包，利用因子分析方法从经过研究确定的 8 个评价科技创新能力的原始变量（R&D 经费支出、R&D 活动人员、R&D 投入占 GDP 比重、高校在校生、全市地区生产总值、普通高等学校、专利申请数、专利授权数）中概括出 3 个公因子，并计算出 14 个城市在这些因子上的得分及综合得分。由此基本上可以看出 14 个城市的科技创新能力，以此为基础，比较郑州与其他城市的差距和优势所在，有关部门可以提出一些切实提高郑州科技创新能力的措施。

7.4.1 因子分析模型

因子分析法是利用各个变量间存在一定的相关关系，用较少的综合指标分别综合存在于各变量中的相关关系，而综合指标之间彼此不相关，即各指标代表的信息不重叠。它是研究如何以最少的信息丢失，将众多原始变量浓缩成少数几个因子变量，以再现原始变量与因子之间的相互关系，以及使因子变量具有较强的解释性的一种多元统计分析方法。代表各类信息的综合指标就称为因子变量或公因子。

设有 $\boldsymbol{X}=(X_1，X_2，\cdots，X_p)^{\mathrm{T}}$ 是可以观测到的向量，$E(X)=0$，$D(X)=(r_{ij})_{p\times p}$，$\boldsymbol{F}=(F_1，F_2，\cdots，F_m)^{\mathrm{T}}(m<p)$，是不可观测的公共因子向量，$E(F)=0$，$D(F)=I_{m\times m}$（即 F 的各分量方差为 1，且互不相关）；又 $\varepsilon=(\varepsilon_1，\varepsilon_2，\cdots，\varepsilon_p)^{\mathrm{T}}$ 与 $\boldsymbol{F}$ 相互独立，$E(\varepsilon)=0$，$D(\varepsilon)=\mathrm{diag}(\delta_1^2，\delta_2^2，\cdots，\delta_p^2)^{\mathrm{T}}$。以上假设表明可测向量 $\boldsymbol{X}$ 与不可测向量 $\boldsymbol{F}$，都是经过标准化处理的。

那么，因子分析模型可以构造成

$$\begin{cases} X_1=a_{11}F_1+a_{12}F_2+\cdots+a_{1m}F_m+\varepsilon_1 \\ X_2=a_{21}F_1+a_{22}F_2+\cdots+a_{2m}F_m+\varepsilon_2 \\ \qquad\qquad\vdots \\ X_P=a_{21}F_1+a_{p2}F_2+\cdots+a_{pm}F_m+\varepsilon_p \end{cases}$$

其矩阵形式为 $\boldsymbol{X}=\boldsymbol{AF}+\boldsymbol{\varepsilon}$。

其中矩阵 $\boldsymbol{A}=\begin{bmatrix} a_{11} & \cdots & a_{1m} \\ \vdots & & \vdots \\ a_{p1} & \cdots & a_{pm} \end{bmatrix}$，是待估系数矩阵，称为因子载荷矩阵，

系数 a_{11} 称为变量 X_1 在因子 F_1 上的载荷。F_1，F_2，$\cdots$，F_m 称为 X 的公共因子，它一般对 X 每一个分量 X_i 都有作用；ε_i 称为 X_i 的特殊因子，它起着残差的作用，只对 X_i 起作用。

在研究中，通常要用主成分方法来确定因子载荷矩阵。首先从相关矩阵出发，然后得到特征值 λ_i（$i=1$，2，$\cdots$，m），接着选取前 n 个特征值，一般要求特征值的贡献率要大于 80%。与 λ_i（$i=1$，2，$\cdots$，m）对应的特征向量 γ_i，故因子载荷矩阵 $\boldsymbol{A}$ 的一个解为 $\boldsymbol{A}=(\sqrt{\lambda_1}\gamma_1，\sqrt{\lambda_2}\gamma_2，\cdots，\sqrt{\lambda_P}\gamma_P)$，求出因子得分系数矩阵，得出综合排名。

选定提取公因子方法的同时，还需确定所需提取的公因子的数目。一般来说，主要通过以下几个方面来确定公因子数目：

（1）根据特征值来确定。特征值在某种程度上可以被看成表示公因子影响力度大小的指标，如果特征值小于 1，说明该公因子的解释力度不如直接引入一个原变量的平均解释力度大。因此在 SPSS 中默认以特征值大于 1 作为纳入标准。

（2）根据公因子的累计方差贡献率来确定。公因子的累计方差贡献率也

就是主成分的累计贡献率。一般来说，提取公因子的方差累计贡献率达到
85%～90%就可以满意了，可以此决定需要提取公因子的数目。

运用 SPSS 19.0 软件，采用主成分分析法提取公因子，进行综合统计分
析。首先获取特征值、方差贡献率和累计方差贡献率，形成方差贡献分
析表。

由表 7-9 提取主成分 1、2、3 特征值分别为 4.295、1.546、1.166，分
别解释了总体方差的 53.692%、19.331%、14.570%，累计方差贡献率为
87.593%。根据统计学中确定公因子的标准，据此可以认为这 3 个因子能够
反映 8 个变量的绝大部分信息。

表 7-9　2013 年的总方差解释

成分	初始特征值			提取平方和载入			旋转平方和载入		
	合计	方差/%	累计/%	合计	方差/%	累计/%	合计	方差/%	累计/%
1	4.295	53.692	53.692	4.295	53.692	53.692	3.112	38.905	38.905
2	1.546	19.331	73.023	1.546	19.331	73.023	2.098	26.219	65.124
3	1.166	14.570	87.593	1.166	14.570	87.593	1.798	22.469	87.593
4	0.711	8.888	96.480						
5	0.132	1.644	98.124						
6	0.105	1.314	99.438						
7	0.038	0.474	99.912						
8	0.007	0.088	100.000						

用最大方差（varimax）法进行旋转后得到的因子载荷矩阵，如表 7-10
所示。

表 7-10　2013 年因子载荷矩阵

原始变量	成分		
	1	2	3
R&D 经费支出/亿元	0.750	0.248	0.532
R&D 活动人员/人	0.686	0.233	0.507
R&D 投入占 GDP 比重/%	0.000	−0.025	0.959
高校在校生/万人	0.153	0.949	0.032
全市生产总值/亿元	0.853	0.365	−0.090

（续）

原始变量	成分		
	1	2	3
普通高等学校/所	0.200	0.965	0.116
专利申请数/件	0.884	0.110	0.314
专利授权数/件	0.848	0.057	0.063

第一公共因子在 R&D 经费支出、R&D 活动人员、全市生产总值、专利申请数、专利授权数上有高载荷，而以上指标都是反映科技创新投入与科技创新成果，因此可以称为科技投入与成果因子。

第二公共因子在高校在校生和普通高等学校上有高载荷，而这些指标反映了城市的科技创新资源，因此可以称为科技资源因子。

第三公共因子在 R&D 投入占 GDP 比重上有高载荷，它反映了城市在科技创新方面的投入强度，因此可以称为科技投入强度因子。

7.4.2 得分结果

表 7-11 是 SPSS 软件用默认的回归法计算出的因子得分系数矩阵，根据它就可以写出以下因子得分函数：

$$F_1 = 0.182X_1 + 0.038X_2 + \cdots + 0.369X_8$$
$$F_2 = -0.016X_1 + 0.021X_2 + \cdots - 0.138X_8$$
$$F_3 = 0.195X_1 + 0.355X_2 + \cdots - 0.145X_8$$

表 7-11　因子得分系数矩阵

原始变量	成分		
	1	2	3
R&D 经费支出/亿元	0.182	-0.016	0.195
R&D 活动人员/人	0.038	0.021	0.355
R&D 投入占 GDP 比重/%	-0.206	-0.035	0.659
高校在校生/万人	-0.126	0.525	-0.032
全市生产总值/亿元	0.343	0.045	-0.257
普通高等学校/所	-0.126	0.523	0.016
专利申请数/件	0.320	-0.119	0.019
专利授权数/件	0.369	-0.138	-0.145

其中 X_1、X_2、$\cdots$、X_8 表示 R&D 经费支出、R&D 活动人员、$\cdots$、专利授权数等原始变量的标准化值。

在计算综合得分时用因子旋转后的方差贡献率作为各公因子的权重，即公式 $F=F_1\times V_1+F_2\times V_2+F_3\times V_3$，利用 SPSS 软件计算出 14 个城市的综合得分。经过处理，可以得到 2010—2016 年度各个城市科技创新能力排名，如表 7-12 至表 7-18。

2010 年度郑州在 14 个城市中科技创新能力排名第 12 位，处于中等偏下的位置（表 7-12）。总体上来说，郑州科技创新能力比较弱，与天津、武汉和西安的差别比较大。在单个具体指标上，郑州市 2010 年 R&D 经费支出 540 296 万元，R&D 活动人员 39 568 人，R&D 投入占 GDP 比重 1.34%，高校在校生 64.27 万人，全市地区生产总值 4 040.89 亿元，普通高等学校 47 所，专利申请数 8 000 件，专利授权数 5 600 件（表 7-2）。郑州市在科技投入与成果因子、科技资源因子上的排名都处于中等位置，但在科技投入强度因子上排名靠后，这说明郑州应该加大科技创新投入以提高科技创新能力。

表 7-12　2010 年度城市科技创新能力排名

城市	因子 1	因子 2	因子 3	综合得分	排名
郑州	0.558 762	−0.791 72	−0.931 132 984	−0.30	12
济南	−0.393 69	0.002 219	−0.335 428 413	−0.20	8
兰州	−1.073 13	−1.379 5	−0.488 951 143	−0.84	14
西安	0.077 339	−0.579 54	2.610 367 953	0.53	3
成都	−0.263 09	1.962 361	−1.153 730 883	0.19	6
重庆	0.813 551	0.507 163	−1.155 603 451	0.09	7
武汉	1.989 193	−0.368 61	0.299 607 199	0.57	2
长沙	0.307 675	−0.576 93	−0.603 541 531	−0.23	9
合肥	−0.181 97	−0.903 23	0.094 739 389	−0.29	11
青岛	−0.832 11	0.058 648	−0.028 842 036	−0.24	10
南京	0.967 91	−0.111 03	−0.080 465 895	0.24	5
杭州	−1.025 56	1.850 899	1.000 552 187	0.48	4
厦门	−1.782 41	−0.624 61	−0.129 116 805	−0.74	13
天津	0.837 525	0.953 893	0.901 546 412	0.76	1

2011 年度郑州在 14 个城市中科技创新能力排名第 11 名，比 2010 年上升一名，综合得分相同（表 7 - 13）。在总体上，天津、西安依然在科技创新能力排名上领跑，其他城市排名变化不大。在具体单个指标上，郑州市 2011 年 R&D 经费支出 72.80 亿元，R&D 活动人员 45 028 人，R&D 投入占 GDP 比重 1.46%，高校在校生 66.51 万人，全市地区生产总值 4 979.85 亿元，普通高等学校 51 所，专利申请数 10 997 件，专利授权数 6 141 件（表 7 - 3）。各个指标相比 2010 年都有明显增加，向好的方向发展。

表 7 - 13 2011 年度城市科技创新能力排名

城市	因子 1	因子 2	因子 3	综合得分	排名
郑州	−0.735 92	−0.807 5	0.664 291 935	−0.30	11
济南	−0.226 09	−0.287 96	−0.298 471 293	−0.23	9
兰州	−1.511 46	−0.696 08	−0.766 010 655	−0.91	13
西安	−0.752 64	2.490 391	0.675 537 501	0.56	2
成都	1.123 045	−1.376 97	0.278 594 42	0.11	7
重庆	1.116 533	−0.862 42	0.356 490 43	0.26	6
武汉	−0.063 69	−0.500 44	1.994 808 455	0.35	5
长沙	−0.353 83	−0.610 22	0.240 930 357	−0.22	8
合肥	−1.133 36	0.281 907	−0.005 574 98	−0.33	6
青岛	0.274 593	0.062 294	−1.350 708 784	−0.23	10
南京	−0.012 25	0.608 829	1.091 223 859	0.43	4
杭州	1.638 573	0.492 163	−1.031 625 842	0.45	3
厦门	−0.837 53	−0.064 95	−1.759 827 898	−0.76	12
天津	1.474 028	1.270 964	−0.089 657 507	0.83	1

2012 年度郑州在 14 个城市中科技创新能力排名为第 12 名，较 2011 年有所下降（表 7 - 14）。在一些具体单个指标上增长不明显，导致因子得分不稳定，综合得分比前两年稍有所下降。而同时可以看出天津、西安排名仍处于领跑地位，尤其是天津，在各个因子上的得分都具有压倒性的优势。

表 7 - 14 2012 年度城市科技创新能力排名

城市	因子 1	因子 2	因子 3	综合得分	排名
郑州	−0.713 74	−0.980 46	0.726 398 013	−0.31	12

（续）

城市	因子1	因子2	因子3	综合得分	排名
济南	−0.268 87	−0.525 8	−0.266 372 009	−0.30	11
兰州	−1.471 05	−0.875 58	−0.761 604 242	−0.92	14
西安	−0.771 44	2.280 014	0.621 783 588	0.53	2
成都	1.461 978	−1.434 91	0.242 175 035	0.15	7
重庆	0.935 437	−0.822 95	0.663 628 271	0.25	6
武汉	−0.417 79	−0.138 36	2.007 757 56	0.35	5
长沙	−0.569 86	−0.248 54	0.250 276 024	−0.19	8
合肥	−0.804 01	0.523 439	−0.496 013 907	−0.25	10
青岛	0.251 716	0.068 052	−1.265 363 015	−0.23	9
南京	0.282 981	0.271 828	0.990 678 701	0.42	3
杭州	1.790 313	0.396 159	−1.159 069 064	0.39	4
厦门	−0.879 73	−0.082 52	−1.632 126 434	−0.73	13
天津	1.174 07	1.569 63	0.077 851 478	0.83	1

2013年郑州在科技创新能力排名上处于第11名，排名有所回升，综合得分也有所提高（表7-15）。排名靠前的天津、西安、南京在各个因子上的得分都比较靠前，这说明要想提高科技创新能力，各个指标均需综合发展，不能在某一个方面上有所偏重。成都市后来居上，综合得分比2012年提高不少，排名上升了3名。

表7-15 2013年度城市科技创新能力排名

城市	因子1	因子2	因子3	综合得分	排名
郑州	−0.669 06	0.868 25	−1.062 97	−0.27	11
济南	−0.506 66	−0.235 04	−0.515 74	−0.37	12
兰州	−1.369 8	−0.951 27	−0.812 8	−0.96	14
西安	−0.625 73	0.726 03	2.533 44	0.52	2
成都	1.106 01	0.172 56	−0.636 1	0.33	4
重庆	1.087 7	0.615 45	−1.432 11	0.26	7
武汉	−0.385 95	1.964 64	−0.197 97	0.32	5
长沙	−0.483 82	0.191 67	−0.426 03	−0.23	9
合肥	−1.111 05	0.027 25	0.775 66	−0.25	10

（续）

城市	因子1	因子2	因子3	综合得分	排名
青岛	0.540 79	−1.407 07	−0.062 24	−0.17	8
南京	0.303 32	0.815 69	0.329 42	0.41	3
杭州	1.13	−1.002 67	0.509 86	0.29	6
厦门	−0.896 79	−1.670 07	0.064 43	−0.77	13
天津	1.881 04	−0.115 42	0.933 14	0.91	1

2014 年与 2015 年郑州排名与 2013 年持平，依然保持第 11 名（表 7 - 16 和表 7 - 17）。而前几名基本趋于稳定，分别是天津、西安、南京、重庆、成都、武汉，最后两名一直是厦门和兰州。科技创新能力强的城市依然很强，科技创新能力弱的城市由于基础太差，短时间也无法迅速提升其科技创新能力从而改变现状。科技发展需要长期不断投入才能看到成果，不可急于一时。

表 7 - 16　2014 年度城市科技创新能力排名

城市	因子1	因子2	因子3	综合得分	排名
郑州	−0.616 28	0.930 57	−1.076 77	−0.27	11
济南	−0.580 05	−0.135 42	−0.535 17	−0.39	12
兰州	−1.442 67	−0.878 18	−0.956 84	−1.03	14
西安	−0.564 41	0.664 04	2.578 94	0.57	2
成都	1.136 02	0.302 68	−0.870 35	0.31	5
重庆	1.150 94	0.635 97	−1.169 65	0.33	4
武汉	−0.331 94	1.872 08	−0.154 19	0.31	6
长沙	−0.487 19	0.176 31	−0.345 85	−0.23	10
合肥	−1.142 22	0.264 14	0.809 13	−0.19	9
青岛	0.607 97	−1.561 29	0.029 69	−0.15	8
南京	0.434 14	0.675 72	0.384 43	0.44	3
杭州	0.872 29	−0.887 81	0.446 7	0.22	7
厦门	−0.902 74	−1.736 57	0.013 99	−0.8	13
天津	1.866 15	−0.322 24	0.845 94	0.86	1

表 7-17 2015 年度城市科技创新能力排名

城市	因子 1	因子 2	因子 3	综合得分	排名
郑州	−0.647 2	0.901 56	−1.091 05	−0.27	11
济南	−0.573 04	−0.174 16	−0.495 69	−0.39	12
兰州	−1.394 47	−0.947 27	−0.837 48	−1.00	14
西安	−0.510 85	0.671 4	2.484 57	0.47	2
成都	0.987 67	0.353 94	−0.788 43	0.34	4
重庆	1.490 5	0.475 86	−1.379 27	0.46	3
武汉	−0.402 03	1.979 01	−0.086 41	0.32	6
长沙	−0.456 49	0.159 35	−0.359 55	−0.23	10
合肥	−1.027 84	0.251 83	0.716 76	−0.22	9
青岛	0.481 43	−1.383 38	−0.054 41	−0.16	8
南京	0.197 43	0.726 96	0.318 49	0.33	5
杭州	0.794 42	−0.805 31	0.419 72	0.21	7
厦门	−0.876 81	−1.782 92	0.042 54	−0.81	13
天津	1.937 27	−0.426 87	1.110 2	0.93	1

通过对 14 个城市 2010—2016 年的数据分析，可以看到郑州在科技创新能力方面表现一般，2010—2015 年都是位于第 11 名或第 12 名，而到 2016 年郑州科技创能力排名跃升到第 9 名（表 7-18）。这与 2016 年郑州市研究经费在全省的首位度不断提升、投入强度不断加大有关。

表 7-18 2016 年度城市科技创新能力排名

城市	因子 1	排名 1	因子 2	排名 2	因子 3	排名 3	综合得分	排名
郑州	−0.710 09	12	0.956 7	2	−1.015 49	13	−0.18	9
济南	−0.527 47	10	−0.229 74	9	−0.418 1	10	−0.34	12
兰州	−1.498 78	14	−0.871 23	12	−0.940 12	12	−0.99	14
西安	−0.287 28	8	0.730 37	3	2.676 86	1	0.50	2
成都	0.600 15	3	0.669 24	5	0.047 07	6	0.43	3
重庆	0.967 15	2	0.730 33	4	−1.099 36	14	0.42	4
武汉	−0.500 74	9	1.927 24	1	−0.261 33	9	0.28	6
长沙	−0.176 21	7	−0.037 04	7	−0.862 9	11	−0.22	11
合肥	0.044 65	6	−0.521 17	10	−0.060 15	8	−0.13	7

（续）

城市	因子1	排名1	因子2	排名2	因子3	排名3	综合得分	排名
青岛	0.516 42	4	−1.311 52	13	0.025 82	7	−0.14	8
南京	0.464 92	5	0.594 5	6	0.289 67	4	0.40	5
杭州	−0.785 15	13	−0.190 9	8	1.239 91	2	−0.18	10
厦门	−0.699 9	11	−1.801 17	14	0.298 14	3	−0.73	13
天津	2.592 33	1	−0.645 61	11	0.079 97	5	0.89	1

7.5　结语

本章运用因子分析方法对比分析郑州与其他已经进入和可能进入国家中心城市建设的13个城市在科技创新能力方面的优势与不足，并分别从政府和高校两个角度提出若干发展建议，对指导郑州发展科技创新能力具有一定的参考价值。一方面提高政府的公共服务能力，加强技术转移和信息咨询服务，实现公共服务创新资源的开放共享，营造良好的外部环境，引进人才，留住人才。另一方面利用郑州众多的高校潜在的创新资源培养人才，既要产学研相结合，提高科技成果转化率，又要能为社会提供所需要的科技创新人才。尽管现在郑州与天津、成都等国家中心城市还有一定的距离，但通过数据分析我们可以看出郑州发展潜力十分广阔，相信郑州进入我国城市前十名指日可待。

虽然郑州科技创新能力排名有所提高，但是也看到与其他城市相比，郑州在科技创新能力方面还有很多不足。郑州要想达到国家对中心城市建设的要求，还有很长的一段路要走。我们以2016年城市科技创新能力排名为例，即表7-18，郑州在因子1（科技投入与成果因子）、因子3（科技投入强度）上的排名分别是12和13。这表明郑州在科技创新投入上与其他城市相比，还明显不足。因此导致科技创新成果也不高。但是郑州在因子2（科技资源因子）上排名第二，仅次于武汉。下面从政府和高校两个角度就如何提高郑州科技创新能力方面提出以下几点建议。

从政府的角度来看。第一，政府要加大对科技创新的投入。2016年在全社会研发经费中，企业资金占据84.8%，政府资金只有12.9%，高校和科研机构占着政府绝大部分的科研经费。在河南省企业自主创新能力还不足的情况下，政府要加大对科技创新的投入，在企业科技创新道路上给予帮助。政府拥有大量社会资源，可以连接科研机构与企业，为企业提供技术转移服务和信息咨询服务。第二，政府要加大对科技创新的专利保护，维护那些自主创新企业的合法权益。鼓励企业进行科技创新活动，提高自主创新能力，避免在竞争中丧失核心竞争力。第三，引进和安置科技创新人才。在其他城市陆续出台引进人才相关政策后，郑州也实施了引进人才计划，但力度和吸引力明显都还不够。另外还要把人才多安置到需求更高的产业部门，而非学院和政府部门，让更多的研究成果可以应用到实际中。

从高校的角度来看。在前述分析中我们看到，郑州在科技资源因子上排名第二，仅次于排名第一的武汉，对郑州来说这是一个很大的优势。但我国很多高校在培养大学生模式上偏理论而轻实践，导致我国高校科技创新对地区经济发展的支撑作用普遍偏低。要充分发挥高校在郑州科技创新能力方面的作用，关键在于如何提高高校科技创新成果转化率。第一，营造大学创新文化氛围，培养创新型人才。注重理论与实践相结合，加强实验室建设，提高学生的动手实践能力，鼓励大学生多参加科学和社会实践，在实践中培养学生发现问题和解决问题的能力。这样才能为社会输送真正具有创新能力的人才。第二，改革现有的高校办学模式和培养模式，使研究型大学和应用型大学各司其职。研究型大学要坚持精英式教育，多培养科技人才；应用型大学要结合当地产业结构特色，培养社会各行业所需要的应用型人才。

8 金融发展比较分析与发展预测

8.1 引言

在住房和城乡建设部编制的《全国城镇体系规划》中，首次提出了国家中心城市这一全新的概念。这一中心表现在政治、经济、文化等诸多方面。在实现中华民族伟大复兴的新征程中，国家中心城市不仅面临发展的大好机遇，更是承担了崇高的历史使命。国家中心城市具有引领、辐射、集散等功能，将提升自身发展水平、带动周边其他城市协同发展、促进区域经济整合。

习近平总书记在党的十九大报告中明确了"新时代我国社会主要矛盾是人民日益增长的美好生活需要和不平衡不充分的发展之间的矛盾"，"以人民为中心"，"以经济建设为中心"，为我国经济社会发展描绘了宏伟蓝图，指明了方向。而金融是重要的经济要素，不仅影响经济发展，还影响人民的基本生活，在解决新时代我国社会发展不平衡不充分的突出问题、提高发展质量和效益、推进创新发展、实现"两个一百年"目标中将发挥极为重要的作用。

本章以加快郑州市国家中心城市建设为着眼点，选取已经进入国家中心城市建设和有可能进入国家中心城市建设的城市为分析样本，建立相应的评价指标体系，通过比较分析方法和历史演化数据分析以及动态发展预测，推测出并分析郑州市金融发展的优势和不足。提供郑州市加快国家中心城市建设的决策理论依据和政策措施。

研究郑州市未来金融的发展趋势，可以预见未来其在全国金融中所占的地位，有助于发现郑州市发展中存在的优势和不足，进一步明确郑州市的发展定位和发展方向。郑州市位于中原腹地，自古以来就有着非常重要的战略地位。而金融又与经济息息相关，研究郑州市金融的发展对于经济的提高有着重要的战略意义。郑州地处国家"两横三纵"城镇化战略格局中陆桥通道和京哈京广通道交汇处，是新亚欧大陆桥经济走廊主要节点城市，是中原城市群核心城市。促进郑州经济发展，有利于辐射带动其周边城市发展，引领中原城市群的建设，促进中原崛起，从而实现国家的战略布局目标。郑州市人力资源丰富，但相对缺少高端人才。促进郑州市金融的发展，有利于吸引投资，吸引更多的企业入驻郑州，也吸引更多的金融专业人才，提高郑州金融市场发展的活力。比较分析郑州市与其他城市的金融发展，有利于明确郑州市的金融发展水平在全国的位置，为优化郑州市的产业结构及资源配置的必要性提供数据支持。从而促进郑州市对高端要素资源的集聚，补齐高端产业发展的短板，推动郑州综合经济实力的提升，提高郑州经济首位度，也带动周边城市协同发展，引领中原城市群一体化发展和支撑中部地区崛起。

8.2　指标体系的构建和数据收集

指标的选取要遵循以下四个基本原则：

（1）科学性原则。金融发展的评价指标体系必须建立在科学合理的基础上，即各个指标的选取、指标权重的确定以及数据的选取等相关重要信息必须建立在一定的科学基础之上。与金融相关程度越大，越能反映金融发展的现状和趋势；越能有效地反映其发展态势，评价意义的直接性就越大，评价结果就能更好地确定金融发展的趋势。

（2）系统性原则。要求建立的评价指标体系必须能够系统地反映金融发展的水平。

（3）综合性原则。要求建立的评价指标要避免重复的现象，因为很多指标之间存在很大的共线性、相关性。所以要用尽量少的指标来完成比较分析任务。

（4）可操作性原则。选择指标时要充分考虑两点：第一，评价指标体系的建立必须结合金融发展的具体情况，所选指标要既能反映金融发展水平，又相对容易取得，便于计算，且可靠性高、成本低；第二，选取的指标应可以量化。这就要求我们在指标可以获取的前提下，做到简单与复杂的平衡统一。

同时，指标体系建立时要注意两点：一是单个指标的含义，二是要注意指标体系的内部结构特点。即要求单个指标具有代表性，所选取的指标能够代表所评价对象某一特定方面的特性，要求指标体系具有全面性，能够反映金融发展比较全面的信息。

基于以上原则，本文选取了如下六个指标来做评价指标体系。

（1）年末金融机构各项存款余额。反映金融机构吸纳资金的实力。金融对资本投入量的提高的贡献在于把社会上的闲散资金聚集起来然后投放到需要资金的地方。其中聚集起来的资金即储蓄量，一般而言，储蓄越多，可用于投放的资金也越多。

（2）年末金融机构各项贷款余额。反映的是银行业对实体经济的支撑度，由于我国当前的融资平台主要依赖于银行，所以该项指标从很大程度上讲也反映了一个城市金融体系对实体经济的支撑度。

（3）住户存款余额。反映居民的消费能力和银行可用资金数额。

（4）保费收入。该项指标主要是为了衡量保险业的市场规模和发展概况，具体的保费收入指的就是当前由保险公司收取，以后约定范围内的造成损失的事件发生后，保险公司负有赔偿责任。这一指标可以衡量居民金融的意识。意识是产生需求的前提，金融需求的产生最主要的基础便是居民具备较强的金融意识。衡量居民金融意识高低的最好指标应是居民各项资产的结构状况，但这一指标的数据很难获得，我们在此采用人均保费收入来替代。

（5）城市 GDP 总量。GDP 总量是衡量一个国家（或地区）在一定时期内生产出来的全部最终产品和劳务的市场价值总和。一个城市的 GDP 越高，实体经济对该城市的金融需求就越高，金融业总体发展水平也越高。

（6）地方财政支出。该值指的是地方政府在一个会计年度内的总支出。该值越大，表明政府直接参与经济发展的程度越高。一般而言，财政支出可以视为一项重要的财政政策，是政府用于调节经济发展的重要手段。特别是当社会需求不足时，需要政府财政支出推动整个社会的经济发展。这个指标能够反映一个城市政府能力的高低。

目前国家明确提出进入国家中心城市建设的有北京、天津、上海、广州、重庆、成都、郑州、武汉、西安共 9 个城市。《中国城市竞争力报告》，考虑到区域分布和动态发展变化，可以预计，会有更多的城市进入国家中心城市建设行列，但可以预见，未来不会超过 20 个。由于北京、上海、广州、深圳这几个城市的金融比较发达，与郑州市的差距较大，可比较性不强，因此不将它们作为比较分析对象。另外又由于一些省会城市金融发展比较落后，如拉萨、西宁、银川等，因此也不将它们列为比较对象。综合考虑，本文分析的城市包括郑州、哈尔滨、长春、沈阳、呼和浩特、兰州、乌鲁木齐、西安、成都、重庆、昆明、武汉、长沙、济南、青岛、合肥、南京、杭州、厦门、天津，共 20 个。

本书共收集了上述 20 个城市 2009—2016 年共 8 年的指标用于本书的研究分析。本书的数据主要来源于国家统计局、各城市统计公报及其 2010—2017 年的统计年鉴。

关于数据的一些说明：

（1）本书试图选取上市公司数及上市公司资产规模作为评价指标，但由于很多城市的统计结果中公布上市公司数，且上市公司资产规模获取困难，工作量巨大，违背了指标选取的可操作性原则，因此取消这两个指标。

（2）本书原本将各城市第三产业增加值/城市 GDP 作为一项评价指标，但在实际的指标排名计算过程中，发现这一指标的计算结果与其他指标的结果差异巨大，考虑到指标选取的科学性原则，因此不采用这一指标。

（3）在收集数据的过程中，昆明市 2009—2011 年的统计年鉴无法获得，成都市的统计年鉴中数据不完整，下列数据无法获得：昆明市 2009—2011 年的保费收入、成都市 2009—2012 年的保费收入、昆明市 2009 年的一般公共预算支出。本书通过计算比较分析，采取如下解决办法：计算昆明市 2012—2016 年的保险保费收入平均增长速度，用平均增长速度推算出其 2009—2011 年的保费收入。成都市 2009—2012 年的保险保费收入，用重庆市的保费收入乘以成都市金融机构存款余额占重庆市金融机构存款余额的比例得出。昆明市 2009 年的一般公共预算支出，用昆明市 2008 年和 2010 年一般公共预算支出的平均值表示。

8.3 基于原始数据的分析

8.3.1 ABC分类权重法

ABC分类权重法是根据"重要的少数和次要的多数"来确定各指标的权数。该方法原本用于企业生产管理中，根据各因素对岗位劳动量的影响程度及其重要程度，对它们进行排序，再赋予一定的权重。本书将其运用到金融评价中，对指标体系中的所有因素按其对金融发展影响的程度进行分类排队，然后分别用不同的权数对各类因素赋予不同权重。本书将金融机构存款余额、金融机构贷款余额、住户存款余额、保险公司保费收入作为 A 类主要因素，赋予权数 3，将城市 GDP 总量和地方一般公共预算支出作为 C 类一般因素，赋予权数 1。由此得到综合指标的排名。

8.3.2 各年度分指标排名及综合指标排名

表 8-1 至表 8-9 是 20 个城市 6 个指标 2009—2016 年各年度的分指标排名和根据 ABC 分类权重法所计算得出的综合指标排名，以及 8 年综合指标排名的汇总。

表 8-1　2009 年 20 个城市各指标排名及综合指标排名

城市	金融机构存款余额排名	金融机构贷款余额排名	住户存款余额排名	保险公司保费收入排名	城市 GDP总量排名	地方一般公共预算支出排名	综合指标排名得分	综合排名
杭州	1	1	3	4	3	5	2.50	1
天津	2	2	2	5	1	2	2.57	2
成都	3	3	4	1	6	3	3.00	3
南京	4	4	6	3	8	7	4.71	5
重庆	5	5	1	2	2	1	3.00	4
武汉	6	6	8	6	5	4	6.21	6
西安	7	13	5	7	14	14	8.86	8
沈阳	8	10	7	9	7	6	8.21	7
郑州	9	11	10	10	11	9	10.00	10
济南	10	7	13	11	10	16	10.64	11

（续）

城市	金融机构存款余额排名	金融机构贷款余额排名	住户存款余额排名	保险公司保费收入排名	城市GDP总量排名	地方一般公共预算支出排名	综合指标排名得分	综合排名
青岛	11	12	9	8	4	8	9.43	9
昆明	12	8	12	15	16	13	12.14	13
长沙	13	9	14	13	9	11	11.93	12
哈尔滨	14	16	11	12	12	10	12.93	14
长春	15	14	15	14	13	12	14.21	15
合肥	16	15	19	18	15	17	16.86	17
厦门	17	17	16	16	17	15	16.43	16
乌鲁木齐	18	20	18	17	19	19	18.36	18
兰州	19	18	17	19	20	20	18.50	19
呼和浩特	20	19	20	20	18	18	19.50	20

表 8-2 2010 年 20 个城市各指标排名及综合指标排名

城市	金融机构存款余额排名	金融机构贷款余额排名	住户存款余额排名	保险公司保费收入排名	城市GDP总量排名	地方一般公共预算支出排名	综合指标排名得分	综合排名
杭州	1	1	4	4	3	4	2.64	3
天津	2	2	2	3	1	2	2.14	1
成都	3	3	3	1	6	3	2.79	4
南京	5	5	6	5	7	6	5.43	5
重庆	4	4	1	2	2	1	2.57	2
武汉	6	6	7	6	5	5	6.07	6
西安	7	9	5	7	14	13	7.93	7
沈阳	8	11	8	10	8	8	9.07	8
郑州	9	12	10	9	10	10	10.00	10
济南	11	7	13	11	11	15	10.86	11
青岛	10	13	9	8	4	7	9.36	9
昆明	12	8	12	16	16	14	12.43	13
长沙	13	10	14	12	9	11	11.93	12
哈尔滨	14	16	11	13	12	9	13.07	14

（续）

城市	金融机构存款余额排名	金融机构贷款余额排名	住户存款余额排名	保险公司保费收入排名	城市GDP总量排名	地方一般公共预算支出排名	综合指标排名得分	综合排名
长春	15	14	15	14	13	12	14.21	15
合肥	16	15	19	17	15	16	16.57	17
厦门	17	17	16	15	17	17	16.36	16
乌鲁木齐	18	20	18	18	19	19	18.57	18
兰州	19	19	17	19	20	20	18.71	19
呼和浩特	20	18	20	20	18	18	19.29	20

表8-3 2011年20个城市各指标排名及综合指标排名

城市	金融机构存款余额排名	金融机构贷款余额排名	住户存款余额排名	保险公司保费收入排名	城市GDP总量排名	地方一般公共预算支出排名	综合指标排名得分	综合排名
杭州	1	1	4	4	3	5	2.71	3
天津	2	2	2	3	1	2	2.14	1
成都	3	3	3	1	4	3	2.64	2
南京	4	5	6	5	7	6	5.21	5
重庆	5	4	1	2	2	1	2.79	4
武汉	6	6	7	6	5	4	6.00	6
西安	7	8	5	7	14	13	7.71	7
沈阳	8	11	8	10	8	8	9.07	8
郑州	9	13	9	8	10	9	9.71	9
济南	11	7	14	12	11	16	11.36	12
青岛	10	12	10	9	6	7	9.71	9
昆明	12	10	12	14	17	15	12.57	13
长沙	13	9	13	11	9	11	11.29	11
哈尔滨	14	16	11	13	12	10	13.14	14
长春	16	15	15	16	13	12	15.07	15
合肥	15	14	16	17	15	14	15.36	16
厦门	17	17	17	16	16	17	16.71	17
乌鲁木齐	18	20	19	18	19	19	18.79	18
兰州	19	19	18	19	20	20	18.93	19
呼和浩特	20	18	20	20	18	18	19.29	20

表8-4 2012年20个城市各指标排名及综合指标排名

城市	金融机构存款余额排名	金融机构贷款余额排名	住户存款余额排名	保险公司保费收入排名	城市GDP总量排名	地方一般公共预算支出排名	综合指标排名得分	综合排名
杭州	3	2	4	3	5	5	3.29	4
天津	2	1	3	4	1	2	2.36	2
成都	1	3	2	1	3	3	1.93	1
南京	5	5	7	5	7	6	5.64	5
重庆	4	4	1	2	2	1	2.57	3
武汉	6	6	6	7	4	4	5.93	6
西安	7	7	5	8	14	12	7.64	7
沈阳	9	11	8	10	8	7	9.21	9
郑州	8	13	9	6	10	9	9.07	8
济南	10	8	14	11	11	16	11.14	11
青岛	11	12	10	12	6	8	10.64	10
昆明	12	10	12	14	16	15	12.50	13
长沙	13	9	13	15	9	11	12.14	12
哈尔滨	14	16	11	12	12	10	12.93	14
长春	16	15	15	16	13	14	15.21	15
合肥	15	14	16	17	15	13	15.29	16
厦门	18	17	19	15	17	17	17.21	17
乌鲁木齐	17	20	18	18	19	18	18.29	18
兰州	19	19	17	19	20	20	18.71	19
呼和浩特	20	18	20	20	18	19	19.36	20

表8-5 2013年20个城市各指标排名及综合指标排名

城市	金融机构存款余额排名	金融机构贷款余额排名	住户存款余额排名	保险公司保费收入排名	城市GDP总量排名	地方一般公共预算支出排名	综合指标排名得分	综合排名
杭州	4	2	4	3	5	7	3.64	4
天津	2	1	3	4	1	2	2.36	3
成都	1	4	2	1	3	3	2.14	1
南京	5	5	7	5	6	8	5.71	5

（续）

城市	金融机构存款余额排名	金融机构贷款余额排名	住户存款余额排名	保险公司保费收入排名	城市GDP总量排名	地方一般公共预算支出排名	综合指标排名得分	综合排名
重庆	3	3	1	2	2	1	2.14	1
武汉	6	6	6	8	4	4	6.14	6
西安	7	7	5	7	14	10	7.29	7
沈阳	9	12	8	10	8	6	9.36	9
郑州	8	9	9	6	10	9	8.21	8
济南	11	10	14	11	11	16	11.79	12
青岛	10	13	10	9	7	5	9.86	10
昆明	13	11	13	14	16	15	13.14	14
长沙	12	8	12	13	9	12	11.14	11
哈尔滨	14	16	11	12	12	11	13.00	13
长春	16	15	15	17	13	13	15.36	16
合肥	15	14	16	16	15	15	15.21	15
厦门	17	17	18	15	17	17	16.79	17
乌鲁木齐	18	20	19	18	19	18	18.71	19
兰州	19	18	17	19	20	20	18.50	18
呼和浩特	20	19	20	20	18	19	19.57	20

表 8-6 2014 年 20 个城市各指标排名及综合指标排名

城市	金融机构存款余额排名	金融机构贷款余额排名	住户存款余额排名	保险公司保费收入排名	城市GDP总量排名	地方一般公共预算支出排名	综合指标排名得分	综合排名
杭州	4	2	4	3	5	6	3.57	4
天津	3	1	3	4	1	1	2.50	3
成都	1	4	2	1	4	3	2.21	2
南京	5	5	8	7	6	7	6.29	6
重庆	2	3	1	2	2	2	2.00	1
武汉	6	6	6	6	3	4	5.64	5
西安	7	7	5	9	12	10	7.57	7
沈阳	9	10	7	10	9	9	9.00	9

(续)

城市	金融机构存款余额排名	金融机构贷款余额排名	住户存款余额排名	保险公司保费收入排名	城市GDP总量排名	地方一般公共预算支出排名	综合指标排名得分	综合排名
郑州	8	8	9	5	10	8	7.71	8
济南	10	12	14	13	11	16	12.43	13
青岛	11	13	10	11	7	5	10.50	10
昆明	13	11	13	14	16	15	13.14	14
长沙	12	9	12	12	8	11	11.00	11
哈尔滨	14	16	11	8	14	12	12.36	12
长春	16	15	15	16	13	14	15.21	15
合肥	15	14	16	17	15	13	15.29	16
厦门	18	17	19	15	17	17	17.21	17
乌鲁木齐	19	20	18	18	19	18	18.71	19
兰州	17	18	17	19	20	20	18.07	18
呼和浩特	20	19	20	20	18	19	19.57	20

表 8-7 2015 年 20 个城市各指标排名及综合指标排名

城市	金融机构存款余额排名	金融机构贷款余额排名	住户存款余额排名	保险公司保费收入排名	城市GDP总量排名	地方一般公共预算支出排名	综合指标排名得分	综合排名
杭州	1	2	4	4	5	6	3.14	4
天津	4	1	3	3	1	2	2.57	2
成都	2	4	2	1	4	3	2.43	1
南京	3	5	9	5	6	8	5.71	5
重庆	5	3	1	2	2	1	2.57	3
武汉	6	6	6	7	3	4	5.86	6
西安	7	7	5	8	12	10	7.36	7
沈阳	11	11	7	11	10	12	10.14	9
郑州	8	8	8	6	9	7	7.57	8
济南	9	12	13	12	11	15	11.71	12
青岛	12	13	10	9	7	5	10.29	10
昆明	13	10	14	14	16	17	13.29	14

(续)

城市	金融机构存款余额排名	金融机构贷款余额排名	住户存款余额排名	保险公司保费收入排名	城市GDP总量排名	地方一般公共预算支出排名	综合指标排名得分	综合排名
长沙	10	9	12	13	8	9	10.64	11
哈尔滨	16	16	11	10	13	11	13.07	13
长春	15	15	15	15	15	14	14.93	16
合肥	14	14	16	16	14	13	14.79	15
厦门	17	18	19	17	17	16	17.57	17
乌鲁木齐	19	20	18	18	19	18	18.71	19
兰州	18	17	17	19	20	20	18.07	18
呼和浩特	20	19	20	20	18	19	19.57	20

表 8-8 2016 年 20 个城市各指标排名及综合指标排名

城市	金融机构存款余额排名	金融机构贷款余额排名	住户存款余额排名	保险公司保费收入排名	城市GDP总量排名	地方一般公共预算支出排名	综合指标排名得分	综合排名
杭州	1	2	4	4	5	5	3.07	4
天津	4	1	3	3	1	2	2.57	3
成都	3	3	2	1	3	3	2.36	2
南京	5	5	9	5	6	8	6.14	6
重庆	2	4	1	2	2	1	2.14	1
武汉	6	6	6	7	4	4	5.93	5
西安	7	7	5	9	12	10	7.57	8
沈阳	11	12	8	11	15	13	11.00	12
郑州	8	8	7	6	9	7	7.36	7
济南	9	11	13	8	10	16	10.64	11
青岛	12	13	10	10	7	6	10.57	10
昆明	14	10	15	15	16	17	13.93	14
长沙	10	9	11	13	8	9	10.43	9
哈尔滨	16	16	12	12	13	11	13.71	13
长春	15	15	14	14	14	14	14.43	16
合肥	13	14	16	16	11	12	14.29	15

（续）

城市	金融机构存款余额排名	金融机构贷款余额排名	住户存款余额排名	保险公司保费收入排名	城市GDP总量排名	地方一般公共预算支出排名	综合指标排名得分	综合排名
厦门	17	18	19	17	17	15	17.50	17
乌鲁木齐	19	20	18	18	19	20	18.86	19
兰州	18	17	17	20	20	18	18.14	18
呼和浩特	20	19	20	19	18	19	19.36	20

表 8-9　2009—2016 年 20 个城市综合排名汇总

城市	排名							
	2009 年	2010 年	2011 年	2012 年	2013 年	2014 年	2015 年	2016 年
杭州	1	3	3	4	4	4	4	4
天津	2	1	1	2	3	3	2	3
成都	3	4	2	1	1	2	1	2
南京	5	5	5	5	5	6	5	6
重庆	4	2	4	3	1	1	3	1
武汉	6	6	6	6	6	5	6	5
西安	8	7	7	7	7	7	7	8
沈阳	7	8	8	9	9	9	9	12
郑州	10	10	9	8	8	8	8	7
济南	11	11	12	11	12	13	12	11
青岛	9	9	9	10	10	10	10	10
昆明	13	13	13	13	14	14	14	14
长沙	12	12	11	12	11	11	11	9
哈尔滨	14	14	14	14	13	12	13	13
长春	15	15	15	15	16	15	16	16
合肥	17	17	16	16	15	16	15	15
厦门	16	16	17	17	17	17	17	17
乌鲁木齐	18	18	18	18	19	19	19	19
兰州	19	19	19	19	18	18	18	18
呼和浩特	20	20	20	20	20	20	20	20

8.4 金融发展动态预测

8.4.1 灰色 GM（1，1）模型及其建模过程

灰色预测法可以用现实当中可获得的少量数据进行建模，既不需要大量数据的支持，也不需要数据服从典型的概率分布。GM（1，1）模型是灰色系统理论中的一种预测模型，具有要求样本数据少、运算方便、短期预测精度高等优点，目前已经在多个领域得到广泛的应用。

GM（1，1）模型的特点是能较好地对系统行为特征值大小的发展变化进行预测，其应用价值在越来越多的领域得到体现。预测就是借助于过去的数据去推测了解未来。灰色预测就是通过原始数据的处理和灰色模型的建立，发现、掌握系统发展规律对系统未来状态做出科学的预测。建模的主要目的是预测，为提高预测精度，首先要保证有足够高的模拟精度，尤其是 $t=n$ 时的模拟精度，因此建模数据一般应取包括 $x^{(0)}(n)$ 在内的一个等时距序列。

GM（1，1）模型实质是通过对原始数据序列做一次累加生成（1-acumulated generating operator，1-AGO），使序列呈现灰指数规律，从而构造预测模型，来预测系统的发展趋势，其建模过程如下：

第一步：累加生成。设原始非负序列为 $X^{(0)}=(x^{(0)}(1)，\cdots，(x^{(0)}(n))$，则 $X^{(0)}$ 的 1-AGO 序列为 $X^{(1)}=(x^{(1)}(1)，\cdots，(x^{(1)}(n))$，其中，$X^{(1)}(K)=\sum_{i=1}^{k} x^{(0)}(i)(k=1，\cdots，n)$。

第二步：构造背景值。由 $X^{(1)}$ 构造背景值序列 $Z^{(1)}=(z^{(1)}(2)，\cdots，(z^{(7)})(n))$，其中，$Z^{(1)}(K)=\alpha x^{(1)}(k)+(1-\alpha)x^{(1)}(k-1)$，$k=2，3，\cdots，n$，一般取 $\alpha=0.5$，作紧邻均值生成。

第三步：假定 $X^{(1)}$ 具有近似指数变化规律，则白化微分方程为 $\dfrac{dx^{(1)}}{dt}+ax^{(1)}=b$，将上式离散化，微分变差分，得到 GM（1，1）灰微分方程 $x^{(0)}(k)+az^{(1)}(k)=b$。

第四步：用最小二乘法，可以解得参数 a、b，其中 a 称为发展系数，

其大小反映了序列的增长速度；b 称为灰作用量。

$$a\hat{} = [a, b]^{\mathrm{T}} = (\boldsymbol{B}^{\mathrm{T}}\boldsymbol{B})^{-1}\boldsymbol{B}^{\mathrm{T}}\boldsymbol{Y} = \boldsymbol{B}^{-1}\boldsymbol{Y}$$

其中 $\boldsymbol{B} = \begin{bmatrix} -z^{(1)}(2) & 1 \\ M & M \\ -z^{(1)}(n) & 1 \end{bmatrix}$, $\boldsymbol{Y} = \begin{bmatrix} x^{(0)}(2) \\ M \\ x^{(0)}(n) \end{bmatrix}$。

第五步：$X^{(1)}$ 的预测公式为：

$$x\hat{}^{(1)}(k+1) = \left[x^{(0)}(1) - \frac{b}{a}\right]e^{-ak} + \frac{b}{a}$$

相应地，$X(0)$ 的预测公式为：

$$x\hat{}^{(0)}(k+1) = x\hat{}^{(1)}(k+1) - x\hat{}^{(1)}(k) = (1 - e^{a})\left[x^{(0)}(1) - \frac{b}{a}\right]e^{-ak}$$

8.4.2　各城市金融发展预测

根据上述灰色预测模型，利用灰色预测 6.0 软件，分别得到郑州市等 20 个城市 2017—2026 年的金融机构存款余额等 6 个指标的预测值。通过 ABC 分类权重法计算得到 20 个城市 2017—2026 年的排名趋势预测（表 8-10）。

表 8-10　2017—2026 年度 20 个城市排名趋势预测

城市	排名									
	2017 年	2018 年	2019 年	2020 年	2021 年	2022 年	2023 年	2024 年	2025 年	2026 年
杭州	4	4	4	4	4	4	6	5	6	6
天津	2	3	3	3	3	3	2	3	2	3
成都	2	2	2	2	2	2	1	1	2	1
南京	6	5	5	5	5	6	5	6	5	5
重庆	1	1	1	1	1	1	2	1	1	1
武汉	5	6	6	7	7	7	7	7	7	7
西安	8	8	8	8	8	8	8	8	8	8
沈阳	10	11	11	10	11	13	13	13	13	13
郑州	7	7	7	6	6	5	4	4	4	4
济南	12	12	12	12	13	12	10	11	11	11
青岛	11	10	10	11	10	10	12	12	12	12
昆明	14	15	15	15	16	16	16	17	17	17

（续）

城市	排名									
	2017 年	2018 年	2019 年	2020 年	2021 年	2022 年	2023 年	2024 年	2025 年	2026 年
长沙	9	9	9	9	9	9	9	9	9	9
哈尔滨	13	14	14	14	14	15	15	16	15	16
长春	16	16	16	16	15	14	14	14	14	14
合肥	14	13	13	13	12	11	11	10	10	10
厦门	17	17	18	18	18	18	18	18	18	18
乌鲁木齐	19	19	19	19	19	19	19	19	19	19
兰州	18	18	17	17	17	17	17	15	15	15
呼和浩特	20	20	20	20	20	20	20	20	20	20

根据本书汇总得出的 20 个城市 2009—2016 年的各指标原始数据，通过 GM（1，1）灰色预测模型进行预测，得到了这 20 个城市未来 10 年的各指标数据。将各城市分别分指标进行排序，再使用 ABC 分类权重法得到各城市综合指标排名得分，最后得到各城市综合排名。根据它们 10 年间的排名变化趋势，将它们分成四类：排名趋势上升的城市、排名趋势下降的城市、排名趋势不变的城市以及排名趋势波动的城市。

为了更加方便直观地看到它们的变化趋势，这里按照上述分类做了四个折线统计图（图 8-1 至图 8-4）。

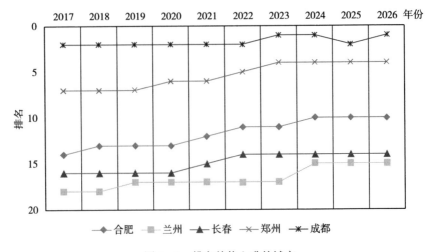

图 8-1　排名趋势上升的城市

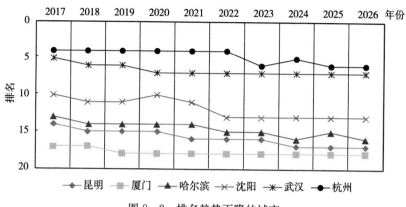

图8-2 排名趋势下降的城市

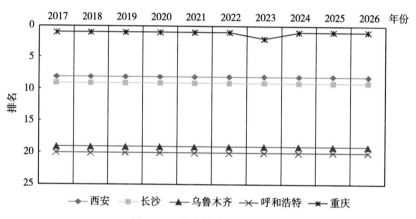

图8-3 排名趋势不变的城市

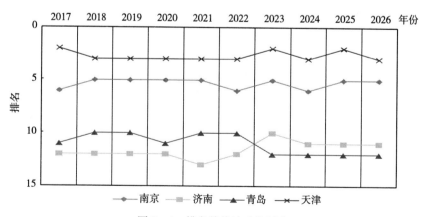

图8-4 排名趋势波动的城市

如图 8-1 所示，排名趋势上升城市有成都、郑州、长春、合肥以及兰州，它们 2017—2026 年的预计排名增加值分别为 1、3、2、4 和 3。其中，郑州的排名趋势上升值为 3，预计将从 2017 年的第 7 名上升至 2026 年的第 4 名。如图 8-2 所示，排名趋势下降的城市有杭州、武汉、沈阳、昆明、哈尔滨和厦门，它们 2017—2026 年的预计排名下降值分别为 2、2、3、3、3 和 1。如图 8-3 所示，排名趋势不变的城市有重庆、西安、长沙、乌鲁木齐及呼和浩特。其中，重庆市的排名预计在 2023 年下降一名，至第二名，但总体排名基本保持不变。如图 8-4 所示，排名趋势波动的城市有天津、济南和青岛和南京。这四个城市 2017—2026 年的预计排名趋势波动变化，但总体排名基本保持不变。

8.5 结语

通过本章的分析，未来郑州在金融领域有着很好的发展前景。但金融发展是一项复杂的系统工程，绝不是一蹴而就的。

金融发展，首先是经济因素，实体经济是金融业发展的基石，能为金融发展带来更大的投资需求，有助于金融的进一步发展和深化。2016 年，郑州市 GDP 达到 8 025.31 亿元，但与天津市的 17 885.39 亿元、重庆市的 17 740.59 亿元还有很大的差距。因此，郑州要重视工业、交通信息业、教育等实体经济的发展。金融业是第三产业的主导产业，金融业的发展与第三产业的发展水平密不可分。2016 年，郑州市第三产业增加值为 4 140.29 亿元，同样地，与天津市的 10 093.82 亿元以及重庆市的 8 538.43 亿元还有着很大的差距，郑州的金融业还有很大的发展空间。

同时，郑州对周边城市的作用主要是集聚，辐射带动能力较低。这与国家中心城市要求的引领性还有很大的差距。因此，郑州应该从自身优势出发不断完善和调整产业结构，加快金融业等高端产业的发展。加强与省内城市及周边其他城市的联系，促进区域整合，合理分工，避免资源浪费。同时促进中原城市群的发展，实现国家战略布局的目标。2018 年河南省政府工作报告指出，要壮大实体经济，支持金融改革创新，大力发展直接融资，力争融资总额达到 9 000 亿元。这为郑州市的金融发展提供了很好的政策支持。

郑州市良好的地理位置，为郑州市金融发展提供了绝佳的区位优势。郑州是我国高速公路网络的重要枢纽，米字形的现代综合交通格局正加速形成。郑州还是我国内陆地区"一带一路"的重要节点城市，这为郑州市金融的发展提供了极大的便利。金融的发展离不开金融人才的支撑，一个金融中心往往也是金融人才集聚的中心。然而作为中部地区人口第一大省省会城市的郑州，教育发展却相对落后，教育资源相对匮乏，全市只有1所211大学，而西安有3所985大学、4所211大学，武汉有2所985大学、5所211大学，南京有2所985、6所211大学，足以见得郑州市在教育方面与这些城市所存在的巨大差距。2017年9月，我国公布的双一流建设大学名单中，支持郑州大学建设世界一流大学，为郑州的高等教育提供了支持。郑州应抓住机遇，大力促进教育的发展。

9 科研发展比较研究

9.1 引言

郑州作为建设中的国家中心城市，要在新的时代起点上勇担历史使命，积极推进各方面建设，助推国家区域协调发展。本书站在郑州市发展视角，对比其他国家中心城市的科研发展水平，对郑州科研发展水平进行评价。主要从科研投入、科研产出、科研能力、科研效率4个方面来设计，对各级指标赋予权重，得到科研发展综合水平，总结郑州对比各个城市科研发展存在的优势。

科研发展是与时俱进的，与人们的日常生活息息相关，对提升人们生活幸福度、提高城市综合实力作用突出。在蒋玉梅教授的文章中可以看出，四个国家采取的科研评价形式有所不同，但这些评价都服务于一个共同的目标，即促进科研产出和质量的提升，实现国家科研实力和创新力的可持续增长。徐芳、龚旭、李晓轩的研究中将科研评价政策与发展分为三个阶段，科研发展评价体系的变化也是对科研发展水平提高过程的见证。因此，对国家中心城市的科研发展水平进行对比研究，将为郑州提升科研发展水平提供一些参考。

对国家中心城市科研发展水平进行研究，系统地分析影响郑州市科研发展的几个重要因素以及影响程度和影响因素之间的相关关系，首先要收集整理相关数据，保证数据来源真实可靠，进而以四类指标数据为基础，对每一类别指标进行单独分析，得出郑州市在科研的不同方面的表现以及发展趋势，然后计算得到综合数值，对比城市科研发展综合能力，找出城市发展过程中的优势与劣势，为彰显城市特色、重点提高郑州市科研发展水平提供切实可行的参考，促进郑州市稳步向前发展，建设更加美好的城市区域，因此该项研究具有非常重要的现实意义。

9.2 科研发展评价指标体系的确定

本书指标体系参考任初明高校科研发展水平指数的设计，以人文社会科学研究发展水平为主要研究对象，共设置科研投入、科研产出、科研能力、科研效率4个一级指标，科研投入包括科研人力投入和科研经费投入2个二级指标；科研产出包括出版的论文、著作数量、专利申请数量、专利授权数量4个二级指标；科研能力包括获得的科研课题数和拨入的经费数2个二级指标；科研效率为科研产出与科研投入的比值。

其中，科研投入是指支持开展科研活动的投入，也是生产性的投入，可分为人力投入和经费投入两部分，人力投入也可以细分不同研究方向的人员投入，经费投入可以分为内部投入与外部投入；科研产出是指科研活动的成果，一般由论文、科研著作等研究结果；科研能力是指可持续进行科研活动的能力，由课题项目相关内容组成；科研效率是科研产出与科研投入之比，是评价科研活动的重要指标之一。

本书设置的科研发展水平指数的各级指标的数值都为0～1。最高水平为1，最低水平为0。指标采取相对分值，其计算办法是：某城市二级指标得分＝某城市该指标实际得分/该指标最优值，各指标赋予同样的权重，然后把各项二级指标得分与权重系数相乘，再把各指标得分相加，即为一级指标相应得分，最后，某城市科研发展水平指数数值越大，表明某城市科研发展水平越高。

9.3 比较城市的选取和数据收集

国家中心城市是经济活动和资源配置的中枢，是国家综合交通和信息网络的枢纽，是科教、文化和创新中心，具备引领、辐射和集散功能，在各方面发展均突出表现，科研发展水平也是其中重要的一方面，展示城市综合实力重要的一部分。中国在科研人员数量上居世界第一，在研发资金投入总额上居世界第二，《2018 自然指数——科研城市》发布了全球科研城市前 200强榜单。数据显示，北京力压群雄，在全球 200 强榜单中继续蝉联第一，说明我国科研能力与日俱增，是展示综合国力重要的一方面。国家中心城市作为城市发展的代表，科研发展能力备受关注，本书将选择北京、天津、上海、广州、重庆、成都、郑州七个国家中心城市在科研发展能力方面进行比较研究，以郑州市为主要研究对象，比较分析各个城市的科研发展水平。

本书主要以 2010—2018 年科研相关数据（表 9-1 至表 9-9）为基础进行比较，数据来源于国家统计局官网统计年鉴、北京市统计局官网统计年鉴、天津市统计局官网统计年鉴、上海市统计局官网统计年鉴、广州市统计局官网统计年鉴、广州市科学技术局官网科技统计汇总数据、重庆市统计局官网统计年鉴、成都市统计局官网统计年鉴、河南省统计局官网统计年鉴。其中成都市统计年鉴主要是科研机构的数据，重庆市暂未公布 2019 年统计年鉴，2018 年只有 6 个城市 8 个二级指标的原始数据。数据来源真实可靠，可以作为比较分析的依据进一步分析。

表 9-1　2010 年 7 个城市 8 个二级指标项的原始数据

城市	科研人力投入/人	科研经费投入/万元	论文数量/篇	科研著作数量/部	申请专利数量/项	专利授权数量/项	项目课题数量/项	课题投入经费/万元
北京	193 718	8 218 234	39 384	1 601	57 296	33 511	94 213	5 566 236
天津	58 771	2 295 600	20 223	83	25 142	10 998	11 803	437 776
上海	135 000	4 817 000	87 971	3 329	71 196	48 215	55 600	3 793 700
广州	66 000	1 924 300	47 455	76	20 801	15 079	32 958	319 528
重庆	53 359	794 599	30 339	889	22 825	12 080	26 243	615 756
成都	18 786	610 279	2 734	57	373	260	2 236	109 420
郑州	39 568	571 878	24 283	948	3 380	428	9 308	450 603

表 9-2　2011 年 7 个城市 8 个二级指标项的原始数据

城市	科研人力投入/人	科研经费投入/万元	论文数量/篇	科研著作数量/部	申请专利数量/项	专利授权数量/项	项目课题数量/项	课题投入经费/万元
北京	217 255	9 366 440	41 442	1 828	77 955	40 888	103 526	6 618 502
天津	111 586	2 977 600	25 608	62	36 258	13 982	12 741	535 364.1

（续）

城市	科研人力投入/人	科研经费投入/万元	论文数量/篇	科研著作数量/部	申请专利数量/项	专利授权数量/项	项目课题数量/项	课题投入经费/万元
上海	148 500	5 977 100	90 352	3 121	80 215	47 960	61 800	4 551 800
广州	68 000	2 380 600	49 589	65	28 097	18 346	35 036	356 821
重庆	65 287	1 283 560	34 166	1 020	32 039	15 525	19 375	985 769
成都	19 208	730 987	2 765	54	503	307	2 370	121 352
郑州	45 028	766 617	25 521	1 027	5 096	728	11 176	619 876

表 9-3　2012 年 7 个城市 8 个二级指标项的原始数据

城市	科研人力投入/人	科研经费投入/万元	论文数量/篇	科研著作数量/部	申请专利数量/项	专利授权数量/项	项目课题数量/项	课题投入经费/万元
北京	235 493	10 633 640	44 218	1 670	92 305	50 511	109 514	8 427 518
天津	126 436	3 604 900	21 665	75	41 500	20 003	13 883	615 826.6
上海	153 400	6 794 600	91 088	3 306	82 682	51 508	65 800	5 109 800
广州	19 731	2 628 000	38 198	61	33 387	21 997	35 291	464 911
重庆	72 609	1 597 973	36 697	1 163	38 924	20 364	21 796	1 262 365
成都	19 936	814 035	3 185	118	605	419	2 543	154 835
郑州	46 994	843 185	27 742	1 053	6 005	686	12 100	692 432

表 9-4　2013 年 7 个城市 8 个二级指标项的原始数据

城市	科研人力投入/人	科研经费投入/万元	论文数量/篇	科研著作数量/部	申请专利数量/项	专利授权数量/项	项目课题数量/项	课题投入经费/万元
北京	242 175	11 850 469	45 509	1 921	123 336	62 671	118 710	8 976 148
天津	143 667	4 280 900	24 304	79	60 915	24 856	14 937	675 190
上海	165 800	7 767 600	91 065	2 899	86 450	48 680	69 400	6 357 800
广州	25 962	973 300	7 253	187	2 330	1 335	6 520	277 117.6
重庆	83 722	1 764 911	36 555	1 187	49 036	24 828	24 792	1 426 118
成都	21 152	1 008 422	3 822	77	686	425	2 958	148 676
郑州	56 518	978 913	25 873	1 063	6 775	767	12 447	844 480

表9-5 2014年7个城市8个二级指标项的原始数据

城市	科研人力投入/人	科研经费投入/万元	论文数量/篇	科研著作数量/部	申请专利数量/项	专利授权数量/项	项目课题数量/项	课题投入经费/万元
北京	245 384	12 687 953	48 040	2 058	138 111	74 661	128 179	9 647 685
天津	164 076	4 646 900	26 068	73	63 422	26 351	16 335	725 904
上海	168 200	8 619 500	94 187	3 031	81 664	50 488	75 800	7 112 700
广州	28 432	1 141 600	7 322	174	2 599	1 502	6 494	1 692 728
重庆	93 167	2 018 528	38 405	1 200	55 298	24 312	28 462	1 506 770
成都	20 475	932 893	3 150	78	690	482	3 199	173 543
郑州	63 340	1 078 900	27 711	1 055	7 668	1 055	14 617	910 624

表9-6 2015年7个城市8个二级指标项的原始数据

城市	科研人力投入/人	科研经费投入/万元	论文数量/篇	科研著作数量/部	申请专利数量/项	专利授权数量/项	项目课题数量/项	课题投入经费/万元
北京	245 728	13 840 231	48 734	2 261	156 312	94 031	136 969	10 497 955
天津	1 777 725	5 101 800	29 760	43	79 963	37 342	15 475	504 448
上海	171 800	9 361 400	98 035	3 208	100 006	60 623	75 600	8 055 500
广州	31 284	1 365 700	7 112	537	3 175	2 084	7 220	435 151.4
重庆	97 774	2 470 012	37 307	1 368	82 791	38 915	30 181	2 122 676
成都	20 546	983 045	3 547	112	796	559	3 305	231 060
郑州	67 589	1 194 257	28 924	1 311	8 473	1 889	15 354	1 012 708

表9-7 2016年7个城市8个二级指标项的原始数据

城市	科研人力投入/人	科研经费投入/万元	论文数量/篇	科研著作数量/部	申请专利数量/项	专利授权数量/项	项目课题数量/项	课题投入经费/万元
北京	253 337	14 845 762	49 517	2 453	177 497	102 323	135 387	11 487 262
天津	177 165	5 373 200	30 001	51	106 514	39 734	16 557	584 089
上海	183 900	10 493 200	96 631	3 207	119 937	64 230	75 600	9 161 300
广州	18 349	1 186 200	1 062	233	1 755	999	8 371	500 646.6
重庆	111 943	3 021 830	39 300	1 421	59 518	427 738	34 864	2 579 456
成都	17 020	696 432	3 664	185	634	465	3 259	179 956
郑州	75 630	1 448 144	27 443	1 429	10 898	4 077	16 310	1 281 459

表 9-8　2017 年 7 个城市 8 个二级指标项的原始数据

城市	科研人力投入/人	科研经费投入/万元	论文数量/篇	科研著作数量/部	申请专利数量/项	专利授权数量/项	项目课题数量/项	课题投入经费/万元
北京	269 835	15 796 512	49 346	2 164	185 928	106 948	147 141	13 193 644
天津	165 638	4 587 200	36 396	79	86 996	41 675	17 508	631 780
上海	183 500	12 052 100	102 139	3 010	131 746	72 806	83 100	10 836 800
广州	21 410	1 357 200	7 429	201	2 200	1 343	9 592	300 563.7
重庆	131 977	3 646 309	40 452	1 517	64 648	34 780	40 925	3 374 737
成都	17 630	726 235	3 879	174	695	507	3 678	190 299
郑州	82 182	1 634 675	25 045	1 693	14 245	4 100	21 595	1 542 555

表 9-9　2018 年 6 个城市 8 个二级指标项的原始数据

城市	科研人力投入/人	科研经费投入/万元	论文数量/篇	科研著作数量/部	申请专利数量/项	专利授权数量/项	项目课题数量/项	课题投入经费/万元
北京	267 339	18 707 701	50 178	2 461	211 202	123 496	156 681	15 399 300
天津	160 683	4 924 000	30 329	89	99 038	54 680	18 270	757 225
上海	188 100	13 592 000	114 114	2 929	150 233	92 460	90 100	11 685 300
广州	23 137	1 428 800	7 502	340	2 592	1 615	9 666	670 220.4
成都	18 822	811 500	3 777	153	844	611	4 241	2 044 444
郑州	78 797	1 917 331	30 526	1 389	16 152	4 525	21 917	1 636 893

9.4　郑州科研发展能力的比较分析

9.4.1　郑州市二级指标趋势分析

将郑州市 2010—2018 年 8 个二级指标的数据进行汇总，得到表 9-10。

表 9-10　2010—2018 年郑州的 8 个二级指标数据

年份	科研人力投入/人	科研经费投入/万元	论文数量/篇	科研著作数量/部	申请专利数量/项	专利授权数量/项	项目课题数量/项	课题投入经费/万元
2010	39 568	571 878	24 283	948	3 380	428	9 308	450 603
2011	45 028	766 617	25 521	1 027	5 096	728	11 176	619 876
2012	46 994	843 185	27 742	1 053	6 005	686	12 100	692 432

（续）

年份	科研人力投入/人	科研经费投入/万元	论文数量/篇	科研著作数量/部	申请专利数量/项	专利授权数量/项	项目课题数量/项	课题投入经费/万元
2013	56 518	978 913	25 873	1 063	6 775	767	12 447	844 480
2014	63 340	1 078 900	27 711	1 055	7 668	1 055	14 617	910 624
2015	67 589	1 194 257	28 924	1 311	8 473	1 889	15 354	1 012 708
2016	75 630	1 448 144	27 443	1 429	10 898	4 077	16 310	1 281 459
2017	82 182	1 634 675	25 045	1 693	14 245	4 100	21 595	1 542 555
2018	78 797	1 917 331	30 526	1 389	16 152	4 525	21 917	1 636 893

总体来看，郑州市各项指标都呈现增长趋势，说明郑州市这些年越来越重视科研发展。科研投入逐年递增，其中，在科研人力投入方面，2013 年相比上一年增长了 20%，其次增长较快的年份的是 2014 年增长 12%，2016 年增长 11%，2018 年相比 2010 年增长 99%，增长趋势明显。

在科研经费投入方面，2011 年相比上一年增长 34%，其次增长较快的年份是 2016 年，增长 21%，2018 年增长 17%，2018 年相比 2010 年增长 235%，增长趋势明显。科研产出变化趋势各不相同，其中，论文数量增长最快的是 2018 年增长 21%，之后的年份增长并不明显，2012 年增长 8%，2014 年增长 7%，2018 年相比 2010 年增长 25%，相比科研投入的指标，增长并不明显。

科研著作数量增加最多的是 2015 年增长 24%，其次是 2017 年增长 18%，2016 年增长 9%，2018 年相比 2010 年增长约 47%，相比论文数量增长趋势较为明显。申请专利数量 2011 年增长最为明显，增长 50%，其次是 2017 年增长近 31%，2016 年增长近 29%，2018 年相比 2010 年增长约 378%，增长趋势明显。专利授权数量增长最明显的是 2016 年，增长 116%，其次 2015 年增长 79%，2014 年增长约 38%，2018 年相比 2010 年增长 957%，增长尤为明显。

科研能力方面，项目课题数量增长最明显的是 2017 年，增长 32%，其次是 2011 年增长 20%，2014 年增长 17%，2018 年相比 2010 年增长约 135%，增长明显。课题经费投入方面，增长最明显的是 2011 年，增长约 38%，其次是 2016 年增长约 27%，2013 年增长约 22%，2018 年相比 2010

年增长约 264%，增长明显。

9.4.2 郑州科研发展能力的对比分析

通过上述方法对数据处理，我们得到 7 个城市的 4 个一级指标的得分和排名情况（表 9-11 至表 9-19），其中各测算指标原始数据计算时小数点之后保留三位。

2010 年度郑州在 7 个对比城市中排名第五，属于中等偏下的位置，总体来看，郑州市科研发展能力较弱，总得分与上海、北京差距较大，与成都、天津较为接近（表 9-11）。从单个指标来看，科研投入、科研产出、科研能力指标均排名第六，比较靠后，且与上海、北京等城市差距较大，这也成为郑州市在城市对比中排名不高的主要原因。科研效率排名第三，属于中等位置，科研效率原始值为 1.127，属于正效率，说明 2010 年度科研工作值得肯定，是郑州科研发展较有潜力的一方面。

表 9-11 2010 年 7 个城市的 4 个一级指标测算值得分和排名情况

城市	科研投入	科研产出	科研能力	科研效率	总得分	排名
上海	0.642	1.000	0.636	0.981	3.258	1
北京	1.000	0.607	1.000	0.382	2.989	2
重庆	0.186	0.296	0.195	1.000	1.676	3
广州	0.287	0.292	0.204	0.639	1.422	4
郑州	0.137	0.154	0.090	0.709	1.090	5
天津	0.291	0.209	0.102	0.451	1.054	6
成都	0.086	0.015	0.022	0.108	0.230	7

2011 年度郑州在 7 个对比城市科研发展能力排名第六位，属于靠后的位置，相比 2010 年排名下降一位，总体来看科研发展能力依旧较弱，与上海、北京差距较大，与天津较为接近（表 9-12）。从单个指标来看，科研投入、科研产出、科研能力均排名靠后，在第六位，与之前的城市差距较大，以至于郑州市在城市对比中排名下降。科研效率排名第三，与 2010 年相同，较为稳健，科研效率原始值为 1.194，属于正效率，与 2010 年相比增长 6%，在科研发展过程中有一定竞争优势。

表 9-12　2011 年 7 个城市的 4 个一级指标测算值得分和排名情况

城市	科研投入	科研产出	科研能力	科研效率	总得分	排名
上海	0.661	1.000	0.642	0.927	3.230	1
北京	1.000	0.717	1.000	0.439	3.157	2
重庆	0.219	0.357	0.168	1.000	1.744	3
广州	0.284	0.326	0.196	0.704	1.509	4
天津	0.416	0.262	0.102	0.386	1.165	5
郑州	0.145	0.173	0.101	0.731	1.149	6
成都	0.083	0.015	0.021	0.112	0.230	7

　　2012 年度郑州在 7 个对比城市科研发展能力排名第六位，属于靠后的位置，相比 2011 年位次相同，总体来看科研发展能力依旧较弱，与北京、上海差距较大（表 9-13）。从单个指标来看，科研投入、科研产出、科研能力均排名靠后，10 年以来稳定在第六位，与排名靠前的城市差距较大，但与为此接近的城市差距较小，相比之下优势不大，以至于郑州市在城市对比中排名不高。科研效率排名第四，与 2011 年相比下降一位，科研效率原始值为 1.128，属于正效率，但与 2011 年相比下降约 6%，在城市对比过程中优势不够明显。

表 9-13　2012 年 7 个城市的 4 个一级指标测算值得分和排名情况

城市	科研投入	科研产出	科研能力	科研效率	总得分	排名
北京	1.000	0.743	1.000	0.401	3.144	1
上海	0.645	0.974	0.604	0.815	3.037	2
重庆	0.229	0.393	0.174	0.925	1.721	3
广州	0.165	0.307	0.189	1.000	1.661	4
天津	0.438	0.275	0.100	0.338	1.151	5
郑州	0.139	0.175	0.096	0.679	1.090	6
成都	0.081	0.021	0.021	0.143	0.266	7

　　2013 年度郑州在 7 个对比城市科研发展能力排名第五位，属于中等偏下的位置，相比 2012 年位次提升一位，总体来看科研发展水平有一定提高，但与北京、上海差距较大（表 9-14）。从单个指标来看，科研投入、科研产出、科研能力均排名第五，与 2012 年相比提高一位，与排名靠前的城市

仍有差距，相比之下，这三个方面成为郑州市排名不高的主要原因。科研效率排名第三，与 2012 年相比提升一位，科研效率原始值为 1.136，属于正效率，与 2012 年较接近，虽然有所提高，但是优势不够明显。

表 9-14　2013 年 7 个城市的 4 个一级指标测算值得分和排名情况

城市	科研投入	科研产出	科研能力	科研效率	总得分	排名
北京	1.000	0.791	1.000	0.487	3.278	1
上海	0.670	0.869	0.646	0.800	2.986	2
重庆	0.247	0.401	0.184	1.000	1.832	3
天津	0.477	0.296	0.101	0.383	1.257	4
郑州	0.158	0.179	0.099	0.700	1.137	5
广州	0.095	0.046	0.043	0.300	0.484	6
成都	0.086	0.020	0.021	0.145	0.272	7

2014 年度郑州在 7 个对比城市科研发展能力排名第五位，属于中等偏下的位置，相比 2013 年位次相同，与排名靠前的城市差距较大（表 9-15）。从单项指标来看，科研投入指标得分相比 2013 年增长约 9%，科研产出和科研能力得分与 2013 年得分较为接近，三项指标排名均为第五名，与总排名相同，且与 2013 年持平，科研效率排名第三，得分与 2013 年接近，科研效率原始值 1.017，属于正效率，但与 2013 年相比下降 10%，在城市对比过程中优势不足。

表 9-15　2014 年 7 个城市的 4 个一级指标测算值得分和排名情况

城市	科研投入	科研产出	科研能力	科研效率	总得分	排名
北京	1.000	0.797	1.000	0.562	3.359	1
上海	0.682	0.817	0.664	0.843	3.007	2
重庆	0.269	0.382	0.189	1.000	1.841	3
天津	0.517	0.278	0.101	0.379	1.276	4
郑州	0.172	0.174	0.104	0.716	1.167	5
广州	0.103	0.044	0.113	0.298	0.557	6
成都	0.078	0.018	0.021	0.158	0.276	7

2015 年度郑州在 7 个对比城市科研发展能力排名第四位，属于中等的位置，相比 2014 年位次提升一位，缩小了与排名靠前城市的差距，科研发

展水平有一定程度的提升（表 9 - 16）。从单个指标来看，科研投入排名第五，与 2014 年相同，且分值有明显下降，或成为郑州市在城市对比过程中排名不高的主要原因。科研产出排名第五，分值与 2014 年相比有所提高，但不足以成为郑州市在城市对比过程中形成优势。科研能力排名第四，与 2014 年分值相同，在综合分值中所占优势也相同，但北京、上海等城市存在明显差距。科研效率排名第二，与 2014 年相比提高 17%，科研效率原始值 3.129，属于正效率，与 2014 年相比提高 208%，将会是郑州市在城市科研发展水平比较过程有明显优势的一项指标。

表 9 - 16　2015 年 7 个城市的 4 个一级指标测算值得分和排名情况

城市	科研投入	科研产出	科研能力	科研效率	总得分	排名
北京	0.569	0.800	1.000	0.375	2.745	1
上海	0.387	0.821	0.660	0.567	2.434	2
重庆	0.117	0.438	0.211	1.000	1.766	3
郑州	0.062	0.194	0.104	0.835	1.196	4
天津	0.684	0.306	0.081	0.119	1.191	5
广州	0.058	0.071	0.047	0.324	0.500	6
成都	0.041	0.021	0.023	0.133	0.218	7

　　2016 年度郑州在 7 个对比城市科研发展总得分排名第 4 位，属于中等的位置（表 9 - 17）。从单个指标来看，科研投入、科研产出相比 2015 年分值都有所提高，但是提高效果不够明显，不足以带动整体分值的提升。科研效率下降明显，得分相比 2015 年下降约 29%，下降程度较高，科研效率原始值为 1.011，相比 2015 年下降约 68%，以至于郑州市在城市对比过程中失去很大一部分优势。

表 9 - 17　2016 年 7 个城市的 4 个一级指标测算值得分和排名情况

城市	科研投入	科研产出	科研能力	科研效率	总得分	排名
北京	1.000	0.629	1.000	0.372	3.001	1
上海	0.716	0.706	0.678	0.583	2.683	2
重庆	0.323	0.546	0.241	1.000	2.110	3
天津	0.531	0.255	0.087	0.284	1.156	4
郑州	0.198	0.200	0.116	0.597	1.111	5

（续）

城市	科研投入	科研产出	科研能力	科研效率	总得分	排名
成都	0.057	0.025	0.020	0.260	0.362	6
广州	0.076	0.024	0.053	0.186	0.339	7

2017 年度郑州在 7 个对比城市科研发展能力排名第四位，属于中等的位置，相比 2016 年位次相同，但与北京、上海、重庆总得分差距较为明显（表 9 - 18）。从单个指标来看，四项指标相比 2016 年均有所提高，科研投入和科研产出均排名第五，对于总得分的位次提高帮助不大，科研效率排名第二，得分与 2016 年相比提高 61%，科研效率原始值为 1.131，属于正效率，与 2016 年相比提高 12%，在综合得分中占有明显优势。

表 9 - 18　2017 年 7 个城市的 4 个一级指标测算值得分和排名情况

城市	科研投入	科研产出	科研能力	科研效率	总得分	排名
北京	1.000	0.801	1.000	0.682	3.482	1
上海	0.722	0.847	0.693	1.000	3.262	2
重庆	0.360	0.393	0.267	0.930	1.950	3
郑州	0.204	0.231	0.132	0.963	1.529	4
天津	0.452	0.310	0.083	0.584	1.430	5
广州	0.083	0.041	0.044	0.422	0.590	6
成都	0.056	0.026	0.020	0.399	0.500	7

2018 年度郑州在 6 个对比城市科研发展能力排名第三位，属于中等的位置，相比 2017 年位次提高一位，总体分值与 2017 年相比下降 7%，虽然排名提高，但是不能忽视科研发展能力依旧较弱，与北京、上海差距较大（表 9 - 19）。从单项指标来看，每一项指标得分都有所下降，最有竞争力的还是科研效率，科研效率排名第二，得分与 2017 年相比下降约 8%，科研效率原始值为 1.076，属于正效率，与 2017 年相比下降约 5%，还需要对科研效率有一定的重视才能够更好地发展。

表 9 - 19　2018 年 6 个城市的 4 个一级指标测算值得分和排名情况

城市	科研投入	科研产出	科研能力	科研效率	总得分	排名
北京	1.000	0.820	1.000	0.678	3.498	1

（续）

城市	科研投入	科研产出	科研能力	科研效率	总得分	排名
上海	0.715	0.865	0.667	1.000	3.247	2
郑州	0.199	0.214	0.123	0.889	1.425	3
天津	0.432	0.302	0.083	0.578	1.395	4
广州	0.081	0.052	0.053	0.526	0.711	5
成都	0.057	0.024	0.080	0.342	0.503	6

9.4.3 郑州科研发展能力的综合分析

通过对上述 7 个城市的近 9 年每年科研发展能力得分与排名情况的汇总，我们可以得到各城市科研发展能力排名的变化情况（表 9 - 20）和各年份总得分均值情况（表 9 - 21）。

表 9 - 20 2010—2018 年 7 个城市科研发展能力排名变化

城市	排名								
	2010 年	2011 年	2012 年	2013 年	2014 年	2015 年	2016 年	2017 年	2018 年
北京	2	2	1	1	1	1	1	1	1
上海	1	1	2	2	2	2	2	2	2
重庆	3	3	3	3	3	3	3	3	无
郑州	5	6	6	5	5	4	5	4	3
天津	6	5	5	4	4	5	4	5	4
广州	4	4	4	6	6	6	7	6	5
成都	7	7	7	7	7	7	6	7	6

表 9 - 21 2010—2018 年 7 个城市科研发展能力总得分均值排名情况

城市	总得分									均值
	2010 年	2011 年	2012 年	2013 年	2014 年	2015 年	2016 年	2017 年	2018 年	
北京	2.989	3.157	3.144	3.278	3.359	2.745	3.001	3.482	3.498	3.184
上海	3.258	3.230	3.037	2.986	3.007	2.434	2.683	3.262	3.247	3.016
重庆	1.676	1.744	1.721	1.832	1.841	1.766	2.110	1.950	无	1.627
郑州	1.090	1.149	1.090	1.137	1.167	1.196	1.111	1.529	1.425	1.210
天津	1.054	1.165	1.151	1.257	1.276	1.191	1.156	1.430	1.395	1.202

（续）

城市	总得分									均值
	2010 年	2011 年	2012 年	2013 年	2014 年	2015 年	2016 年	2017 年	2018 年	
广州	1.422	1.509	1.661	0.484	0.557	0.500	0.339	0.590	0.711	0.864
成都	0.230	0.230	0.266	0.272	0.276	0.218	0.362	0.500	0.503	0.317

2010—2018 年这 9 年间，郑州科研发展能力的得分情况分别为 1.090、1.149、1.090、1.137、1.167、1.196、1.111、1.529、1.425，在 7 个城市之中的排名分别排在了 5、6、6、5、5、4、5、4、3 位，总体上郑州科研发展能力处于一个中等偏下水平，虽然总体分值不够稳定，但整体科研发展能力有所提高。

从郑州的排名来看，2018 年排名较高，但是没有与重庆的比较，对比不够明显，2015 年和 2017 年排名中等，较为突出的是科研效率得分，与重庆差距较小，也拉近总得分，与北京、上海更接近，为郑州持续发展科研能力增加竞争优势，增强长期进行科研发展的动力。2010 年和 2012 年总得分是近些年中最低分，其中科研能力分值最低，之后一年有所提升，但是从总得分情况看来，效果并不明显，对比 2017 年数据，郑州还应抓住优势方向，提升科研效率，进而提升总体科研发展水平。

结合以上表中数据及图 9-1，国家中心城市北京、上海、重庆、广州、天津、郑州、成都科研发展能力实力有差异，在科研投入、科研产出、科研能力、科研效率四个方面各有优势。作为国家中心城市，各个城市的科研投入与科研产出均有较高水平，具有较高优势，北京、上海、天津、重庆作为直辖市，有得天独厚的先天优势，再有大力支持科研发展的政策优势，不断吸收和利用国内和国际资源从而提升科研发展能力，让其他城市的追赶变得有些困难。北京市发挥自身优势，提升科研效率，不断巩固和发展优势。在近七年数据中，重庆市科研效率常位居首位，总体得分情况稳超郑州。广州市科研发展水平在近些年的对比中有所下降，主要原因在于科研效率不高，好在 2018 年有所起色，稳步增长。成都市科研发展能力较弱，因为自身优势不明显，近几年科研发展水平没有巨大的提升，也因为起点低，很容易与其他城市拉开差距。运用科学、客观的评价指标进行研究才具有足够的说服力，运用粗糙集信息简约法确定的评价指标，所计算出的评价结果具有更高的可信度，并且也更加符合客观的实际情况。

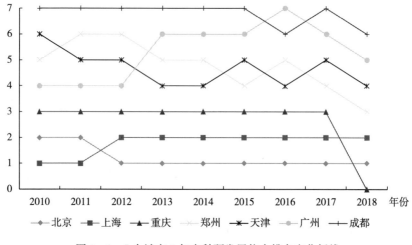

图 9-1　7 个城市 9 年内科研发展能力排名变化折线

相比而言，郑州作为省会城市，国家政策照顾没有北京、上海那么多，科研效率不如重庆高，科研投入属于中等水平，科研持续发展能力有待提高，在统计年度里科研发展水平处于中等位置。

9.5　郑州提升科研发展能力的对策

第一，注重科研人才的培养。2018 年，郑州市共有研究生培养单位 12 个；拥有省级重点实验室 117 个；拥有国家级企业技术中心 19 个，省级企业技术中心 280 个；共组织实施科技项目 1 336 项，其中省级以上项目 436 项；市级项目 900 项；研究与试验发展（R&D）机构从事人员 34 305 人。郑州地处中原腹地，地方本科高校研究生直接服务于区域经济，为地方发展培养人才，充分发挥地理位置优势，吸收和利用更多资源培养本地科研人才，实行激励机制，吸引更多科研人才来郑州发展事业。同时，注重人才待遇，适当给予项目补贴，帮助解决项目困难，关心科研人员身心健康，为科研事业发展保驾护航，为科研人员不断创新给予支持。重视科研所与高等院校科研发展情况，增加政策扶持，培养重点学科带头人，适当给予资金支持，为高等院校培养创新人才提供良好的平台。因此需要注重地方高校的人才培养，培养创新意识和实践能力，加强人才培养体系建设。

第二，全面贯彻创新驱动发展战略。创新驱动战略是当前我国一项重要的国家战略。在目前的经济形势下，传统的经济发展已经难有很大的增长空间，城市发展需要新的力量，而创新则能带来新的经济增长点，科研发展能力也是其中不可小觑的一方面，创新将为科研注入新的活力，改善科研发展现状，提高科研发展水平。创新是科研的一部分。发展创新驱动，有助于郑州市经济更好更快地稳定增长，进而转变经济发展方式，对于郑州市培养竞争优势、加强发展动力具有重要意义。郑州市应加强科研创新投入，利用郑州本地高等院校和科研所等科研单位的人才与技术，实现学业与科研相结合，提高科研持续高质量发展能力，提高综合科研发展水平。

第三，健全科研发展管理部门，为科研工作发展提供平台。构建科技投入稳定增长机制，科研投入有章法可依，科研人员有组织有纪律，科研团队归属感强，科研产出申报规范，科研能力考评客观，科研效率蒸蒸日上。拥有与时俱进的科研发展组织，根据郑州科研发展现状对症下药，为科研事业保驾护航。创建一个公共技术交易平台，将技术与科研资金有效结合，从而加快专利成果的转化以及科研技术的转移速度。还可以建立产学研合作交流平台，郑州各大高等院校与科研院合作，共同完成科技创新工作，保证高校学生学有所用，研发成果与研究技术能够有效科学地向企业转移，从而规范科研技术成果，科学推广科研技术成果。

10   房地产业发展比较

10.1   引言

国家中心城市这一概念是在 2005 年，由住房和城乡建设部依据《中华人民共和国城乡规划法》编制全国城镇体系规划时所提出的。作为全国城镇体系的核心，国家中心城市不仅在我的经济、文化、交通等方面发挥着重要的中心枢纽作用，而且在我国与全世界的经济来往与文化交流中扮演着旗帜的角色。国家中心城市不仅具有全国范围的中心性和一定区域的国际性这两大基本特性，还同时拥有着引领、辐射、集散这三大基本功能。在自身发展的同时，国家中心城市还能带动周边区域的共同发展，对周边地区的经济增长与社会进步起着良好的导向作用。

2019 年 12 月发布的《国家中心城市建设报告 2019》中显示，郑州成长性排名第一。作为我国户籍人口第一大省的省会郑州，以其迅猛的发展势头和强大的发展潜力取得了全国的瞩目。

衣、食、住、行自古以来就是中国人最关心的四大问题，尤其体现在"住"方面上。而郑州作为中原人口第一大省河南省省会，是一座人口超千万的大型城市，吸引着无数人在这座城市里奋斗成长，繁衍生息。房地产行业对很多人都有着重要的影响。住房问题是在当今社会形势下每一个中国家庭都必须面对的头等大事。在目前房价奇高的形势下，有不少家庭和即将组建的家庭都为之付出了很大的精力和心血。购买房产也成为不少人想要转入城市户口与结婚成家的刚需。在学术界，许多从事房地产以及相关科研的人员都对房地产发展这一热点话题做出了研究和分析。而作为我们将要步入社会的毕业生，将来要面对同样的购房压力。所以，在国家中心城市中对郑州市房地产发展的比较研究是一项有意义的研究课题。

本章分为五节，第 1 节引言，介绍论文研究背景和研究意义。第 2 节介绍指标体系的构建和数据收集。第 3 节基于经济社会发展水平视角，从 9 个中心城市的 GDP 总量、房价收入比、土地面积和人口三个方面入手，做出对比分析。第 4 节运用 ABC 权重法，对 9 个国家中心城市的 6 个房地产业关键指标做出对比分析，计算得出 9 个城市在 2013—2018 年基于总量的排名。第 5 节是结论，并对郑州房地产发展提出建议。

10.2 指标体系构建和数据收集

指标体系的构建应遵从以下四个原则：一是科学性原则。房地产发展的评价指标体系必须建立在科学合理的基础上，即各个指标的选取、指标权重的确定以及数据的选取等相关重要信息必须建立在一定的科学基础之上。与房地产相关程度越大，越能反映房地产发展的现状和趋势；越能有效地反映其发展态势，评价意义的直接性就越大，评价结果就能更好地确定房地产发展的趋势。

二是系统性原则。各指标之间要有一定的逻辑关系，它们不但要从不同的侧面反映出房地产主要特征和状态，而且还要同时反映出各指标的内在联系。每组不同的指标能够分别来代表一个子系统，由它们相互关联可以构成一个完整的指标系统。

三是数据可获得性原则。选择指标时要充分考虑两点：第一，评价指标体系的建立必须要结合房地产发展的具体情况，所选指标要既能反映房地产发展水平，又相对容易取得，便于计算，且可靠性高；第二，选取的指标应可以量化。这就要求我们在指标可以获取的前提下，做到简单与复杂的平衡统一。

四是典型性原则。为了尽可能直观准确地反映出指标体系，需要选择具有代表性的数据，如房地产投资额、建成面积、价格波动这些特征，在选择指标时尽可能遵循典型性原则。为了提高计算的可靠性和结论的准确性，可以适当减少相关性较低的指标。另外，还要按照典型性强弱，结合房地产发展实际情况对相关指标的权重进行划分操作。

基于上述四个原则，本书选取了以下八个指标运用于构建评价指标体系：①城市 GDP 总量；②收入水平和房价；③土地面积；④常住人口数量；⑤房地产投资额；⑥房屋施工面积；⑦商品房销售面积；⑧商品房平均销售价格。

本书收集了 9 个城市 2013—2018 年期间与房地产相关的指标用于研究分析。数据主要来源于国家统计局、各城市统计公报、安居网大数据统计、新浪网国民工资大数据报告以及 2013—2018 年的《中国统计年鉴》和各地方统计年鉴。

10.3 经济社会视角的房地产相关指标对比分析

10.3.1 城市 GDP 总量对比分析

当经济处于增长期时，社会对房地产的需求强烈，房地产价格也会水涨船高。而当经济进入衰退期时，社会将减少对房地产方面的需求，房地产价格自然也会随之下降。根据 2018 年与 2019 年中国统计年鉴和各地方统计年鉴，收集到 9 个国家中心城市的年末 GDP 总量数据，然后通过计算得出2018 年各城市 GDP 增速（表 10 - 1）。

表 10 - 1　国家中心城市 GDP

排名	城市	2018 年 GDP/亿元	2017 年 GDP/亿元	GDP 增速/%
1	上海	32 680	30 633	6.68
2	北京	30 320	28 015	8.23
3	广州	22 859	21 503	6.31
4	重庆	20 363	19 500	4.43
5	天津	18 810	18 549	1.40
6	成都	15 343	13 889	10.46
7	武汉	14 847	13 410	10.72
8	郑州	10 143	9 130	11.10
9	西安	8 350	7 470	11.78

其中，郑州增速排名第二，增速为 11.1%，GDP 总量为 10 143 亿元。

名列前三的上海、北京和广州，GDP 总量都超过了 2 000 亿元，分别是 32 680 亿元、30 320 亿元、22 859 亿元，北上广三市中增速最高的是北京，达到了 8.23%，上海其次为 6.68%，而广州仅为 6.31%。

值得一提的是，重庆市 GDP 在 2018 年也突破了 2 000 亿元大关，为 20 363 亿元，但观察其增速较为缓慢，仅为 4.43%。9 个中心城市中 GDP 增速最慢的是天津市，2018 年 GDP 总量为 18 810，而增速仅为 1.4%。成都、武汉、郑州和西安 GDP 总量虽然没有那么高，但是增速均超过了 10%，分别为 10.46%、10.72%、11.10%、11.78%，均展现出蓬勃发展的势头。

通过对 GDP 数据分析可见，郑州市经济发展势头迅猛，GDP 增速领先于除西安外的其他国家中心城市，排名第二。虽然郑州的 GDP 总量较低，在 2018 年末刚刚突破千亿，但其经济发展增速快，市场前景一片光明。郑州经济水平的快速增长，大大拉动了房地产需求，同时也拉动了郑州市的房价增长。

10.3.2 收入水平和房价对比分析

通过人们对房地产不断扩大的需求和众多城市房价出现的大幅上涨，可以从侧面反映出我国近年来经济社会的飞速发展。然而引起房价增长的因素颇多，其中比较典型的就是居民收入水平的增长。但是不同地区人口密集度和经济社会发展差异较大，无法直接通过收入水平和房价上涨趋势做出对比，为了更方便地对房价上涨进行研究，这里引入了房价收入比这一概念。

收入水平对比。通过新浪网大数据样本数据分析报告，得出 2020 年九大国家中心城市的薪资水平（表 10-2）。

表 10-2 2020 年九大国家中心城市平均工资

排名	城市	平均工资/元
1	北京	6 906
2	上海	6 378
3	广州	4 811
4	成都	4 600
5	天津	4 209
6	西安	4 203

（续）

排名	城市	平均工资/元
7	重庆	4 103
8	武汉	3 984
9	郑州	3 864

通过报告得出，九大中心城市居民平均收入水平由高到低排名依次为北京、上海、广州、成都、天津、西安、重庆、武汉、郑州。郑州市居民平均收入水平居于末位，相比其他几个中心城市还有很大差距，这与郑州市发展起步晚、人口基数大、外来劳动力数量庞大有很大关系。通过采取宏观调控政策，优化产业结构，在减低房价上升速度的同时提高居民收入水平可以缓解居民购房压力，并且在一定程度上拉动房地产需求，促进房地产行业发展。

房价对比分析。根据安居网大数据统计，收集到 2013—2020 年九大国家中心城市的市区房价平均值（表 10 - 3）。

表 10 - 3　2013—2020 年九大国家中心城市的历史房价一览表（元/米²）

城市	房价							
	2013 年	2014 年	2015 年	2016 年	2017 年	2018 年	2019 年	2020 年
北京	40 342	37 294	39 437	57 597	57 768	59 868	58 568	58 309
上海	29 978	30 522	35 237	52 142	50 017	49 446	50 945	50 908
广州	19 208	18 564	20 016	22 926	28 578	32 088	31 692	30 894
成都	8 597	8 277	8 213	8 591	12 034	13 173	13 132	13 233
天津	14 519	14 961	15 553	23 220	22 205	22 188	20 952	20 542
武汉	8 825	9 239	10 000	13 875	16 259	17 586	16 818	15 938
西安	6 792	6 994	6 450	6 514	8 880	12 207	12 446	12 508
郑州	8 229	8 503	8 790	12 091	12 859	13 582	13 266	13 537
重庆	6 896	6 718	6 289	7 493	9 925	12 080	11 187	11 302

通过对比各大中心城市房价走势，可以得出结论：北京和上海两市房价走势相似，两个城市的房价在经过 2014—2016 年的快速增长期后，房价增速逐渐放缓，趋于平稳。而广州在经历了 2014—2018 年的增长期后，在 2018 年房价面临下降趋势。天津市房价在 2013—2016 年出现上涨，而

2017—2020 年房价也出现下跌。

在武汉、郑州、成都、重庆和西安五个城市中，郑州房地产起点价格增长较快，尤其体现在 2015—2017 年间，出现了大幅增长，在 2017—2020 年逐渐趋于平稳，但从总体来看郑州的房价高于成都、重庆和西安，可以体现出郑州市房地产近几年发展比较迅速，需求量大，价格也随着上涨。

房价收入比对比分析。房价收入比可以在一定程度上反映居民的购房能力。从微观层面来看，如果一个居民家庭的房价收入比超出了该城市的正常区间，证明在该城市买房压力是十分巨大的。而就宏观意义而言，通过广泛调查研究居民家庭的房价收入比，能够从整体上得出该城市居民的购房能力，同时可以反映出该城市关于购房方面的政策落实情况，并根据结果做出相关政策调整。

鉴于数据可获得性原则，这里决定以市区平均房价作为分子，居民平均薪资作为分母，得出房价收入比公式：房价收入比＝房价/居民收入。

通过计算得出 2020 年九大国家中心城市房价收入比，见表 10 - 4。

表 10 - 4　2020 年九大国家中心城市房价收入比（平均工资）排名

排名	城市	房价/（元/米²）	收入/元	房价收入比
1	北京	58 309	6 906	8.44
2	上海	50 908	6 378	7.98
3	广州	30 894	4 811	6.42
4	天津	13 233	4 600	4.88
5	武汉	20 542	4 209	4.00
6	郑州	15 938	3 984	3.50
7	西安	12 508	4 203	2.98
8	成都	13 537	3 864	2.88
9	重庆	11 302	4 103	2.75

通过分析得出：在九大国家中心城市中，北京、上海、广州三大城市房价收入比最高，均远远高于平均水平，可见在这三个城市购房压力最大，远远超出了居民收入正常水平。在其余五个城市中，天津和武汉房价收入比高于郑州，天津作为一个直辖市，地理位置优越，距离首都北京近，又沿海、经济发达，各方面因素影响使其房价上升。而武汉市商业、教育业发达，掌

握大量优秀教育资源，大学林立，庞大的住房刚需使武汉房价一路飙升。其次就是郑州，近年来郑州经济社会迅猛发展，城市建设面积不断增加，汇聚全省之力发展下的郑州，以其独特魅力吸引了大量外来人才聚集，人们争先恐后地购房，需求旺盛，使得郑州房地产行业高歌猛进，房价也随着水涨船高。最后是西安、成都和重庆，这三个城市购房压力相对偏小，与它们特殊的产业结构、庞大的地理面积与人口密度偏低有密切的关系。

10.4 综合指标对比分析

10.4.1 指标数据选取

基于系统性原则，本章节选取了与房地产相关的以下 6 个指标：本年完成投资、房屋施工面积、商品房销售面积、商品房平均销售价格、年末 GDP 总量、年末人口，比较分析历年来 9 个城市房地产相关指标完成情况。根据 2013—2018 年《中国统计年鉴》，选取目标数据如表 10-5 至表 10-10。

表 10-5 国家中心城市 2013 年房地产相关指标

城市	本年完成投资/亿元	房屋施工面积/万米²	商品房销售面积/万米²	商品房平均售价/（元/米²）	年末 GDP 总量/亿元	年末人口/万人
北京	3 483	13 887	1 903	18 553	19 501	1 961
天津	1 481	10 892	1 847	8 746	14 370	1 294
上海	2 820	13 517	2 382	16 420	21 726	2 302
郑州	1 445	9 721	1 622	7 162	6 200	863
武汉	1 906	8 545	1 995	7 717	9 000	979
广州	1 572	8 159	1 700	15 330	15 420	1 270
重庆	3 013	26 252	4 818	5 569	12 657	2 885
成都	2 111	15 239	2 950	7 197	9 109	1 405
西安	1 573	10 298	1 633	6 716	4 884	741

表 10-6 国家中心城市 2014 年房地产相关指标

城市	本年完成投资/亿元	房屋施工面积/万米²	商品房销售面积/万米²	商品房平均售价/（元/米²）	年末 GDP 总量/亿元	年末人口/万人
北京	3 715	13 588	1 454	18 833	21 331	1 961

（续）

城市	本年完成投资/亿元	房屋施工面积/万米²	商品房销售面积/万米²	商品房平均售价/(元/米²)	年末GDP总量/亿元	年末人口/万人
天津	1 700	10 652	1 613	9 219	15 722	1 294
上海	3 206	14 690	2 085	16 787	23 561	2 302
郑州	1 744	10 574	1 592	7 571	6 783	863
武汉	2 354	10 238	2 273	7 951	10 069	979
广州	1 816	9 370	1 540	15 719	16 707	1 270
重庆	3 630	28 624	5 100	5 519	14 265	2 885
成都	2 216	17 203	2 951	7 032	10 057	1 405
西安	1 742	12 332	1 696	6 465	5 475	741

表 10-7　国家中心城市 2015 年房地产相关指标

城市	本年完成投资/亿元	房屋施工面积/万米²	商品房销售面积/万米²	商品房平均售价/(元/米²)	年末GDP总量/亿元	年末人口/万人
北京	4 177.05	12 993	1 554	22 633	23 000	2 168
天津	1 871.65	10 230	1 771	10 107	17 200	1 516
上海	3 468.94	15 095	2 431	20 949	25 300	2 425
郑州	2 000.2	10 818	1 899	7 537	7 450	937
武汉	2 581.79	11 063	2 627	8 556	11 000	1 033
广州	2 137.59	9 346	1 653	14 612	18 100	1 667
重庆	3 751.28	28 986	5 381	5 486	16 100	3 001
成都	2 435.25	18 335	2 997	6 875	10 800	1 442
西安	1 820.85	13 333	1 763	6 501	6 000	862

表 10-8　国家中心城市 2016 年房地产相关指标

城市	本年完成投资/亿元	房屋施工面积/万米²	商品房销售面积/万米²	商品房平均售价/(元/米²)	年末GDP总量/亿元	年末人口/万人
北京	4 001	12 976	1 659	27 497	24 899	2 168
天津	2 300	9 350	2 711	12 830	17 885	1 516
上海	3 709	15 111	2 706	24 747	27 466	2 425
郑州	2 779	14 230	2 859	8 163	7 994	937
武汉	2 517	11 803	3 256	10 048	11 913	1 033

（续）

城市	本年完成投资/亿元	房屋施工面积/万米²	商品房销售面积/万米²	商品房平均售价/（元/米²）	年末GDP总量/亿元	年末人口/万人
广州	2 541	10 062	1 949	16 384	19 611	1 667
重庆	3 726	27 363	6 257	5 485	17 559	3 001
成都	2 641	19 881	3 929	7 504	12 170	1 442
西安	1 950	14 687	2 036	6 602	6 257	862

表 10-9　国家中心城市 2017 年房地产相关指标

城市	本年完成投资/亿元	房屋施工面积/万米²	商品房销售面积/万米²	商品房平均售价/（元/米²）	年末GDP总量/亿元	年末人口/万人
北京	3 693	12 413	870	32 140	28 000	2 171
天津	2 233	8 796	1 482	15 331	18 595	1 557
上海	3 857	15 362	1 692	23 804	30 134	2 420
郑州	3 359	16 395	3 098	8 631	9 130	988
武汉	2 686	11 913	3 533	11 744	13 410	1 091
广州	2 703	10 658	1 758	17 633	21 503	1 450
重庆	3 980	25 961	6 711	6 792	19 500	3 048
成都	2 493	19 397	3 926	8 733	13 889	1 604
西安	2 235	15 409	2 459	8 513	7 470	953

表 10-10　国家中心城市 2018 年房地产相关指标

城市	本年完成投资/亿元	房屋施工面积/万米²	商品房销售面积/万米²	商品房平均售价/（元/米²）	年末GDP总量/亿元	年末人口/万人
北京	3 873	12 963	696	34 143	30 320	2 154
天津	2 424	10 324	1 250	16 055	18 810	1 560
上海	4 033	14 672	1 767	26 890	32 680	2 424
郑州	3 258	18 643	3 712	8 443	10 143	1 014
武汉	2 780	11 760	3 647	13 108	14 847	1 116
广州	2 702	10 999	1 550	20 014	22 859	1 490
重庆	4 249	27 227	6 536	8 067	20 363	3 124
成都	2 273	19 515	3 682	9 867	15 343	1 633
西安	2 214	15 238	2 622	10 171	8 350	1 000

10.4.2 对指标进行 ABC 分类权重法排名

ABC 分类权重法是根据"重要的少数和次要的多数"来确定各指标的权数。该方法原本用于企业生产管理中,根据各因素对岗位劳动量的影响程度及其重要程度对它们进行排序,再赋予一定的权重。本书将其运用到房地产评价中,对指标体系中的所有因素按其对房地产发展影响的程度进行分类排队,然后分别用不同的权数对各类因素赋予不同权重。这里将本年完成投资、房屋施工面积、商品房销售面积、商品房平均销售价格作为 A 类主要因素,赋予权数 3,将年末 GDP 总量、年末人口作为 C 类一般因素,赋予权数 1。由此得到综合指标的排名,见表 10-11 至表 10-16。

表 10-11　国家中心城市 2013 年房地产发展排名

城市	完成投资	房屋施工面积	商品房销售面积	商品房平均售价	年末 GDP 总量	年末人口	综合排名得分	综合排名
北京	1	3	5	1	2	3	2.50	1
上海	3	4	3	2	1	2	2.79	2
重庆	2	1	1	9	5	1	3.21	3
成都	4	2	2	6	6	4	3.71	4
天津	8	5	6	4	4	5	5.57	5
武汉	5	8	4	5	7	7	5.71	6
广州	7	9	7	3	3	6	6.21	7
西安	6	6	8	8	9	9	7.29	8
郑州	9	7	9	7	8	8	8.00	9

表 10-12　国家中心城市 2014 年房地产发展排名

城市	完成投资	房屋施工面积	商品房销售面积	商品房平均售价	年末 GDP 总量	年末人口	综合排名得分	综合排名
上海	3	3	4	2	1	2	2.79	1
重庆	2	1	1	9	5	1	3.21	2
北京	1	4	9	1	2	3	3.57	3
成都	5	2	2	7	7	4	4.21	4
武汉	4	8	3	5	6	7	5.21	5
天津	9	6	6	4	4	5	6.00	6

（续）

城市	完成投资	房屋施工面积	商品房销售面积	商品房平均售价	年末GDP总量	年末人口	综合排名得分	综合排名
广州	6	9	8	3	3	6	6.21	7
西安	8	5	5	8	9	9	6.86	8
郑州	7	7	7	6	8	8	6.93	9

表 10 - 13 国家中心城市 2015 年房地产发展排名

城市	完成投资	房屋施工面积	商品房销售面积	商品房平均售价	年末GDP总量	年末人口	综合排名得分	综合排名
上海	3	3	4	2	1	2	2.79	1
重庆	2	1	1	9	5	1	3.21	2
北京	1	5	9	1	2	3	3.79	3
成都	5	2	2	7	7	6	4.36	4
武汉	4	6	3	5	6	7	4.79	5
广州	6	9	8	3	3	4	6.07	6
天津	8	8	6	4	4	5	6.21	7
郑州	7	7	5	6	8	8	6.50	8
西安	9	4	7	8	9	9	7.29	9

表 10 - 14 国家中心城市 2016 年房地产发展排名

城市	完成投资	房屋施工面积	商品房销售面积	商品房平均售价	年末GDP总量	年末人口	综合排名得分	综合排名
重庆	2	1	1	9	5	1	3.21	1
上海	3	3	6	2	1	2	3.21	2
北京	1	6	9	1	2	3	4.00	3
成都	5	2	2	7	6	6	4.29	4
郑州	4	5	4	6	8	8	5.21	5
武汉	7	7	3	5	7	7	5.71	6
广州	6	8	8	3	3	4	5.86	7
天津	8	9	5	4	4	5	6.21	8
西安	9	4	7	8	9	9	7.29	9

表 10 - 15　国家中心城市 2017 年房地产发展排名

城市	完成投资	房屋施工面积	商品房销售面积	商品房平均售价	年末 GDP 总量	年末人口	综合排名得分	综合排名
重庆	1	1	1	9	4	1	2.93	1
上海	2	5	7	2	1	2	3.64	2
成都	7	2	2	6	6	4	4.36	3
北京	3	6	9	1	2	3	4.43	4
郑州	4	3	4	7	8	8	5.00	5
广州	5	8	6	3	3	6	5.36	6
武汉	6	7	3	5	7	7	5.50	7
西安	8	4	5	8	9	9	6.64	8
天津	9	9	8	4	5	5	7.14	9

表 10 - 16　国家中心城市 2018 年房地产发展排名

城市	完成投资	房屋施工面积	商品房销售面积	商品房平均售价	年末 GDP 总量	年末人口	综合排名得分	综合排名
重庆	1	1	1	9	4	1	2.93	1
上海	2	5	6	2	1	2	3.43	2
北京	3	6	9	1	2	3	4.43	3
郑州	4	3	2	8	8	8	4.79	4
成都	8	2	3	7	6	4	5.00	5
武汉	5	7	4	5	7	7	5.50	6
广州	6	8	7	3	3	6	5.79	7
西安	9	4	5	6	9	9	6.43	8
天津	7	9	8	4	5	5	6.71	9

10.5　结语

主要结论：

（1）未来郑州房地产发展前景光明

从历史数据来看，随着近年来我国经济社会不断发展和城镇化水平的不断提高，大大激发了居民的购房欲望，从而引发了房价的节节攀升。从目前价格看，2018 年北京、上海、广州三个城市商品房混合单价均高于两万元，天津、武汉、西安超过万元，郑州、重庆、成都三市尚在万元以下，郑州房价仅仅高于重庆，低于成都等 7 个城市。从增长趋势看，郑州 2018 年商品房混合单价比 2013 年增长 17.9%，虽然 6 年间平均增速比北京、上海、天津低，但 2016 到 2017 年末价格出现了过快上涨。虽说 2018 年开始郑州市房价开始有所回落，但在 2019 年 3 月份数据显示，郑州市房价环比指数为 110.5，仍然处于很高的水平。

2013 年，郑州房地产开发投资居 9 个中心城市末位，投资额仅为 1 445.33 亿元，而在 2018 年投资额达到 3 258.41 亿元，仅次于北京、上海和重庆。党的十八大以来，郑州房地产开发投资经历了飞速增长，在 2013—2018 年期间以平均每年 25.4% 的房地产投资额增速居于国家九大中心城市之首。郑州外来人口流入量大，从而拉动了购房需求，尤其是 2016 到 2017 年底房地产市场开发规模迅速壮大，并保持高速增长。

2018 年随着国家和各地楼市政策不断收紧，各地区房地产开发投资大多低速增长，郑州房地产开发投资出现 6 年来首次负增长，但仍然保持较高水平。

总体看，9 个中心城市的商品房销售面积增速走势基本一致，但郑州的增速在 9 个城市中总是处于较高的水平，总量排位从 2012 年的第 9 位前移到 2018 年的第 2 位。2018 年郑州商品房销售面积达到 3 712.11 万米^2，较上年大幅增长 19.8%，增速排名位列第一。郑州房地产市场发育晚，在 2012—2018 年间呈现增长势头猛、增速快，在较低水平上实现了高速增长。而其他城市已在前期实现了快速增长，故后续增速放缓。

作为全国人口大省的省会郑州已是 9 个国家中心城市中市辖区常住人口密度最大的城市，具有交通发达、人流巨大的特点，因此郑州房地产市场需求将在未来很长时间处于不断增大的趋势。"2018 年中国房地产 500 强"榜单前 20 位的房企中已有 18 家进驻郑州，证明了各大房企都看好郑州。

（2）郑州经济社会发展比较依赖于房地产业

虽然在 9 个中心城市中，郑州经济社会发展水平排名在 9 个城市中仅高于西安，但房地产市场在投资金额、商品房开发供应、房价增长趋势等多个指标上得分较高，显示郑州经济社会发展落后于房地产市场发展，经济发展对房地产业的依赖较为明显。

另外，判断房地产市场投资是否过热的指标即房地产开发投资与 GDP 之比也可看出端倪，一般认为该比值控制在 10% 以内比较合理。但事实是，中国大部分城市的房地产开发投资与 GDP 之比早已超过合理值。2018 年郑州房地产开发投资占 GDP 比重为 32.12%，排名第一，重庆、西安为 20% 左右，北京、上海、广州、天津、成都在 20% 以下。在工业产业结构偏向中低端、城镇化率和消费率偏低的环境下，郑州经济增长对固定资产投资和房地产业的依赖度较高。

(3) 郑州房地产发展存在短板

通过分析数据得出，9 个国家中心城市中，郑州市的房地产发展相关指标综合评价排名仅次于北京、上海和重庆，名列第四，可以反映出郑州房地产的蓬勃发展趋势。从 4 个 A 级指标看，郑州房地产市场得分较高，但城市 GDP 总量与年末人口总数排名却仅高于西安，落后于 7 个中心城市，表明郑州市房地产与经济社会发展协调性尚有不足。

与其他几个中心城市对比得出，当前郑州市辖区和建成区面积偏小，人口密度最大，空间布局太密，受限明显。在总体狭小的空余面积制约下，房地产发展空间和市场布局都受到约束，很难做到房地产市场布局与产业分布相匹配、与城市功能相契合、与人居环境相协调，从而影响了建设大郑州的步伐。

从对比看，虽然郑州近年来经济增长较快，但是经济实力不强、总量偏小，仍然是其发展面临的突出问题。从城市首位度这一角度来分析，当前郑州市在省内首位度仅 21.1%，很明显缺少了辐射和带动作用，限制郑州发展的短板同时体现在产业结构缺少优化和高科技人才缺乏等方面。

为助力郑州建设国家中心城市，本书从不同的角度对郑州房地产发展做出了相应建议：

(1) 加快经济发展，吸引高端人才

经济社会水平与房地产业发展密切相关，可以构成一个正反馈回路，通常一个城市的经济社会水平发展好，人们的购房需求量就会上升，带来房地产业的进一步发展，到头来对经济社会发展起到促进作用。为了使经济发展得到促进从而带动房地产业的腾飞，需要在以下两点做出努力：一是优化产业结构，在保持原有优秀产业的基础上向一线城市学习，努力发展工业、制造业和高科技创新产业，进一步优化产业结构，从而拉动经济发展和房地产的发展。二是吸引优秀人才，郑州外来务工者不少，但多集中在制造业、建筑业、服务业上，外来人员整体素质需要进一步提升，唯有不断吸引优秀人才来郑学习和工作，并创造工作岗位留住优秀人才，才是拉动经济社会发展，从而带动房地产进步的长远之策。只有进一步优化产业结构，吸引高端人才和创新企业进驻郑州，才能为郑州房地产带来新的活力。

（2）科学规划发展，扩大城市空间

发展郑州房地产业需要将国家中心城市建设这一机遇牢牢把握住，通过不断发展，合理增加城区建设面积是重中之重。为了突破空间局限对房地产业的制约，需要做到以下三点：一是合理扩大城区面积。大力推进郑汴一体化进程，加快郑东新区、航空港区的同时发展，从而扩大郑州房地产业的发展空间。二是进一步完善城市功能。加快地铁、高铁和飞机等交通行业发展，同时加强教育业、医疗业、养老业等各种社会行业的发展，使城市功能更加完善，接近一线城市的水平，从而使房地产业的发展得到进一步保障。三是优化环境。建设生态文明的绿城郑州，提高绿化覆盖率，可以优化居民居住环境，提高居民生活幸福指数，从而带动当地人们的购买需求。

（3）坚持住房原则，拒绝炒房牟利

习近平总书记在党的十九大报告中明确了"坚持'房子是用来住的，不是用来炒的'定位"，这是总书记在 2016 年中央经济工作会议后再次强调房地产业的居住属性。2019 年 5 月，河南省省直机关住房资金管理中心发文，限制异地买房提取住房公积金，此举被视为再次强调抑制炒房现象。这也说明，对于郑州这样的新一线城市，房地产仍以保障刚需和改善性需求为重点。因此，在建设国家中心城市的进程中，我们应牢牢把握房地产的居住定位，以保障人民群众住有所居为目的，摒弃以房地产行业拉动经济的老旧观念。因此国家应出台相应政策稳控房价，打击投机分子的炒房行为。

（4）坚持多元供应，满足住有所居

党的十九大报告明确指出"加快建立多主体供给、多渠道保障、租购并举的住房制度",让全体人民住有所居。一要发挥市场配置资源的决定性作用,发挥房地产企业的积极性,增加市场中的商品类住房供给;二要发挥政府在保障性安居工程中的主导作用,建设政府保障的公共住房体系;三是实行租购并举,加快培育和发展住房租赁市场。

11 养老保障发展比较

11.1 引言

随着人口老龄化的不断加剧，养老保障作为社会保障的重要组成部分，发挥着"关乎国运，惠及子孙"的重要作用。郑州市在国家中心城市建设中，其城市养老保障能力的提高和巩固，在强化和引领我国中部地区社会经济健康快速发展过程中起到至关重要的作用。习近平总书记在党的十九大报告中指出，这个新时代是决胜全面建成小康社会，进而全面建成社会主义现代化强国的时代，是全国各族人民团结奋斗、不断创造美好生活、逐步实现全体人民共同富裕的时代。养老保障作为社会保障的重要的一环，是最为基础的保障，和人民的生活息息相关。新时代的建设中，城市养老保障能力的发展是衡量一个城市的经济发展、生活环境的重要指标，因此城市在发展过程中一定要重视养老保障能力的发展。

11.2 评价指标体系的构建

国内关于城市养老保障能力的研究较多，大多学者在城市的养老金、政府政策和养老体系等方面做出了深刻研究并得出了许多重要的结论。关于郑州养老服务体系的变革，李晓喻从改革起步期（1978—2000）、改革探索期（2000—2010）、改革快速发展期（2011年至今）立体全面地分析了改革的发展，系统地阐述了改革所带来的成就和成绩，得到了结论：总体而言，以居家养老为基础、社区养老为依托的服务框架基本定型，机构养老"独木支撑"的状态被完全打破,社区日间照料中心全面开花。同时,也发现了郑州养老服务体系改革中的不足之处:城乡、社区之间服务能力参差不齐,社会资本参与的激励机制不足,医养结合,人才队伍短板明显。并针对这些问题提出了合理有效的建议。"养老地产"的概念一出便引起了社会的广泛关注,尹沛东分析了郑州养老地产现阶段的现状和存在的问题及原因,得出郑州的养老地产在城市规划方面未明确划分,也没有制定专业蓝图设计,相关的政府政策也没有出台,提出了相关建议对策来发展郑州的养老地产产业,完善郑州养老保障制度。有的学者如陈迪红和孙福伟通过构建区域基尼系数等技术指标,对全国 31 个城市进行了城镇居民养老保障水平的探究。还有学者运用精算模型对各地区的历史债务进行了测算,王晓军和赵彤提出必须强调建立统一完善的养老保险信息系统和精算制度,使养老保险制度的管理工作更加科学有效,也为统筹层次的进一步提高提供技术支持。

本书使用的方法是赋予每个评价指标以相同的权重,再测算各项指标的标准值,综合指标的标准值和权重,最后得出每个城市的养老保障能力的得分,以及根据得分的排名情况。本文借鉴叶珊珊、翟国方在《城市的国际竞争力及评价指标研究——以南京为例》的分析方法,首先对每个指标的数据进行标准化处理[即(指标值-均值)/标准差],再做归一化处理(以该指标的最大、最小值分别为 0、1,指标实际值与最小值之差处以最大值与最小值的极差即得归一化数值),最后将处理后的指标值乘上权重就可以得出最终的竞争力得分,从城市得分情况高低就可以直接比较相互的城市养老保障能力的大小。

在参考前人有关养老保障制度分析的基础上,并且兼顾了数据的科学性和可获得性,因此在此次养老保障能力研究分析中,笔者对各个城市每年的GDP、在岗职工平均工资、城乡居民储蓄年末余额、医院数、执业医师数 5 个指标等权重分配,即每个指标的权重为 1/5。首先一个地区的社会保障水平与当地的经济发展水平是息息相关的,主要的经济影响因素是其 GDP 水平,且大多数的研究表明两者呈正相关。其次城市内职工的薪资水平、商业人寿险与地区经济发展水平、职工工资和个人储蓄相关。城市医疗水平也同样影响着城市的养老保障能力,医疗水平的提高有助于老年人的医疗和养护得到保障,随着老龄化的加剧,对城市的医疗水平和条件也是巨大的考验。

对数据进行标准化处理，即城市指标测算值＝（指标数据实际值－指标数据的最小值）/（指标数据最大值－指标数据最小值）。最后加总每项城市养老保障力的指标测算值与权重的乘积可以得到一个城市的城市养老保障力的得分，城市得分的高低体现了城市养老保障力的大小。根据最终得分，我们具体分析郑州和其他城市的数据，将得到郑州市的城市养老保障能力在比较城市中所处的位置。

11.3   比较城市的确定和数据的收集

本章主要研究郑州的养老保障能力的大小及与其他中心城市的差距，但是郑州与北京、上海、广州的差距过大，所以不与它们进行比较。同时增加了杭州、哈尔滨、昆明、太原和济南这五个极具发展潜能的城市进行比较研究，来具体分析郑州与它们的差距，因此本章最终确定重庆、天津、成都、武汉、郑州、西安、杭州、哈尔滨、昆明、南京和济南这 11 个城市作为比较分析养老保障能力的研究对象。

通过查询国家数据网发布主要城市 2010—2018 年度统计报告、11 个城市 2010—2018 年的城市年鉴，笔者收集了 2010—2018 年这 9 年的数据，见表 11－1 至表 11－9。

表 11－1   2010 年 11 个城市 5 项测算指标的原始数据

城市	GDP/亿元	在岗职工平均工资/元	城乡居民储蓄余额/亿元	医院数/个	执业医师数/万人
重庆	7 925.58	35 326	5 839.66	1 449	4.8
天津	9 224.46	52 963	5 558.23	438	2.89
成都	5 551.3	38 603	5 071.37	594	3.53
武汉	5 565.9	39 302	3 590.56	232	2.51
郑州	4 040.9	32 778	2 911	271	1.5
西安	3 241.5	37 872	3 677.77	412	1.5
杭州	5 949.2	48 772	4 990.97	293	2.43
哈尔滨	3 664.9	32 411	2 580.14	448	2.15
昆明	2 120.4	32 022	2 341.54	321	3.25
南京	5 130.7	48 782	3 511.85	179	1.7
济南	3 910.5	37 854	2 187.68	277	1.76

表 11 - 2　2011 年 11 个城市 5 项测算指标的原始数据

城市	GDP/亿元	在岗职工平均工资/元	城乡居民储蓄余额/亿元	医院数/个	执业医师数/万人
重庆	10 011.37	40 042	6 990.25	1 407	4.96
天津	11 307.28	55 636	6 123.08	461	2.98
成都	6 854.58	42 363	5 944.77	659	3.99
武汉	6 762.2	45 644	4 036.23	233	2.54
郑州	4 979.85	35 756	3 252.15	265	1.60
西安	3 864.21	41 679	4 155.65	368	2.16
杭州	7 019.06	54 408	5 519.17	286	2.58
哈尔滨	4 242.19	36 450	2 896.57	433	2.07
昆明	2 509.58	41 645	2 615.65	347	1.88
南京	6 145.52	54 712	3 910.2	192	1.73
济南	4 406.29	44 004	2 427.48	262	1.83

表 11 - 3　2012 年 11 个城市 5 项测算指标的原始数据

城市	GDP/亿元	在岗职工平均工资/元	城乡居民储蓄余额/亿元	医院数/个	执业医师数/万人
重庆	11 409.6	45 392	8 361.6	1 405	5.20
天津	12 893.88	65 398	7 055.4	465	3.07
成都	8 138.9	48 302	7 060.03	685	4.28
武汉	8 003.8	48 942	4 622.96	238	2.64
郑州	5 549.8	40 472	3 845.46	279	1.76
西安	4 366.1	46 688	4 787.03	376	2.31
杭州	7 802.0	56 418	6 022.08	298	2.74
哈尔滨	4 550.2	41 773	3 320.67	439	1.90
昆明	3 011.1	45 094	2 967.02	236	3.81
南京	7 201.6	63 152	4 465.37	202	1.91
济南	4 803.7	48 829	2 888.74	243	1.95

表 11 - 4　2013 年 11 个城市 5 项测算指标的原始数据

城市	GDP/亿元	在岗职工平均工资/元	城乡居民储蓄余额/亿元	医院数/个	执业医师数/万人
重庆	12 783.26	51 015	9 622.31	1 502	5.51

（续）

城市	GDP/亿元	在岗职工平均工资/元	城乡居民储蓄余额/亿元	医院数/个	执业医师数/万人
天津	14 442.01	68 864	7 612.31	482	3.21
成都	9 108.89	56 581	8 451.96	724	4.59
武汉	9 051.27	53 684	5 117.43	242	2.78
郑州	6 201.9	45 066	4 475.32	317	2.05
西安	4 884.13	54 388	5 357.05	381	2.39
杭州	8 343.52	64 958	6 339.75	301	2.97
哈尔滨	5 017.05	47 150	3 593.56	446	2.24
昆明	3 415.31	51 119	3 355.28	365	2.21
南京	8 011.78	66 222	4 883.29	208	2.07
济南	5 230.19	55 840	3 267.78	255	2.28

表 11-5　2014 年 11 个城市 5 项测算指标的原始数据

城市	GDP/亿元	在岗职工平均工资/元	城乡居民储蓄余额/亿元	医院数/个	执业医师/万人
重庆	14 262.6	56 852	10 774.1	1 510	5.8
天津	15 726.9	73 839	7 916.9	631	3.3
成都	10 056.6	63 201.4	8 976.9	746	4.8
武汉	10 069.5	60 624.5	5 352.1	266	3.0
郑州	6 777.0	49 756.0	4 839.3	313	2.9
西安	5 492.6	54 097.7	5 687.5	381	2.5
杭州	9 206.2	70 823.4	6 694.6	307	3.2
哈尔滨	5 340.1	51 554.1	3 768.8	456	2.0
昆明	3 713.0	58 153.4	3 495.8	380	2.3
南京	8 820.8	77 286.3	5 055.8	207	2.2
济南	5 770.6	62 322.6	3 541.4	265	2.5

表 11-6　2015 年 11 个城市 5 项测算指标的原始数据

城市	GDP/亿元	在岗职工平均工资/元	城乡居民储蓄余额/亿元	医院数/个	执业医师数/万人
重庆	1 577.3	62 091	12 207.3	1 568	6.1

（续）

城市	GDP/亿元	在岗职工平均工资/元	城乡居民储蓄余额/亿元	医院数/个	执业医师数/万人
天津	16 538.2	81 486	8 743.8	661	3.6
成都	10 801.2	69 123	9 922.2	768	5.0
武汉	10 905.6	65 720	6 059.0	372	3.3
郑州	7 311.5	52 987	5 695.5	312	2.4
西安	5 801.2	63 193	6 571.2	395	2.7
杭州	10 050.2	77 816	7 507.1	333	3.5
哈尔滨	5 751.2	58 405	4 307.4	462	2.4
昆明	3 968.0	62 033	3 429.5	392	2.4
南京	9 720.8	81 075	5 535.5	213	2.2
济南	6 100.2	68 997	3 951.4	269	3.3

表 11-7　2016 年 11 个城市 5 项测算指标的原始数据

城市	GDP/亿元	在岗职工平均工资/元	城乡居民储蓄余额/亿元	医院数/个	执业医师数/万人
重庆	17 740.6	67 386	13 399.4	1 606	6.5
天津	17 885.4	87 806	9 125.4	571	3.8
成都	12 170.2	74 408	10 808.0	866	5.5
武汉	11 912.6	71 963	6 464.9	386	3.5
郑州	8 114.0	61 149	6 297.6	317	2.7
西安	6 257.2	69 611	7 035.8	392	2.8
杭州	11 313.7	87 153	8 313.1	365	3.8
哈尔滨	6 101.6	62 583	4 671.9	471	2.4
昆明	4 300.1	68 375	3 540.7	414	2.6
南京	10 503.0	90 191	5 894.5	225	2.5
济南	6 536.1	77 012	4 279.9	270	3.4

表 11-8　2017 年 11 个城市 5 项测算指标的原始数据

城市	GDP/亿元	在岗职工平均工资/元	城乡居民储蓄余额/亿元	医院数/个	执业医师数/万人
重庆	19 424.7	73 272	14 367.4	749	6.9

（续）

城市	GDP/ 亿元	在岗职工平均 工资/元	城乡居民储蓄 余额/亿元	医院数/ 个	执业医师数/ 万人
天津	18 549.2	96 965	9 558.0	426	4.1
成都	13 889.4	79 292	11 970.8	888	5.8
武汉	13 410.3	79 684	6 879.7	354	3.6
郑州	9 130.2	70 486	6 538.2	219	3.8
西安	7 469.8	77 774	7 497.3	329	3.1
杭州	12 603.4	96 670	8 503.0	302	4.2
哈尔滨	6 355.0	67 542	4 938.4	310	2.2
昆明	4 857.6	76 350	4 431.4	308	2.7
南京	11 715.1	101 502	6 019.7	222	2.8
济南	7 202.0	84 645	4 465.7	238	2.9

表 11-9   2018 年 11 个城市 5 项测算指标的原始数据

城市	GDP/ 亿元	在岗职工平均 工资/元	城乡居民储蓄 余额/亿元	医院数/ 个	执业医师数/ 万人
重庆	21 588.8	81 764	15 907.2	800	7.6
天津	13 362.9	103 931	10 746.2	420	4.3
成都	15 342.8	88 011	13 141.5	892	6.2
武汉	14 847.3	88 327	7 728.5	398	4.2
郑州	10 143.3	80 963	7 157.3	246	4.2
西安	8 349.9	87 125	8 360.3	343	3.4
杭州	13 509.2	106 709	9 981.2	316	4.5
哈尔滨	6 300.5	71 771	5 394.3	326	2.7
昆明	5 206.9	80 253	4 882.5	322	2.9
南京	12 820.4	111 071	6 914.8	222	3.2
济南	7 856.6	91 651	5 008.1	246	3.2

11.4   郑州养老保障能力的比较分析

11.4.1   郑州市养老保障能力年度排名分析

通过以上方法对数据进行分析和运算，得出了 11 个城市的五项指标数据的标准值和养老保障能力的总得分和排名情况。表 11-10 至表 11-18 为具体分析情况。

2010 年度郑州养老保障能力在 11 个城市中排名最后一名，总得分仅为 0.115，2010 年度重庆得分第一名，分数为 0.795，郑州与重庆相差特别大（表 11-10）。在具体数据上分析，郑州这一年的 GDP 为 4 040.9 亿元，GDP 得分在 11 个城市中属于中等偏下水平；在岗职工的平均工资为 32 778 元，居民的储蓄年末余额为 2 911 亿元，医院数量为 271 所，执业医生数为 1.5 万人。综合分析，郑州的排名如此落后，是因为各项指标数据均落后太多。

表 11-10　2010 年 11 个城市 5 项指标得分标准值

城市	GDP	在岗职工平均工资	城乡居民储蓄余额	医院数	执业医师数	总得分	名次
重庆	0.817	0.158	1.000	1.000	1.000	0.795	1
天津	1.000	1.000	0.923	0.204	0.421	0.710	2
成都	0.483	0.314	0.790	0.327	0.615	0.506	3
武汉	0.485	0.348	0.384	0.042	0.306	0.313	6
郑州	0.270	0.030	0.198	0.072	0.000	0.115	11
西安	0.158	0.279	0.408	0.183	0.000	0.206	7
杭州	0.539	0.800	0.768	0.090	0.282	0.496	4
哈尔滨	0.217	0.019	0.107	0.212	0.197	0.150	8
昆明	0.000	0.000	0.042	0.112	0.530	0.137	10
南京	0.424	0.800	0.363	0.000	0.061	0.329	5
济南	0.252	0.278	0.000	0.077	0.079	0.137	9

2011 年郑州的养老保障能力排名第 11，与 2010 年的排名一样，前三名分别为重庆、天津和成都，济南的排名与 2010 年相比超过了哈尔滨，其余城市的排名均没变化，比较稳定（表 11-11）。郑州的具体指标分析，2011 年的 GDP 增长了 23.236%，为 4 979.85；在岗职工平均工资为 35 756 元，比 2010 年增长了 2 978 元；城乡居民储蓄年末余额为 3 252.15 亿元，相较 2010 年增长了 11.72%；医院数和执业医师数分别是 265 个和 1.6 万人，相较 2011 年度的其他城市，这两个指标处于偏下位置。综上，郑州各方面的

劣势都很明显，导致城市的养老保障能力太弱。

表 11-11 2011 年 11 个城市 5 项指标得分标准值

城市	GDP	在岗职工平均工资	城乡居民储蓄余额	医院数	执业医师数	总得分	名次
重庆	0.853	0.216	1.000	1.000	1.000	0.814	1
天津	1.000	1.000	0.810	0.221	0.411	0.688	2
成都	0.494	0.332	0.771	0.384	0.711	0.539	3
武汉	0.483	0.497	0.353	0.034	0.280	0.329	6
郑州	0.281	0.000	0.181	0.060	0.000	0.104	11
西安	0.154	0.298	0.379	0.145	0.167	0.228	7
杭州	0.513	0.938	0.678	0.077	0.292	0.499	4
哈尔滨	0.197	0.035	0.103	0.198	0.140	0.135	9
昆明	0.000	0.296	0.041	0.128	0.083	0.110	10
南京	0.413	0.954	0.325	0.000	0.039	0.346	5
济南	0.216	0.415	0.000	0.058	0.068	0.151	8

2012 年郑州的城市养老保障能力排名第 11，在本次调查研究中，郑州从 2010 年度到现在已经连续三年排名倒数第一，重庆、天津和成都依旧保持前三名，与其余城市的排名差距较大，短时间内难以追赶上（表11-12）。在具体指标分析上，2012 年郑州的 GDP 总量为 5 549.8 亿元，相比 2011 年增长了 11.46%，相较 2011 年的增长率低；在岗职工的平均工资为 40 472 元，比 2011 年提高了 4 716 元；居民的年末储蓄余额为 3 845.46 亿元，增长了 18.24%；医院个数为 279 个，增加了 14 个医院，执业医师数为 1.76 万人，比 2011 年增加了 1 600 人。

表 11-12 2012 年 11 个城市 5 项指标得分标准值

城市	GDP	在岗职工平均工资	城乡居民储蓄余额	医院数	执业医师数	总得分	名次
重庆	0.850	0.197	1.000	1.000	1.000	0.809	1
天津	1.000	1.000	0.761	0.219	0.381	0.672	2
成都	0.519	0.314	0.762	0.401	0.733	0.546	3
武汉	0.505	0.340	0.317	0.030	0.256	0.290	6
郑州	0.257	0.000	0.175	0.064	0.000	0.099	11

（续）

城市	GDP	在岗职工平均工资	城乡居民储蓄余额	医院数	执业医师数	总得分	名次
西安	0.137	0.249	0.347	0.145	0.160	0.208	7
杭州	0.485	0.640	0.573	0.080	0.285	0.412	4
哈尔滨	0.156	0.052	0.079	0.197	0.041	0.105	10
昆明	0.000	0.185	0.014	0.028	0.596	0.165	8
南京	0.424	0.910	0.288	0.000	0.044	0.333	5
济南	0.181	0.335	0.000	0.034	0.055	0.121	9

　　2013 年郑州的养老保障能力得分为 0.105，名次为第 9，相比 2012 年郑州的名次提升了 2 名，超过了哈尔滨和昆明，其余城市的排名变化不大（表 11-13）。具体指标分析，郑州的年度 GDP 为 6 201.9 亿元，同比增长了 11.75%；在岗职工的平均工资为 45 066 元，比 2012 年增加了 4 594 元，平稳增长；城乡居民的储蓄年末余额为 4 475.32 亿元，比 2012 年增长了 16.38%；医院数量为 317 个，比 2012 年增加了 38 个，执业医师数为 2.05 万人，相比 2012 年增加 2 900 人。

表 11-13　2013 年 11 个城市 5 项指标得分标准值

城市	GDP	在岗职工平均工资	城乡居民储蓄余额	医院数	执业医师数	总得分	名次
重庆	0.850	0.250	1.000	1.000	1.000	0.820	1
天津	1.000	1.000	0.684	0.212	0.335	0.646	2
成都	0.516	0.484	0.816	0.399	0.734	0.590	3
武汉	0.511	0.362	0.291	0.026	0.211	0.280	6
郑州	0.253	0.000	0.190	0.084	0.000	0.105	9
西安	0.133	0.392	0.329	0.134	0.098	0.217	7
杭州	0.447	0.836	0.483	0.072	0.266	0.421	4
哈尔滨	0.145	0.088	0.051	0.184	0.055	0.105	10
昆明	0.000	0.254	0.014	0.121	0.046	0.087	11
南京	0.417	0.889	0.254	0.000	0.006	0.313	5
济南	0.165	0.453	0.000	0.036	0.066	0.144	8

　　2014 年郑州的养老保障能力在 11 个城市中排名第 9，排名倒数第 3，

说明了郑州的养老保障能力在这一年非常差（表 11 - 14）。简要分析，在医院数和执业医师数量上，郑州分别为 313 个和 2.9 万人。郑州 2014 年的 GDP 是 6 777 亿元，排名第 6，说明郑州的经济实力还是不错的，但是城乡居民储蓄年末余额较少，居民的生活花销较大，导致养老保障的投资所以减少。郑州的在岗平均工资为 49 756 元，排名倒数第一，工资与养老金正相关，所以是郑州养老保障能力落后的重要原因。在医院数和执业医师数量上，郑州分别为 313 个和 2.9 万人。

表 11 - 14   2014 年 11 个城市 5 项指标得分标准值

城市	GDP	在岗职工平均工资	城乡居民储蓄余额	医院数	执业医师数	总得分	排名
重庆	0.878	0.258	1.000	1.000	1.000	0.827	1
天津	1.000	0.875	0.607	0.325	0.342	0.630	2
成都	0.528	0.488	0.753	0.414	0.739	0.584	3
武汉	0.529	0.395	0.255	0.045	0.263	0.297	6
郑州	0.255	0.000	0.185	0.081	0.237	0.151	9
西安	0.148	0.158	0.301	0.134	0.132	0.174	7
杭州	0.457	0.765	0.439	0.077	0.316	0.411	4
哈尔滨	0.135	0.065	0.038	0.191	0.000	0.086	11
昆明	0.000	0.305	0.00	0.138	0.079	0.103	10
南京	0.425	1.000	0.214	0.000	0.053	0.338	5
济南	0.171	0.456	0.006	0.045	0.132	0.162	8

2015 年度，郑州的城市养老保障能力排名第 10，相比 2014 年下降了一名（表 11 - 15）。总体上来说，重庆遥遥领先其他的 10 个城市，优势非常巨大。天津、成都、杭州、武汉的名次没有发生太大改变，领先其他城市好多。在具体指标数据上，郑州 2015 年的 GDP 为 7 311.5 亿元，较 2014 年稳步增加；在岗职工平均工资 52 987 元，比 2014 年增加了 3 000 元；城乡居民年末余额为 5 695.5 亿元，这项增加较多，为 800 亿元；医院数为 312 个，减少了一个，执业医师数是 2.4 万人，较 2014 年减少了 0.5 万人。综上所述，导致 2015 年郑州养老保障能力排名下降的原因为医院数和执业医师数减少，老年人的医疗水平较去年整体下降。

表 11 - 15   2015 年 11 个城市 5 项指标得分标准值

城市	GDP	在岗职工平均工资	城乡居民储蓄余额	医院数	执业医师数	总得分	名次
重庆	0.935	0.319	1.000	1.000	1.000	0.851	1
天津	1.000	1.000	0.605	0.331	0.359	0.659	2
成都	0.544	0.566	0.740	0.410	0.718	0.595	3
武汉	0.552	0.447	0.300	0.117	0.282	0.340	5
郑州	0.266	0.000	0.258	0.073	0.051	0.130	10
西安	0.146	0.358	0.358	0.134	0.128	0.225	7
杭州	0.484	0.871	0.465	0.089	0.333	0.448	4
哈尔滨	0.142	0.190	0.100	0.184	0.051	0.133	9
昆明	0.000	0.317	0.000	0.132	0.051	0.100	11
南京	0.458	0.986	0.240	0.000	0.000	0.337	6
济南	0.170	0.562	0.059	0.041	0.282	0.223	8

2016 年度郑州的养老保障能力排名第 9，超过了哈尔滨，较 2015 年的排名上升了一名（表 11 - 16）。总体上的排名没有多大的变化，排名前几的城市依旧非常强势，养老保障能力弱的城市短时间内根本无法超越，郑州的排名在这 11 个城市中稳定保持在了第 9 名或者第 10 名的位置，属于比较落后的位置。在具体评价指标数据上分析，郑州的 2016 年 GDP 总量为 8 114 亿元，较 2015 年相比增加了 10.98%；在岗职工平均工资为 61 149 元，较 2015 年相比增加了 15.4%；城乡居民储蓄年末余额是 6 297.6 亿元，较 2015 年增加了 10.57%，郑州的这三项数据稳定增加，是郑州养老保障能力提升一名的重要原因。医院数量是 317 个，执业医师数是 2.7 万人，相比 2015 年也小幅度增加。

表 11 - 16   2016 年 11 个城市 5 项指标得分标准值

城市	GDP	在岗职工平均工资	城乡居民储蓄余额	医院数	执业医师数	总得分	名次
重庆	0.989	0.215	1.000	1.000	1.000	0.841	1
天津	1.000	0.918	0.566	0.251	0.341	0.615	2
成都	0.579	0.457	0.737	0.464	0.756	0.599	3
武汉	0.560	0.372	0.297	0.117	0.268	0.323	6

（续）

城市	GDP	在岗职工平均工资	城乡居民储蓄余额	医院数	执业医师数	总得分	名次
郑州	0.281	0.000	0.280	0.067	0.073	0.140	9
西安	0.144	0.291	0.355	0.121	0.098	0.202	8
杭州	0.516	0.895	0.484	0.101	0.341	0.468	4
哈尔滨	0.133	0.049	0.115	0.178	0.000	0.095	10
昆明	0.000	0.249	0.000	0.137	0.049	0.087	11
南京	0.457	1.000	0.239	0.000	0.024	0.344	5
济南	0.165	0.546	0.075	0.033	0.244	0.212	7

2017 年度郑州养老保障能力排名第 8，较 2016 年和 2015 年排名稳定上升，重庆、天津、成都和杭州的排名依旧稳固前四，2017 年郑州超过了济南，其余的排名没有显著变化（表 11 - 17）。在具体数据上，郑州 2017 年的 GDP 为 9 130.2 亿元，较 2016 年增加了 1 000 多亿元，连续几年稳定增长；在岗职工平均工资为 70 486 元，同比增长了 15.27%；城乡居民储蓄年末余额 6 538.2 亿元，较 2016 年增长了 3.82 个百分点，增幅不大；医院数为 219 个，比 2016 年减少了 98 个；执业医生数为 3.8 万人，相较 2016 年增加了 1.2 万人。

表 11 - 17　2017 年 11 个城市 5 项指标得分标准值

城市	GDP	在岗职工平均工资	城乡居民储蓄余额	医院数	执业医师数	总得分	名次
重庆	1.000	0.169	1.000	0.792	1.000	0.792	1
天津	0.940	0.866	0.516	0.309	0.404	0.607	3
成都	0.620	0.346	0.759	1.000	0.766	0.698	2
武汉	0.587	0.358	0.246	0.202	0.298	0.338	6
郑州	0.293	0.087	0.212	0.000	0.340	0.186	8
西安	0.179	0.301	0.309	0.164	0.191	0.229	7
杭州	0.532	0.858	0.410	0.124	0.426	0.470	4
哈尔滨	0.103	0.000	0.051	0.136	0.000	0.058	11
昆明	0.000	0.259	0.000	0.133	0.106	0.100	10
南京	0.471	1.000	0.160	0.004	0.128	0.353	5
济南	0.161	0.504	0.003	0.028	0.149	0.169	9

2018 年度郑州养老保障能力排名第 8，和 2017 年度的排名一样，说明郑州一直在进步并且稳定住了名次（表 11 - 18）。前三名依旧是重庆、天津和成都，并且重庆和成都的得分遥遥领先，其他城市的排名和之前差不多，说明各城市发展稳定且均衡。从郑州的具体数据来看，郑州 2018 年的 GDP 为 10 143.3 亿元；在岗职工的平均工资为 80 963 元；城乡居民储蓄年末余额为 7 157.3 亿元；医院数为 246 个，执业医师数为 4.2 万人。

表 11 - 18   2018 年 11 个城市 5 项指标得分标准值

城市	GDP	在岗职工平均工资	城乡居民储蓄余额	医院数	执业医师数	总得分	名次
重庆	1.000	0.254	1.000	0.863	1.000	0.823	1
天津	0.498	0.818	0.532	0.296	0.327	0.494	3
成都	0.619	0.413	0.749	1.000	0.714	0.699	2
武汉	0.588	0.421	0.258	0.263	0.306	0.367	5
郑州	0.301	0.234	0.206	0.036	0.306	0.217	8
西安	0.192	0.391	0.315	0.181	0.143	0.244	7
杭州	0.507	0.889	0.462	0.140	0.367	0.473	4
哈尔滨	0.067	0.000	0.046	0.155	0.000	0.054	11
昆明	0.000	0.216	0.000	0.149	0.041	0.081	10
南京	0.465	1.000	0.184	0.000	0.102	0.350	6
济南	0.162	0.506	0.011	0.036	0.102	0.163	9

11.4.2   郑州城市养老保障发展的综合分析

表 11 - 19 显示了 2010—2018 年 11 个城市的综合排名分布情况，郑州在这 9 年的得分分别为 0.115、0.104、0.099、0.105、0.151、0.130、0.140、0.186 和 0.217，排名整体逐步上升，由 2010 年的第 11 名到 2018 年的第 8 名。除 2015 年郑州的位次有所下降，其他年份都在稳步提升。目前不断在缩小第 7 名的差距和扩大名次以下城市的差距。城市养老保障能力大的城市，例如重庆、天津、成都和杭州，因为其本身的优势就很大，又不断利用自身的优势，逐渐扩大了与其他城市的差距，让名次落后的城市难以追赶。城市养老保障能力弱的城市，例如昆明和哈尔滨，因为其本身的优势不明

显，或者没有优势，短时间内难以有巨大的提升，追赶上其他城市的可能性不大，反而会因为自身的起点低，会被名次前列的城市继续扩大差距。

表 11 - 19　11 个城市 2010—2018 年综合排名

城市	排名								
	2010 年	2011 年	2012 年	2013 年	2014 年	2015 年	2016 年	2017 年	2018 年
重庆	1	1	1	1	1	1	1	1	1
天津	2	2	2	2	2	2	2	3	3
成都	3	3	3	3	3	3	3	2	2
杭州	4	4	4	4	4	4	4	4	4
南京	5	5	5	5	5	6	5	5	6
武汉	6	6	6	6	6	5	6	6	5
西安	7	7	7	7	7	7	8	7	7
济南	9	8	9	8	8	8	7	9	9
郑州	11	11	11	9	9	10	9	8	8
昆明	10	10	8	11	10	11	11	10	10
哈尔滨	8	9	10	10	11	9	10	11	11

　　首先，重庆和天津作为我国的直辖市，受到国家政策的大力支持，其本身的经济实力、薪资水平、人口素质和医疗条件遥遥领先于其他城市，最近几年又不断巩固和发展自身的优势，继续提高其城市的养老保障，大力发展经济和医疗养老能力，让其他城市难以追赶，预测未来几十年会保持其领先优势。其次，像成都、杭州、武汉和西安，是国家首批进入国家中心城市的城市，自身优势虽然比不过直辖市，但依旧领先于其他城市，它们是内地开放最早的城市，不断扩大自身的经济优势，大力发展养老保障能力，随着人民的生活水平的不断提高，其养老保障能力也不断在发展，自身的养老保障能力依旧会排在其他城市的前面。最后，综合排名和郑州不分上下的城市，例如昆明和哈尔滨、济南，因为其本身的养老保障能力和郑州差不多，但郑州进入了国家中心城市，在未来几年的发展下，郑州的养老保障能力会不断上升，充分发挥国家政策的优势，巩固其养老保障能力，增加城市的 GDP、薪资水平和居民的年末储蓄，增强医疗水平和医护的人才培养，郑州发展前景会比这三个城市的发展前景要好得多。

相比排名靠前的几个城市，郑州的劣势也凸显出来，郑州的这五个指标数据与它们的差距较大，郑州的国家照顾政策没有天津和重庆多，城市的GDP短时间内难以超过武汉、南京等城市，郑州居民的薪资水平也难以达到他们的薪资水平，居民的养老保障制度也较落后，郑州的医疗条件也处于落后阶段，所以导致郑州的养老保障能力年度综合排名一直处于偏弱的水平。不过郑州近五年的得分和排名在稳步上升，如果按照这个曲线发展下去，郑州的发展潜能很大，前提是郑州的养老保障能力需要得到良好的政策支持和发展对策。

11.5 郑州提升养老保障能力的对策和方法

（1）大力发展经济

经济是基础和命脉，打铁还需自身硬，郑州想要提升城市养老保障能力，首先要提高郑州的GDP，改善居民的养老生活水平，同时提高居民的养老金替代率。增加经济生产、扩大就业是扩大基础养老保险的根源，确保基础养老保险体系稳定运行的基本措施。改革开放以来，随着我国沿海地区经济的快速发展，珠三角、长三角等特色经济区逐渐形成，随着中原崛起战略的实施，中原地区尤其是郑州的经济发展是一个富裕的景象，政治、贸易、教育等许多原因拉大了沿海地区与中部地区之间的经济发展差距，并且这种差距呈现不断增长的趋势。要缩小基本服务方面的地区差距，我们首先应实行歧视性限制消除中部欠发达地区制度不足和对策，积极调整和优化产业成果，促进郑州经济健康发展；其次，要充分发挥政府机构的主导作用，"硬件"和"软件"措施投入将为公司企业的持续健康发展创造宽松的外部环境，不断提高员工的收入水平，以增加基础养老保险制度的资金来源。

（2）加大政府的财政投入

党和政府对养老工作的高度关注是我国应对人口老龄化的最大优势，郑州市政府应加大社保财政投入，增加社会保障补助金的份额，财政补贴是将保险覆盖面与保障水平联系起来的桥梁；增加财政补助金将有助于提高保障水平，以鼓励就业者参加养老保险。基本养老保险的覆盖范围越大，承受风险的能力和互助功能越强，这反过来又有助于提高保障水平。考虑到养老保险区域失衡和缺乏政策制度衔接之类的许多矛盾，处理好养老保险的总体发展与区域发展之间的关系，中央政府应充分履行国家调整地区差异的职能，以确保财政补贴的相对公平。

(3) 提高郑州的医疗水平

城市的医疗水平与老年人的养老保障水平息息相关，随着老年人数量的增多，对医疗和老年护理服务的需求呈增长趋势，对老年医疗服务的需求日益强劲，分配给医疗和老年护理的资源有限，养老机构在监督与管理制度建设、服务质量与服务内容管理、养老床位以及专业护理人员供需等方面仍存在着较多问题，难以满足老年人的养老服务需求，迫切需要为老年人提供医疗卫生与养老相结合的服务。医养结合要建立完善的医院和养老机构的合作体制，提高医院的服务质量和医护人员的服务水平，增加医院的数量来解决老年人的就医问题。提高基层医疗卫生机构为老年人提供上门就医的能力，实现医疗服务和养老服务的融合发展。

12 高等教育发展比较分析

12.1 引言

国家中心城市是一个对外能够体现国家意志、参与国际竞争、推动国际文化交流，对内能够承担国家使命、主导多方位发展，具有辐射集散功能、处于战略要地的现代化大城市及特大城市。其建设牵涉到国家经济和社会发展整体布局，涉及金融、贸易、文化、管理等诸多方面。从 2010 年开始，住建部多次发布了关于我国的城镇体系规划，到目前为止，已将北京、天津、上海、广州、重庆、成都、武汉、郑州和西安共 9 个城市列入国家中心城市。2016 年，国家发展和改革委员会印发《促进中部地区崛起"十三五"规划》，正式批复郑州建设国家中心城市。国家承认郑州建设国家中心城市的地位，意味着新时代背景下郑州的城市定位和使命的内容随之更新。郑州在国家中心城市建设中对各种专业人才的需求，将促进郑州高等教育深化改革，将促进高等院校在高等教育机构的课程设置专业化、课程安排专业化、教育发展多元化、人才培养多元化以及教学方法多样化。在高等教育方面坚持对目标设置、问题提出、政策对接的导向，做好与国家高等教育政策的对接，与大都市区、中原城市群、区域一体化发展的统筹思考。从而对郑州推进高等教育发展予以引领和支持，给国家中心城市建设输入大量人才，注入城市发展驱动力。走在发展前列的高等教育推动高速前进的城市经济，高速前进的城市经济反哺前沿的高等教育。国家中心城市建设和高等教育发展之间存在重要关联是具有广泛共识的观点。

作为国家中心城市，郑州首先要成为集聚经济资源、创新资源、创新人才的中心。目前，在中原地区，郑州已属于发展迅猛的城市。但郑州高等教育发展与建设国家中心城市严重不匹配，在校研究生培养数量与西安、武汉市、天津市等教育发达城市相比，差距很大，这与近1亿常住人口的大省不匹配，与郑州建设国家中心城市对人才培养的需求不匹配，大量资料表明郑州高等教育发展中仍未取得优势地位。高等学校数量少、国家重点大学在豫招生指标较少、省内高校人才培养能力不够强、国家级重点学科数量偏少、教师资源不够多、自主创新能力较弱仍是当前郑州高等教育发展中面临的困境。张振助从高等教育规模、人力资源开发等方面收集31市的面板数据并研究，研究结论认为，河南省高校规模落后于经济发展。邹阳和李琳优化主成分分析法并对河南省高等教育发展水平进行综合评价，提出河南省高等教育与经济符合协调发展的关系，但河南省高等教育水平落后于经济水平，且其协调发展在大省中偏低于中等水平。

习近平总书记指出："我们要认真吸收世界上先进的办学治学经验，更要遵循教育规律，扎根中国大地办大学。"比较研究是对高等教育发达城市的经验、模式和实际情况进行对比评价的一项批判性工作，本章通过对前人研究成果的总结提炼出具有代表性、典型性的核心指标，涵盖了从高等教育规模、高等教育层次结构、高等教育经费投入、高等教育软实力这四个方面选取已经进入国家中心城市行列的9个城市作为分析样本，建立一套独特的评价指标体系。使用因子分析法对城市高等教育发展现状进行较为科学的定量评价研究。运用SPSS 23.0软件对统计数据进行无量纲化处理，进行郑州与其他城市在国家中心城市建设中高等教育发展的比较分析，就提升其教育方面竞争力，积极促进城市教育工作的进步，助力郑州国家中心城市建设方面展开研究讨论，能方便政府对症下药，更好地开展后续工作，为郑州市加快高等教育发展提供理论支持，提出关于政策措施的建议。

12.2　城市高等教育发展水平指标体系建立

高等教育发展包括规模、层次、投入、成果等方面。其中，高等教育规模涉及人、财、物等不同方面。综观相关文献，目前在区域高等教育发展方面还没有研究出统一的发展水平评价指标体系，且仅采用截面数据或时序数据不足以反映区域高等教育发展水平的真实情况。目前国内还没有建立统一的指导和评价高等教育发展的指标体系。想全面系统地反映我国9个省市的高等教育发展，就要先建立一套高等教育发展指标体系，据此对各个方面的评价分析才较为科学。

依照建立指标体系的4个原则，即科学性、系统性、综合性和可行性，本文从高等教育规模、高等教育层次结构、高等教育经费投入和高等教育软实力4个方面筛选高等教育领域具有代表性和典型性的核心指标，构建城市高等教育发展评价指标体系。最终确定了包含4个一级指标和8个二级指标的评价指标体系。

高等教育毛入学率是指高等教育在学人数与适龄人口之比，能较好地展现国家或地区适龄人口获得高等教育机会的综合实力，高校数量及专任教师数量反映地区高校规模和人力资源情况，因此选取地区高等教育毛入学率、普通高校数和专任教师数量作为衡量高等教育规模的二级指标。高等教育的层次体现高等教育的发展是否均衡，本章选择受过高等教育的人口比（年末高等教育及以上毕业生与本市人口比）、每10万人高等学校毕业生数、在校研究生与在校大学生总数比作为衡量高等教育层次的二级指标。高等教育支出是高等教育的发展之本，在一定程度上会影响高等教育的输出，因此选择各市生均高等教育经费支出作为衡量高等教育经费投入情况的二级指标。地区高等教育软实力主要体现在其科研人员及能力方面，因此采用所在地区R&D活动人员数量作为高等教育软实力的代表指标。建立了如表12-1所示的城市高等教育发展指标体系。

表 12-1 城市高等教育发展水平指标体系的建立

一级指标	二级指标	变量
高等教育规模	所在地区毛入学率/%	X_1
	普通高校数/个	X_2
	专任教师数量/位	X_3
高等教育层次结构	受过高等教育的人口比/%	X_4
	每10万人高等学校毕业生数/位	X_5
	在校研究生与校大学生总数比/%	X_6
高等教育经费投入	生均公共财政预算教育经费支出/元	X_7
高等教育软实力	R&D活动人员/位	X_8

12.3 备选城市的确定和数据采集与处理

当前已明确进入国家中心城市的有北京、天津、上海、广州、重庆、成都、武汉、郑州、西安 9 个城市。这里选取北京、天津、上海、广州、重庆、成都、武汉、西安这 8 个城市，2010—2017 年共 8 年的有关数据与郑州做横向和纵向的比较和分析。

采集以上 9 个城市 2010—2017 年的年度数据。原始数据来源为这 9 个市 2010—2017 统计年鉴、城市教育年鉴、《中国统计年鉴》以及《中国教育年鉴》，这 9 个城市的省统计局公布的 2010—2017 年国民经济与社会发展统计公报和各市教育局网站公布的教育事业发展统计公报，数据来源真实可靠。运用表格软件对数据进行分类整理得到的相关数据见表 12 - 2 至表 12 - 9。

表 12 - 2　2010 年各指标相对应的数据

城市	所在地区毛入学率/%	普通高校数/个	专任教师数量/位	受过高等教育的人口比/%	每 10 万人高等学校毕业生数/位	在校研究生与在校大学生总数比/%	生均公共财政预算教育经费支出/元	R&D 活动人员/位
郑州	23.66	54	34 839	0.020 6	2 026	0.019 5	495.39	21 925
北京	59	87	59 248	0.010 8	778	0.356 8	54 442.85	55 520
天津	60	55	28 094	0.009 0	814	0.095 6	4 741.78	38 805
上海	65	67	39 170	0.012 4	1 033	0.205 0	59 144.30	82 095
广州	28	77	46 033	0.027 3	2 533	0.076 2	13 346.34	41 275
重庆	30	53	31 070	0.004 6	426	0.082 5	23 091.14	15 497
成都	32.3	50	38 404	0.012 3	1 115	0.111 4	19 083.62	12 109
武汉	26.5	78	51 306	0.025 1	2 261	0.099 3	8 542.18	33 602
西安	28	50	42 098	0.023 9	2 160	0.105 0	7 241.54	27 333

表 12 - 3　2011 年各指标相对应的数据

城市	所在地区毛入学率/%	普通高校数/个	专任教师数量/位	受过高等教育的人口比/%	每 10 万人高等学校毕业生数/位	在校研究生与在校大学生总数比/%	生均公共财政预算教育经费支出/元	R&D 活动人员/位
郑州	24.63	51	36 583	0.023 3	2 288	0.020 5	5 720.18	25 012

（续）

城市	所在地区毛入学率/%	普通高校数/个	专任教师数量/位	受过高等教育的人口比/%	每10万人高等学校毕业生数/位	在校研究生与在校大学生总数比/%	生均公共财政预算教育经费支出/元	R&D 活动人员/位
北京	59	87	59 592	0.010 5	761	0.382 8	88 465.61	49 829
天津	60	56	28 919	0.008 8	802	0.102 4	46 783.14	47 828
上海	70	66	39 626	0.007 2	592	0.220 8	75 003.26	79 147
广州	28.03	79	51 766	0.027 8	2 564	0.076 1	19 565.61	47 296
重庆	31	60	33 110	0.004 9	448	0.079 6	28 427.07	27 652
成都	30	50	39 625	0.012 8	1 146	0.113 4	18 208.46	12 598
武汉	30	79	53 999	0.027 1	2 406	0.111 7	6 641.60	44 244
西安	28	61	42 734	0.025 6	2 314	0.119 2	10 877.26	25 869

表 12 - 4　2012 年各指标相对应的数据

城市	所在地区毛入学率/%	普通高校数/个	专任教师数量/位	受过高等教育的人口比/%	每10万人高等学校毕业生数/位	在校研究生与在校大学生总数比/%	生均公共财政预算教育经费支出/元	R&D 活动人员/位
郑州	27.22	53	38 093	0.022 9	2 153	0.021 1	553.73	27 963
北京	59	89	60 852	0.010 6	750	0.407 2	74 241.83	53 510
天津	86.2	55	29 929	0.009 0	800	0.102 4	11 233.47	60 681
上海	70	67	40 118	0.007 1	574	0.237 9	37 468.32	82 355
广州	28.2	80	53 706	0.031 0	2 846	0.076 1	23 796.39	64 394
重庆	32	60	35 744	0.005 1	467	0.074 7	21 417.24	31 577
成都	34	52	43 227	0.012 8	1 145	0.110 2	23 670.49	12 986
武汉	34	79	55 016	0.026 9	2 379	0.112 0	14 129.11	46 170
西安	30	62	44 487	0.027 1	2 444	0.105 0	13 388.09	39 265

表 12 - 5　2013 年各指标相对应的数据

城市	所在地区毛入学率/%	普通高校数/个	专任教师数量/位	受过高等教育的人口比/%	每10万人高等学校毕业生数/位	在校研究生与在校大学生总数比/%	生均公共财政预算教育经费支出/元	R&D 活动人员/位
郑州	30.1	56	39 519	0.022 0	2 158	0.020 0	647.23	35 032

（续）

城市	所在地区毛入学率/%	普通高校数/个	专任教师数量/位	受过高等教育的人口比/%	每10万人高等学校毕业生数/位	在校研究生与在校大学生总数比/%	生均公共财政预算教育经费支出/元	R&D活动人员/位
北京	60	87	66 871	0.010 5	714	0.421 1	74 687.79	58 036
天津	60	56	30 900	0.009 2	822	0.103 3	5 119.76	68 175
上海	70	66	40 297	0.007 0	554	0.253 2	80 808.51	92 136
广州	30.5	80	55 416	0.031 1	2 858	0.075 8	10 825.35	64 394
重庆	35	60	37 130	0.005 5	501	0.073 1	30 342.16	36 605
成都	45	53	48 374	0.014 0	1 248	0.110 2	25 512.29	36 433
武汉	36	80	57 038	0.027 4	2 420	0.111 1	7 179.94	49 982
西安	35	63	46 436	0.026 4	2 349	0.103 8	13 548.90	28 715

表 12 - 6　2014 年各指标相对应的数据

城市	所在地区毛入学率/%	普通高校数/个	专任教师数量/位	受过高等教育的人口比/%	每10万人高等学校毕业生数/位	在校研究生与在校大学生总数比/%	生均公共财政预算教育经费支出/元	R&D活动人员/位
郑州	34	56	40 748	0.127 9	2 075	0.020 9	1 229.56	39 905
北京	60	91	68 739	0.010 3	693	0.207 0	122 739.18	57 761
天津	65	55	31 128	0.009 2	814	0.101 7	63 385.36	79 014
上海	70	67	41 570	0.006 9	546	0.260 2	98 184.43	93 868
广州	31.9	80	57 196	0.032 4	2 973	0.075 5	813.40	66 165
重庆	37.4	64	39 891	0.006 0	554	0.070 8	26 156.34	43 797
成都	50	56	47 643	0.014 5	1 297	0.105 4	25 098.25	78 602
武汉	40	80	57 313	0.028 7	2 573	0.115 2	14 997.74	51 778
西安	46	63	46 766	0.027 4	2 465	0.103 7	7 592.66	31 282

表 12 - 7　2015 年各指标相对应的数据

城市	所在地区毛入学率/%	普通高校数/个	专任教师数量/位	受过高等教育的人口比/%	每10万人高等学校毕业生数/位	在校研究生与在校大学生总数比/%	生均公共财政预算教育经费支出/元	R&D活动人员/位
郑州	36.5	56	42 570	0.023 0	2 251	0.023 1	593.75	42 852

（续）

城市	所在地区毛入学率/%	普通高校数/个	专任教师数量/位	受过高等教育的人口比/%	每10万人高等学校毕业生数/位	在校研究生与在校大学生总数比/%	生均公共财政预算教育经费支出/元	R&D活动人员/位
北京	65	89	68 380	0.010 7	711	0.454 7	141 770.44	57 761
天津	66	55	31 008	0.009 6	854	0.103 3	81 910.66	79 014
上海	72	68	40 558	0.006 9	533	0.266 9	105 490.35	93 868
广州	33	81	59 088	0.021 8	2 010	0.076 0	1 011.95	79 930
重庆	40.5	63	38 944	0.006 5	600	0.072 8	25 198.97	43 797
成都	50	56	48 314	0.014 5	1 300	0.103 9	17 221.07	77 232
武汉	52.35	82	57 205	0.027 8	2 470	0.117 8	19 252.10	38 040
西安	47.15	63	47 768	0.029 6	2 668	0.107 8	8 596.93	35 609

表 12-8　2016 年各指标相对应的数据

城市	所在地区毛入学率/%	普通高校数/个	专任教师数量/位	受过高等教育的人口比/%	每10万人高等学校毕业生数/位	在校研究生与在校大学生总数比/%	生均公共财政预算教育经费支出/元	R&D活动人员/位
郑州	38.8	56	48 858	0.025 1	2 411	0.026 2	1 177.92	44 569
北京	65	91	70 013	0.010 6	715	0.443 7	77 181.37	51 143
天津	60	56	30 509	0.009 9	883	0.106 0	6 906.79	78 336
上海	75	64	42 308	0.007 1	548	0.278 2	16 117.34	98 671
广州	35.1	82	59 704	0.034 6	3 180	0.077 5	219 618.25	79 618
重庆	43	65	40 583	0.006 7	623	0.071 2	25 184.10	47 392
成都	49	56	49 488	0.013 3	1 193	0.101 8	28 751.96	55 348
武汉	54.61	84	57 803	0.027 4	2 430	0.121 0	24 349.08	35 159
西安	48	63	47 158	0.030 0	2 724	0.114 0	14 395.81	72 575

表 12-9　2017 年各指标相对应的数据

城市	所在地区毛入学率/%	普通高校数/个	专任教师数量/位	受过高等教育的人口比/%	每10万人高等学校毕业生数/位	在校研究生与在校大学生总数比/%	生均公共财政预算教育经费支出/元	R&D活动人员/位
郑州	41.78	58	48 858	0.029 2	2 727	0.028 1	21 033.28	48 946

（续）

城市	所在地区毛入学率/%	普通高校数/个	专任教师数量/位	受过高等教育的人口比/%	每10万人高等学校毕业生数/位	在校研究生与在校大学生总数比/%	生均公共财政预算教育经费支出/元	R&D活动人员/位
北京	65	92	69 715	0.010 7	716	0.460 6	162 694.80	52 719
天津	60	57	31 060	0.010 0	894	0.117 2	84 572.82	57 881
上海	78	64	43 484	0.007 2	555	0.294 3	18 146.62	88 967
广州	38.71	82	61 239	0.034 3	3 164	0.084 7	37 882.53	97 894
重庆	45.2	65	41 708	0.006 9	639	0.078 1	32 394.01	56 416
成都	49.4	56	48 000	0.015 0	1 290	0.155 6	30 654.83	66 781
武汉	64.5	84	58 285	0.027 6	2 445	0.145 6	40 374.32	40 179
西安	50	63	47 917	0.026 7	2 399	0.125 4	16 128.03	39 953

12.4　评价模型与结果

对这9个城市高等教育发展水平的对比、评价不算容易。因为各评价指标量纲不同，部分指标具有一定相关性，要对9个城市的高等教育发展状况进行综合客观的评价，因子分析是更为合适的评价方法。本节从经过研究确定的8个评价高等教育发展的原始变量（所在地区毛入学率、普通高校数、专任教师数量、受过高等教育的人口比、每10万人高等学校毕业生数、在校研究生与在校大学生总数比、生均公共财政预算教育支出）中概括出3个公因子，借助SPSS 23.0，分别计算出9个城市在这3个因子上的得分及综合得分。这样基本可以看出9个城市这8年来的高等教育发展情况，以此为基础，比较分析出郑州与这几个样本城市相比的弱项和强项，可以提出一些有针对性的提高郑州高等教育发展的措施。

12.4.1　因子分析模型的建立

因子分析法是一种通过减少数据输入来简化数据的常用方法。这些变量的基本数据结构是通过检验多个变量间的内在相关性并优化这些变量为少数变量来体现的。这些优化后的变量称为"因子"，反映了许多原始变量中最重要的信息。主要变量通常是可观察显示的。因子是浓缩了关键信息的抽象变量，这种抽象变量往往是不可观测的。用以确定如何最大限度地减少信息丢失，辅助研究这些原始变量与关键变量的相关性，可以对这些变量进行解释，这种代表所有数据的综合指标又被定义为公共因子或因子变量。设 $\boldsymbol{X} = (X_1, X_2, \cdots, X_q)^{\mathrm{T}}$ 是可观测的向量，$E(X) = 0$，$D(X) = (r_{ij})_{q \times q}$，$\boldsymbol{F} = (F_1, F_2, \cdots, F_p)^{\mathrm{T}} (p < q)$ 为公因子向量，$E(F) = 0$，$D(F) = I_{p \times p}$（即 F 的各分量方差为 1，且互不相关）；又 $\varepsilon = (\varepsilon_1, \varepsilon_2, \cdots, \varepsilon_q)^{\mathrm{T}}$ 与 F 相互独立，$E(\varepsilon) = 0$，$D(\varepsilon) = \mathrm{diag}(\delta_1^2, \delta_2^2, \cdots, \delta_q^2)^{\mathrm{T}}$。以上假设表明可测向量 $\boldsymbol{X}$ 与公因子向量 $\boldsymbol{F}$，已经过标准化处理。

故可构造因子分析模型为

$$\begin{cases} X_1 = a_{11}F_1 + a_{12}F_2 + \cdots + a_{1p}F_p + \varepsilon_1 \\ X_2 = a_{21}F_1 + a_{22}F_2 + \cdots + a_{2p}F_p + \varepsilon_2 \\ \quad\vdots \\ X_q = a_{q1}F_1 + a_{q2}F_2 + \cdots + a_{qp}F_p + \varepsilon_q \end{cases}$$

其矩阵形式为 $\boldsymbol{X} = \boldsymbol{AF} + \varepsilon$，其中矩阵 $\boldsymbol{A} = \begin{bmatrix} a_{11} & \cdots & a_{1p} \\ \vdots & & \vdots \\ a_{q1} & \cdots & a_{qp} \end{bmatrix}$ 是待估系数矩

阵，即因子载荷矩阵，系数 a_{11} 称为变量 X_1 在因子 F_1 上的载荷。F_1，F_2，$\cdots$，F_p 称为 X 的公共因子，它一般对 $\boldsymbol{X}$ 每一个分量 X_i 都有作用；ε_i 称为 X_i 的特殊因子，它起着残差的作用，只对 X_i 起作用。

在研究中，通常用主成分方法来确定因子载荷矩阵。第一步从相关矩阵出发，然后得到特征值 $\lambda_i (i = 1, 2, \cdots, p)$，再选取前 n 个特征值，特征值的贡献率应大于 80%。与 $\lambda_i (i = 1, 2, \cdots, p)$ 对应的特征向量为 γ_i，故因子载荷矩阵 $\boldsymbol{A}$ 的一个解为 $\boldsymbol{A} = (\sqrt{\lambda_1}\gamma_1, \sqrt{\lambda_2}\gamma_2, \cdots, \sqrt{\lambda_q}\gamma_q)$，以此求出因子得分系数矩阵，得出综合排名。

选定提取公因子方法的同时，还应确定所需提取的公因子的数目。我们主要通过以下几个方面来确定公因子数目：

（1）根据特征值来确定

在某种程度上，特征值被视为衡量因素影响力度的指标。若该特征值小

于 1，则不如直接采用该因子的原变量。

（2）主成分的累积方差贡献通常也是公共因子的累积方差贡献

提取的公共因子的累积方差贡献通常在 85％ 和 90％ 之间或以上，公共因子的数量可以根据公因子的累积方差贡献率来确定。

12.4.2　主成分的提取

运用 SPSS 23.0 软件，采用主成分分析法综合分析。首先获取特征值、方差贡献率和累计方差贡献率，形成方差贡献分析表。由表 12-10 提取主成分 1、2、3，特征值分别为 4.095、2.445、0.690，分别解释了总体方差的 51.186％、30.567％、8.619％，累计方差贡献率为 90.372％。根据统计学中确定公因子的标准，我们可以认为，这 3 个因子能够反映 8 个变量的绝大部分信息。

表 12-10　2015 年的总方差解释

成分	初始特征值			提取平方和载入			旋转平方和载入		
	合计	占方差比/％	累计/％	合计	占方差比/％	累计/％	合计	占方差比/％	累计/％
1	4.095	51.186	51.186	4.295	53.692	53.692	3.112	38.905	38.905
2	2.445	30.567	81.753	1.546	19.331	73.023	2.098	26.219	65.124
3	0.690	8.619	90.372	1.166	14.570	87.593	1.798	22.469	87.593
4	0.564	7.048	97.420						
5	0.144	1.799	99.219						
6	0.048	0.597	99.816						
7	0.014	0.178	99.994						
8	0.000	0.006	100.000						

用最大方差（varimax）法进行旋转，得到因子载荷矩阵。

我们可以读出表 12-11 所示的因子载荷矩阵中的信息。

第一公共因子所在地区毛入学率、生均公共财政预算教育支出、在校研究生与在校大学生总数比上有高载荷，而以上指标都是反映高等教育规模与投入，因此可以称为高等教育规模与投入因子。

第二公共因子在专任教师数量、普通高校数上有高载荷，而这些指标反映了高等教育资源，因此可以称为高等教育资源因子。

第三公共因子在 R&D 活动人员、受过高等教育的人口比、每 10 万人高等学校毕业生数上有高载荷，它反映了高等教育发展成果，因此可以为高等教育发展成果因子。

表 12-11　2015 年因子载荷矩阵

	成分		
	1	2	3
所在地区毛入学率/%	0.899	0.000	−0.229
生均公共财政预算教育支出	0.896	0.212	−0.360
在校研究生与在校大学生总数比	0.785	0.559	−0.184
专任教师数量	0.000	0.964	0.177
普通高校数	0.170	0.941	0.000
R&D 活动人员	0.000	0.000	−0.872
受过高等教育的人口比	−0.477	0.217	0.782
每 10 万人高等学校毕业生数	−0.549	0.134	0.758

12.4.3　结果及其分析

运用 SPSS 23.0 软件默认的回归法计算出表 12-12 所示的因子得分系数矩阵，可以根据因子得分系数矩阵写出以下因子得分函数：

$$F_1 = 0.518X_1 - 0.092X_2 - 0.154X_3 + 0.024X_4 - 0.018X_5 + 0.311X_6 + 0.383X_7 - 0.390X_8$$

$$F_2 = -0.191X_1 + 0.459X_2 + 0.483X_3 + 0.038X_4 + 0.017X_5 + 0.156X_6 - 0.017X_7 + 0.196X_8$$

$$F_3 = 0.287X_1 - 0.110X_2 - 0.098X_3 + 0.367X_4 + 0.330X_5 + 0.112X_6 + 0.107X_7 - 0.699X_8$$

其中 X_1、X_2、…、X_8 表示所在地区毛入学率、普通高校数、专任教师数量、受过高等教育的人口比、每 10 万人高等学校毕业生数等原始变量的标准化值。

表 12 - 12　因子得分系数矩阵

	成分		
	1	2	3
所在地区毛入学率/%	0.518	−0.191	0.287
普通高校数	−0.092	0.459	−0.110
专任教师数量	−0.154	0.483	−0.098
受过高等教育的人口比	0.024	0.038	0.367
每 10 万人高等学校毕业生数	−0.018	0.017	0.330
在校研究生与在校大学生总数比	0.311	0.156	0.112
生均公共财政预算教育支出	0.383	−0.017	0.107
R&D 活动人员	−0.390	0.196	−0.699

　　计算综合得分时，用因子旋转后的方差贡献率作为各公因子的权重，即公式 $F = F_1 \times V_1 + F_2 \times V_2 + F_3 \times V_3$，利用 SPSS 软件计算出 9 个城市的综合得分。经过处理，可以得到 2010—2017 年度各个城市高等教育发展水平排名，如表 12 - 13 至表 12 - 20 所示。

　　2010 年度郑州在 9 个城市中高等教育发展水平排名第 7 位，处于偏下的位置（表 12 - 13）。总体上来说，郑州高等教育发展比较落后，与上海、广州和武汉的差别比较大。在单个具体指标上，郑州市 2010 年所在地区毛入学率为 23.66%，普通高校 54 所，专任教师 34 839 名，受过高等教育的人口比为 0.020 6，每 10 万人高等学校毕业生数为 2 026 人，在校研究生与在校大学生总数比为 0.019 5，生均公共财政预算教育支出为 495.39 元，R&D 活动人员为 21 925 人。郑州市在高等教育资源因子、高等教育发展成果因子上的排名都处于中等偏下位置，但在高等教育规模与投入因子上排名靠后，这说明郑州应该加大高等教育投入以提高高等教育发展水平。

表 12 - 13　2010 年度 9 个城市高等教育发展水平排名

城市	因子 1	因子 2	因子 3	综合得分	排名
郑州	5 925.98	13 167.90	5 104.34	24 198.22	7
北京	6 983.88	25 782.72	27 054.40	59 821.00	2
天津	9 871.42	6 418.89	18 813.45	35 103.76	5
上海	14 695.25	9 830.82	51 460.47	75 986.54	1

（续）

城市	因子1	因子2	因子3	综合得分	排名
广州	9 585.03	16 350.44	16 569.59	42 505.06	3
重庆	515.68	15 884.58	3 775.47	20 175.74	8
成都	141.58	19 902.03	−468.27	19 575.34	9
武汉	7 749.25	20 212.60	9 228.54	37 190.39	4
西安	6 389.50	16 650.52	7 490.17	30 530.18	6

2011 年度郑州在 9 个城市中高等教育发展水平排名第 8 名，综合得分有所提高（表 12 - 14）。在总体上，北京、上海、广州依然在高等教育发展排名上领跑，其他城市排名变化不大。在具体单个指标上，郑州市 2010 年所在地区毛入学率为 24.63%，普通高校 51 所，专任教师 36 583 名，受过高等教育的人口比为 0.023 3，每 10 万人高等学校毕业生数为 2 288 人，在校研究生与在校大学生总数比为 0.020 5，生均公共财政预算教育支出为 5 720.18 元，R&D 活动人员为 25 012 人。各个指标相比 2010 年都有增加，向好的方向发展。

表 12 - 14　2011 年度 9 个城市高等教育发展水平排名

城市	因子1	因子2	因子3	综合得分	排名
郑州	6 840.62	12 921.29	12 810.96	32 572.88	8
北京	−2 429.15	27 516.87	34 248.23	59 335.94	2
天津	5 164.20	9 443.72	35 767.76	50 375.68	5
上海	8 781.70	11 575.03	60 611.46	80 968.18	1
广州	10 713.98	17 293.16	28 396.19	56 403.32	3
重庆	2 602.85	13 165.62	26 209.13	41 977.60	6
成都	372.04	17 862.46	3 168.09	21 402.60	9
武汉	12 210.20	17 546.91	24 361.22	54 118.33	4
西安	6 074.82	16 134.07	12 601.87	34 810.75	7

2012 年度郑州在 9 个城市中高等教育发展水平排名为第 8 名，与 2011 年持平（表 12 - 15）。在具体一些单个指标上有所增长，综合得分比前两年稍有上升。同时可以看出北京、上海、广州排名仍处于领跑地位，尤其是上海，在各个因子上的得分都具有压倒性的优势。

表 12 - 15 2012 年度城市高等教育发展水平排名

城市	因子 1	因子 2	因子 3	综合得分	排名
郑州	10 627.35	10 056.71	13 953.31	34 637.37	8
北京	38 818.94	4 338.15	18 254.50	61 411.60	3
天津	8 909.15	12 633.09	36 412.01	57 954.24	4
上海	18 731.63	13 173.61	46 414.24	78 319.48	1
广州	20 245.90	14 680.64	33 942.89	68 869.43	2
重庆	16 011.57	6 311.08	24 900.13	47 222.78	6
成都	20 458.96	3 740.70	−486.14	23 713.53	9
武汉	19 026.28	13 048.23	22 299.07	54 373.57	5
西安	15 836.27	10 753.25	19 173.02	45 762.55	7

2013 年郑州在高等教育发展水平排名上处于第 9 名，排名有所下降，综合得分也下降了（表 12 - 16）。排名靠前的北京、上海、广州在各个因子上的得分较为可观，这说明要想提高高等教育发展水平，均衡发展是关键点。

表 12 - 16 2013 年度城市高等教育发展水平排名

城市	因子 1	因子 2	因子 3	综合得分	排名
郑州	−7 978.48	14 019.88	20 177.86	26 219.25	9
北京	3 947.97	33 599.38	32 168.44	69 715.78	2
天津	−15 357.55	8 042.65	49 041.94	41 727.04	5
上海	−4 528.13	20 108.52	66 206.97	81 787.36	1
广州	−12 881.13	19 665.84	40 746.63	47 531.34	3
重庆	−1 392.83	16 796.56	30 468.98	45 872.71	4
成都	−2 203.20	20 984.56	18 991.26	37 772.62	7
武汉	−9 744.54	21 104.24	28 459.11	39 818.81	6
西安	−3 330.27	19 252.36	13 401.94	29 324.03	8

2014 年郑州排名与 2013 年持平，依然保持第 9 名（表 12 - 17）。而前几名基本趋于稳定，分别是北京、上海、天津、成都、重庆、武汉，末尾两名是西安和郑州。高等教育发展水平高的城市保持领先地位，高等教育发展水平低的城市由于基础薄弱，短时间也无法快速提高其高等教育发展水平。

高等教育发展需要长期不断投入才能看到成果，不可急于一时。

表 12 - 17　2014 年度城市高等教育发展水平排名

城市	因子 1	因子 2	因子 3	综合得分	排名
郑州	−12 181.84	13 471.46	25 312.38	26 602.00	9
北京	39 792.74	36 715.03	3 160.72	79 668.49	1
天津	7 381.78	11 137.42	34 842.54	53 361.74	3
上海	19 546.84	17 695.46	34 949.64	72 191.93	2
广州	−20 257.69	17 588.08	42 579.19	39 909.59	7
重庆	−786.06	15 158.46	26 656.21	41 028.61	5
成都	−11 111.39	14 316.38	44 269.81	47 474.80	4
武汉	−9 605.53	20 882.68	29 037.17	40 314.32	6
西安	−7 272.02	17 906.06	17 719.72	28 353.76	8

2015 年郑州排名有所提高，高等教育资源因子得分较高（表 12 - 18），可以看出高等教育发展在稳步上升，在教育投入资源方面有所提升，排名靠前的几个城市发生了改变，尤其是武汉和西安有了不小的排名提升，也是因为教育投入资源方面有较大的提升。

表 12 - 18　2015 年度城市高等教育发展水平排名

城市	因子 1	因子 2	因子 3	综合得分	排名
郑州	−23 094.20	29 007.91	−33 336.92	−27 423.20	7
北京	21 211.66	42 043.77	−31 648.76	31 606.66	1
天津	−4 234.92	29 129.24	−49 223.87	−24 329.55	5
上海	−2 467.22	36 261.74	−58 125.49	−24 330.98	6
广州	−39 952.65	44 252.41	−60 930.50	−56 630.74	9
重庆	−13 448.34	27 008.23	−27 229.54	−13 669.66	3
成都	−31 004.23	38 223.51	−56 474.28	−49 255.01	8
武汉	−16 328.66	34 839.56	−29 329.54	−10 818.64	2
西安	−18 008.09	29 976.16	−27 781.09	−15 813.02	4

通过对 9 个城市 8 年的数据分析，可以看到郑州在教学规模方面表现一般，2010—2014 年在第 9 名或第 8 名浮动，而 2017 年郑州高等教育发展水平排名提高为第 4 名（表 12 - 19、表 12 - 20）。这与 2017 年郑州市公共财

政预算教育经费的投入不断增加有关。

表 12 - 19　2016 年度城市高等教育发展水平排名

城市	因子 1	因子 2	因子 3	综合得分	排名
郑州	1 562.05	14 617.27	26 272.38	42 451.71	9
北京	12 629.44	37 910.45	55 522.78	106 062.68	2
天津	2 634.46	7 756.28	57 389.78	67 780.52	6
上海	4 268.18	12 675.16	74 300.33	91 243.68	3
广州	35 440.92	63 895.81	131 925.80	231 262.53	1
重庆	4 743.44	16 795.28	31 166.00	52 704.72	8
成都	5 571.20	20 194.60	44 511.34	70 277.15	5
武汉	4 876.34	23 205.09	26 038.04	54 119.46	7
西安	4 162.03	15 428.62	52 962.18	72 552.83	4

表 12 - 20　2017 年度城市高等教育发展水平排名

城市	因子 1	因子 2	因子 3	综合得分	排名
郑州	2 597.61	22 934.69	43 560.91	69 093.21	4
北京	−14 394.88	61 325.87	14 261.48	61 192.47	7
天津	−8 527.30	30 563.78	35 804.66	57 841.13	9
上海	876.26	20 810.77	81 600.29	103 287.32	2
广州	924.77	31 813.96	86 204.22	118 942.95	1
重庆	−506.20	22 822.72	39 208.15	61 524.67	6
成都	424.25	24 883.04	57 977.98	83 285.27	3
武汉	1 201.88	30 370.69	31 178.70	62 751.27	5
西安	3 214.89	21 358.27	36 229.64	60 802.80	8

12.5　结语

虽然郑州高等教育发展水平排名略有上升，但与其他几个城市相比，郑州在高等教育规模建设与资源投入上还有不足。郑州要想达到国家对中心城市建设的要求，离不开政策的扶持与高教工作的保驾护航。我们以 2015 年城市高等教育发展水平排名（表 12 - 18）为例。不难看出郑州在因子 1（高

等教育规模与投入因子）和因子 3（高等教育发展成果）上的排名分别是 7
和 5。这表明郑州在高等教育规模上的相对资源较为落后，仍需注意。在因
子 2（高等教育资源因子）上郑州排名第 8，离其他几个排名靠前的城市尚
有差距。其作为中原城市群的领军城市，在高等教育发展的道路上取得的现
有成果离不开优质的高教资源和政策的大力支持。

在国家中心城市的新定位下，郑州如何尽早弥补高等教育发展水平的差
距，并采取措施对症解决，稳中求进，已成为一个长期和紧迫的战略目标。

从政府扶持的角度来看，一是政府加快建设国家中心城市，结合郑州市
的特点以及国家中心城市的高起点，优化产业结构，结合郑州高校的优势学
科，形成产学互助的特色模式。优势产业带动学科研究，最大限度地做好产
业和做强学科，从而促进周边产业与学科的发展。二是成立专门的高等教育
发展工作小组，完善高校全局规划及学科建设计划。根据已有文献资料中对
全国学科对基础分类，同时考虑到郑州市大学的类型和产业布局，将现有大
学分为四类：学术研究型、应用研究型、应用技术型和技能技术型，协调高
等教育的分类发展，为郑州市高等教育的发展创造新特色，提升高校影响
力。可以看出，高校自主发展政府支持的发展模式，仍不能够满足郑州高等
教育发展对人才的急切需求。我们可以利用这个机会，在建设郑州科技创新
走廊的同时引进与郑州市主要产业和城市发展高契合的高校精华资源。

从高校工作的角度来看，一是把握"双一流"的带动作用，倾力支持郑
州大学以及其他有潜力进入双一流大学的高校，将综合研究型大学改造成高
质量发展、高知名度和学科影响力的优质大学。为郑州的经济转型和现代化
建设提供高素质人才资源和创新资源。结合重点高校优势学科对周边大学城
其他大学开放教学合作，促进其他大学所在区域的产业发展，有重点有主次
地着力发展优势学科，提高高校知名度，将高等教育发展纳入国家经济和社
会发展的范畴，将谋求共同发展。二要做好"留人"工作。在国家中心城市
的号召下，郑州以强大的硬实力，在硬件建设方面取得的进步值得肯定。在
这个时候，需要更多的"软实力"来提高人口素质。因此，如何促进人才素
质与城市发展相协调，如何不断优化以资源供给、服务质量与效率、文化内
涵为代表的城市软实力成为重要议题，对于高校教师来说，高校要结合自身
条件留住高素质人才。对于高等教育主管部门来说，应当引入相应的考核机

制，鼓励高校招揽人才；对于高校毕业生来说，应加大留人政策力度，如可以通过减税、部分城市服务优惠、为高素质人才加薪等措施，为其减少一部分生活成本。

　　本章运用因子分析的方法将郑州与已经进入国家中心城市建设的 8 个城市进行对比分析，并就政府扶持和学校工作两个角度提出较为贴近郑州高等教育工作实情的建议：一方面加大对高等教育事业的投入，产学互助发挥特色产业优势，成立专门领导小组参与高等教育的协调组织。另一方面利用郑州的双一流大学潜在的教育资源助力周边大学的教学，尽可能为社会提供高素质人才，采取措施留住人才。尽管在高等教育发展水平上，郑州与天津、上海等高等教育发达的国家中心城市还有一段距离，我们也需认识到，高等教育软实力的提升并非短期可以做到。但通过数据分析我们可以看出，郑州发展潜力不容小觑，相信通过多方不懈的努力，郑州能够成为我国城市高等教育发展水平前列的国家中心城市。

白经天，刘溢海，2013. 城市首位度与经济水平之关系 ［J］. 河南科技大学学报（社会
　　科学版），31（4）：79 - 82.

蔡建辉，颜七笙，王彦芳，2018. 甘肃省马铃薯种植水足迹及效率评价：基于 GM（1，
　　1）模型的实证预测研究 ［J］. 农机化研究（3）：1 - 7.

蔡小慎，张瑞丽，2009. 我国基本养老保险水平地区差异的影响因素之实证分析 ［J］.
　　大连理工大学学报（社会科学版），30（1）：93 - 97.

陈兵，2014. 中国东部八省金融生态发展比较分析 ［D］. 济南：山东财经大学.

陈迪红，孙福伟，2019. 中国城镇居民养老保障水平的区域差异研究 ［J］. 财经理论与
　　实践，40（3）：46 - 51.

陈国宏，康艺苹，李美娟，2015. 区域科技创新能力动态评价 ［J］. 技术经济（10）：17 - 23.

陈伟丽，2019. 郑州如何建设国家中心城市 ［J］. 现代企业（8）：64 - 65.

陈文喆，2014. 中部省域城市首位度与经济增长的模型、机理及对策研究 ［D］. 南昌：
　　南昌大学.

陈小清，2016. 全国分省城市首位度的变化及其特点研究 ［J］. 现代经济信息（7）：4.

陈欣怡，2014. 首位城市与中部发展的研究分析 ［J］. 东方企业文化（19）：201 - 202.

崔恒展，刘雪，2018. 中国养老制度运行中的政府职责完善研究 ［J］. 山东社会科学，
　　26（8）：73 - 82.

崔立志，2010. 灰色预测技术及其应用研究 ［D］. 南京：南京航空航天大学.

戴魁早，2006. 国外有关区域国际竞争力的理论综述 ［J］. 生产力研究，6（9）：275 - 278.

翟梦瑶，2019. 河南高等教育规模：历史演变、现实问题及对策建议 ［D］. 开封：河南
　　大学.

丁静，朱静，陆彦，2015. 中国省域高等教育发展水平差异及其分类比较：基于 31 个省
　　（区）市 2004—2011 年的面板数据 ［J］. 湖南农业大学学报（社会科学版），16（1）：
　　96 - 102.

丁伟，徐娜，胡艳，2012. 国家中心城市与城市的战略思维 ［M］. 北京：中国城市出版社.

丁宗胜，2004. 整合旅游产业促进区域一体化发展 [J]. 哈尔滨商业大学学报（6）：
    67 - 71.

董军，国方媛，2011. 多层次系统的动态评价研究 [J]. 运筹与管理，20（5）：176 - 184.

冯德显，贾晶，乔旭宁，2006. 区域性中心城市辐射力及其评价 [J]. 地理科学（3）：
    266 - 272.

冯运卿，李雪梅，李学伟，2014. 基于熵权法与灰色关联分析的铁路安全综合评价 [J].
    安全与环境学报（2）：73 - 79.

高春青，2018. 房地产企业财务风险分析及控制策略 [J]. 财会学习（33）：7 - 9.

顾朝林，2011. 城市群研究进展与展望 [J]. 地理研究，30（5）：771 - 784.

管荣伟，2019. 国家中心城市背景下郑州都市圈高等教育建设刍议 [J]. 决策与信息
    （10）：121 - 127.

管巍，孔凡城，刘祥城，2012. 城市科技创新能力研究 [J]. 城市建设理论研究（2）：
    61 - 63.

郭军聪，2018. 论述低碳经济对我国房地产经济的影响 [J]. 经济师（12）：284；286.

郭松，2006. 城市规模对经济增长影响的实证研究 [D]. 大连：东北财经大学.

郭欣，2018. 房地产企业内部控制存在的问题与对策 [J]. 纳税，12（34）：258；260.

郭志远，2019. 推进郑州国家中心城市建设的对策研究 [J]. 中共郑州市委党校学报，
    157（1）：79 - 82.

郝寿义，倪鹏飞，1998. 中国城市竞争力研究：以若干城市为案例 [J]. 经济科学（3）：
    50 - 56.

侯娟，李思慧，2018. 长株潭城市群区域经济发展的影响因素 [J]. 统计学与应用，7
    （3）：313 - 320.

胡晨光，潘莉燕，王婷婷，2017. 最优城市规模研究：文献综述 [J]. 经济学家（9）：
    97 - 104.

胡列曲，丁文丽，2001. 国家竞争力理论及评价体系综述 [J]. 云南财贸学院学报（3）：
    56 - 61.

胡淑君，2004. 城市公共交通发展水平综合评价指标体系研究 [J]. 交通科技（5）：84 - 85.

黄亮，王振，范裴，2017. 基于突变级数模型的长江经济带 50 座城市科技创新能力测度
    与分析 [J]. 统计与信息论坛（4）：74 - 76.

姜杰，2003. 城市竞争力 [M]. 济南：山东人民出版社.

蒋玉梅，2013. 全球科研评价体系的演进与发展 [J]. 国家教育行政学院学报（9）：81 - 86.

康俊杰，2010. 基于首位度评价的区域中心城市发展研究 [D]. 青岛：青岛科技大学.

蓝劲松，吕旭峰，2014. 沪苏浙鄂粤五省市高等教育发展比较 [J]. 中国国情国力 （11）：61 - 63.

雷贵帅，2018. 基于海南旅游地产行业需求的应用型环境设计专业人才培养模式探究 [J]. 艺术教育 （23）：171 - 173.

李柏洲，苏屹，2009. 区域科技创新能力评价体系的优化及实证分析 [J]. 情报杂志，28 （8）：80 - 83：125.

李丹，2018. 重庆居民个人理财情况调查分析 [J]. 纳税，12 （34）：171.

李定珍，张颖，2015. 湖南农村流通现代化水平地区差异实证研究 [J]. 吉首大学学报 （11）：31 - 33.

李杰，沈栩竹，2018. 基于灰色 GM （1，1） 模型的云南固定资产投资规模预测 [J]. 内燃机与配件 （4）：198 - 199.

李晶，2013. 武汉与五大中心城市功能比较研究 [D]. 武汉：武汉理工大学.

李玲，2018. 郑州国家中心城市建设刍议 [J]. 中共郑州市委党校学报 （1）：93 - 96.

李明，李鹏，2018. 高校科技创新与地区经济发展 [J]. 财经问题研究 （1）：124 - 126.

李娜，2013. 我国区域金融发展指数的构建与比较研究 [D]. 成都：西南财经大学.

李荣华，2018. 现行房产税存在的弊端及优化路径研究 [J]. 纳税，12 （34）：19.

李瑞，尚秋菊，2013. 基于城市首位度理论的沈阳经济区产业集群发展研究 [J]. 辽宁经济 （4）：16 - 17.

李瑞敏，2011. 国家中心城市建设进程中教育方面若干问题的思考 [C] //沈阳市委，沈阳市人民政府. 第八届沈阳科学学术年会论文集. 沈阳：沈阳市科学技术协会：910 - 913.

李霞，李梦宇，2018. 建设国家中心城市背景下增强成都"五中心一枢纽"功能的路径研究 [J]. 城都行政学院学报 （1）：88 - 92.

李晓江，2012. "钻石结构"：试论国家空间战略演进 [J]. 城市规划学刊 （2）：1 - 8.

李晓喻，2019. 改革开放 40 周年郑州养老服务体系改革之回顾与展望 [J]. 漯河职业技术学院学报，18 （1）：84 - 88.

李永强，2006. 城市竞争力评价的结构方程模型研究 [M]. 成都：西南财经大学出版社.

廖丽平，姚丽霞，2013. 国家中心城市科技竞争力对比及广州的对策研究 [J]. 华南理工大学学报 （社会科学版），15 （3）：72 - 76.

林发锦，张谢东，2017. 国家中心城市综合交通运输发展评价与比较研究 [J]. 交通科技 （6）：83 - 87.

刘红，2008. 金融集聚影响区域经济增长的机制研究 [D]. 上海：同济大学.

刘林德，2012. 全力以赴建设国家中心城市 [J]. 武汉宣传 （6）：4 - 5.

刘思峰，杨英杰，吴利丰，2014. 灰色系统理论及其应用［M］. 北京：科学出版社.

刘莹，2016. 济南区域金融中心建设的实证研究［D］. 济南：山东大学.

柳士双，2016. 国家中心城市：又一场硝烟四起的争夺战［J］. 决策（5）：44-45.

卢婷，2013. 中国五大国家中心城市金融集聚研究［D］. 重庆：重庆大学.

鲁世林，2017. 以国家中心城市为核心建设世界一流高等教育城市群初探：面向 2030 年高等教育与经济社会协同发展战略研究［J］. 现代教育管理（12）：33-39.

吕蕊蕊，赵青山，2016. 城市老年人居家养老服务需求及其影响因素［J］. 长沙民政职业技术学院学报，23（1）：7-9.

马晓燕，田丰伦，2013. 建设国家中心城市：推进新型城镇化［N］. 人民日报，5-31（5）：1-2.

马晓燕，田军，田丰伦，2013. 提高国家中心城市建设水平［N］. 人民日报，11-27（11）：3-4.

牛转，2017. 动态评价在区域交通运输能力中的应用研究［D］. 重庆：重庆师范大学.

潘静，2016. "双一流"建设的内涵与行动框架［J］. 江苏高教（5）：24-27.

潘懋元，吴玫，2005. 高等学校分类与定位问题［J］. 黄河科技大学学报（1）：1-5.

潘霞，2007. 基于招商引资的区域投资环境评价研究［D］. 哈尔滨：哈尔滨工程大学.

裴长洪，王镭，2002. 试论国际竞争力的理论概念与分析方法［J］. 中国工业经济（4）：41-45.

彭红玉，2016. 计划单列市高等教育发展状况比较及政策原因分析［J］. 深圳信息职业技术学院学报，14（4）：20-26.

彭丽雅，2020. 郑州国家中心城市高层次人才支撑问题研究［J］. 现代商业（12）：57-58.

彭萌，2010. 中美安全学科高等教育比较研究［D］. 长沙：中南大学.

乔章凤，周志刚，2011. 城市科技创新能力评价及实证研究［J］. 西安电子科技大学学报（5）：62-64.

求煜英，2014. 中国分省首位度研究［D］. 上海：华东师范大学.

屈莹莹，2017. 国家中心城市的金融集聚对经济效率的影响研究［D］. 郑州：郑州大学.

饶高营，2006. 影响房地产价格因素的研究［J］. 中国住宅设施（3）：32-35.

任初明，张超，2015. 省属"211 工程"高校科研发展水平差距的实证研究［J］. 现代教育管理（5）：71-78.

邵玉娇，2014. 中国中心城市功能定位的统计研究［D］. 杭州：浙江工商大学.

邵珠艳，王春梅，魏曼莎，2003. 灰色 GM（1，1）预测模型在疾病预测中的应用［J］. 中国医院统计（3）：146-148.

沈迟，1999. 走出"首位度"的误区 [J]. 城市规划（2）：38.

沈悦，2005. 对我国房地产价格走势的判断与政策建议 [J]. 中国房地产业（7）：12-14.

时涛，赵二影，刘德鑫，2015. 我国城镇社会保障均等化的省域差异与空间格局 [J]. 人口与经济，29（2）：87-97.

宋思曼，2013. 国家中心城市功能理论与重庆构建国家中心城市研究 [D]. 重庆：重庆大学.

宋伟，韩梦洁，2009. 教育公平视野下河南高等教育发展对策研究 [J]. 河南大学学报（社会科学版），49（1）：121-135.

孙丽，耿玉菊，冯俊丽，等，2013. 推进衡水中心城市建设与高校教育发展良性互动的探讨 [J]. 青春岁月（10）：259.

孙洋宜，王英国，2017. "一带一路"视角下对郑州经济的发展探析 [J]. 福建质量管理（11）：25-26.

孙钰，李泽涛，马瑞，2008. 我国城市科技创新能力的实证研究 [J]. 南开经济研究（4）：70-77.

田虎伟，杨光钦，王雪燕，2019. 河南省高等教育质量评估体系建设的现状、问题与对策 [J]. 河南教育学院学报（哲学社会科学版），38（5）：38-46.

田美玲，2014. 国家中心城市及其竞争力的理论与实践研究 [D]. 武汉：华中师范大学.

田美玲，方世明，2015. 国家中心城市研究综述 [J]. 国际城市规划（2）：71-74，80.

田美玲，刘嗣明，寇圆圆，2013. 国家中心城市职能评价及竞争力的时空演变 [J]. 城市规划学刊（11）：89-95.

佟冬，2018. 浅谈房地产企业全面预算管理存在的问题及对策 [J]. 纳税，12（34）：267-268.

王帮俊，朱荣，冯朝磊，2019. Regional Science and Technology Innovation Service System Evaluation Method [J]. Sustainable Development，9（2）：143-153.

王保庆，2014. 中国西部区域金融中心发展格局研究 [D]. 西安：陕西师范大学.

王冬雪，欧国立，2018. 我国一线二线城市经济与交通运输发展差异性分析 [J]. 铁道运输与经济（2）：28-32.

王凯，徐辉，2012. 建设国家中心城市的意义和布局思考 [J]. 城市规划学刊（3）：10-15.

王强，2017. 国家中心城市保障性住房供给比较研究 [D]. 太原：山西财经大学.

王晓军，赵彤，2006. 中国社会养老保险的省区差距分析 [J]. 人口研究，30（2）：44-50.

王新涛，2017. 基于国家中心城市识别标准的郑州发展能力提升研究 [J]. 区域经济评

　　论，32（4）：75－81.

王咏梅，2018. 对房地产开发项目的动态财务管理方法的探究［J］. 纳税，12（34）：
　　110－111.

王玉华，王艺霖，姜珍云，2018. "租售同权"政策探析［J］. 经济师（12）：60－62.

吴万运，赵雅琼，2017. 省会城市首位度与地区经济发展均衡性的研究［J］. 当代经济
　　（24）：30－33.

吴妍妍，邵萍英，2017. 合肥科技创新能力评价与政策研究［J］. 合肥学院学报（10）：
　　46－48.

肖引，2013. 从科技创新能力看武汉建设国家中心城市［J］. 当代文化与教育研究（3）：
　　73－75.

徐芳，龚旭，李晓轩，2018. 科研评价改革与发展40年［J］. 科学学与科学技术管理，
　　39（12）：17－27.

徐豪，王红茹，银昕，2017. 国家中心城市数量或为12个，你的城市上榜了么？［J］.
　　中国经济周刊（8）：12.

徐金梧，2008. 大学科技创新与人才培养模式改革问题的思考［J］. 中国高教研究（1）：
　　11－12.

徐康宁，2002. 论城市竞争与城市竞争力［J］. 南京社会科学（5）：1－6.

徐长生，周志鹏，2014. 城市首位度与经济增长［J］. 财经科学（9）：59－68.

许常建，2020. 郑州建设国家中心城市之教育问题研究［J］. 中国校外教育（3）：6－7.

许庆豫，徐飞，2012. 我国高等教育发展水平地区差异分析［J］. 复旦教育论坛，10
　　（4）：61－65.

颜彭莉，2017. 国家中心城市竞争激烈，一线城市争入"国家队"［J］. 环境经济（4）：
　　41－43.

杨辰利，任初明，2017. 省属财经类高校科研发展水平比较分析［J］. 高教论坛（6）：
　　120－128.

杨坤，王永强，陈镇平，等，2015. 地方本科高校研究生科研创新意识和实践能力培养
　　研究［J］. 科教导刊（中旬刊）（10）：8；39.

杨姝琴，2014. 广州增强国家中心城市辐射力研究［J］. 城市观察（6）：166－177.

杨燕，2013. 基于空间计量方法的我国金融发展与城乡收入差距关系研究［D］. 长沙：
　　中南大学.

姚华松，2009. 论建设国家中心城市的五大关系［J］. 城市观察（2）：22－24.

姚晓东，孙钰，2009. 城市科技创新能力的统计分析及其提升之管见［J］. 现代财经

（2）：32-34.

叶珊珊，翟国方，2010. 城市的国际竞争力及评价指标研究：以南京为例［C］. 重庆：
　　中国城市规划学会.

尹惠茹，袁华，彭歆，等，2016. 城市非营利性养老机构养老服务能力评价指标体系的
　　构建［J］. 中国老年学杂志，36（14）：3560-3565.

尹沛东，2014. 郑州市养老地产的现状及对策［J］. 现代商业，84（35）：253-254.

由雷，2013. 国家中心城市的产业特征研究［D］. 沈阳：沈阳理工大学.

于海超，2017. 基于社会网络分析的国家中心城市遴选探究［D］. 长春：吉林大学.

于涛方，顾朝林，2001. 新时期的城市和城市竞争力［J］. 城市规划汇刊（134）：12-14.

于向英，2007. 和谐中原建设背景下河南省高等教育发展研究：基于中部六省的比较分
　　析［J］. 中国高教研究（2）：76-77.

袁琰星，2013. 浅析科技创新竞争力评价研究［J］. 中国新技术新产品（14）：160-161.

张超，2017. 论郑州建设国家中心城市的产业发展路径与策略［J］. 中国战略新兴产业
　　（38）：41.

张超，2018. 论郑州建设国家中心城市的产业发展路径与策略［EB/OL］. https：//
　　www.doc88.com/p-8949115111912.html.

张翠翠，2017. 谁是国家中心城：城市的等级与红利［J］. 齐鲁周刊（1）：29-30.

张登国，2007. 城市定位与城市可持续发展［J］. 胜利油田党校学报，2007（2）：40-43.

张慧霞，吴晓红，2016. 城镇企业职工多层次养老保险保障能力影响因素研究［J］. 北
　　京劳动保障职业学院学报，10（3）：12-18.

张林广，2017. 中国特色养老保障制度的改革与发展［J］. 中国社会保障（9）：1.

张梦茹，2018. 基于西安科技创新竞争能力研究分析［J］. 现代商业（18）：88-89.

张元端，1991. 中国房地产指南［M］. 哈尔滨：黑龙江科学技术出版社.

张占仓，2017. 建设国家中心城市的战略意义与推进对策［J］. 中州学刊（4）：22-28.

张振助，2003. 高等教育与区域互动发展研究：中国的实证分析及策略选择［J］. 教育
　　发展研究（9）：39-44.

赵茂林，王强，2013. 基于因子分析的安徽城市经济综合实力评价［J］. 宜春学院学报，
　　35（11）：38-41.

赵明，2009. 河南高等教育现状及发展对策分析：中部六省高等教育之比较［J］. 湖北
　　函授大学学报，22（4）：13-14.

赵世彩，2018. 营改增后，房地产企业股权转让涉税问题研究［J］. 财会学习（33）：
　　151：153.

赵弢,2014. 打造黄陂经济社会"升级版"助推武汉建设国家中心城市 [J]. 长江论坛
(4):32 - 35.

郑芳燕,2013. 长三角地区城市金融竞争力的比较分析 [D]. 杭州:浙江财经学院.

郑州市人民政府市长王新伟. 政府工作报告 [N]. 2020 - 05 - 19 (1). https://
www. zhengzhou. gov. cn/news1/3321145. jhtml.

周阳,2012. 国家中心城市:概念、特征、功能及其评价 [J]. 城市观察 (1):132 - 142.

周志鹏,徐长生,2014. 龙头带动还是均衡发展 [J]. 经济经纬,31 (5):20 - 25.

朱小云,2018. 投资性房地产计量模式变更及其差错更正研究 [J]. 财会学习 (33):
224 - 225.

邹阳,李琳,2008. 高等教育与区域经济协调发展程度的地区差异分析 [J]. 高教探索
(3):44 - 48.

Qinwei Cao,2020. Contradiction between Input and Output of Chinese Scientific Research
[J]. Scientometrics:1 - 35.

Renāte Roga,Inga Lapiņa,Peeter Müürsepp,2015. Internationalization of Higher Educa-
tion:Analysis of Factors Influencing Foreign Students' Choice of Higher Education In-
stitution [J]. Elsevier Ltd,2015 (11):925 - 930.

WeihengWang,Huiyi Zhu,2016. Measurement Methods of Regional Specialization in Ag-
ricultural Land Use [J]. Geographical Science Research (6 - 7):80 - 91.

Yuemin Ning,1994. The Uneven Development and Spatial Diffusion of Chinese Central
Cities [J]. Chinese Geographical Science,4 (2):7 - 9.

后 记 POSTSCRIPT

本书是在河南农业大学董奋义教授的组织下完成的，本书是董奋义教授主持的郑州市软科学项目"郑州市在国家中心城市建设过程中与其他城市的比较分析与动态预测"（项目编号 172PRKXF449）的阶段性研究成果。本书出版得到河南农业大学管理科学与工程省级一级重点学科建设经费资助。

本书的出版，渗透着董奋义教授的心血。除此以外还要特别提及的是如下研究参与者，他们参与研究并着手写作了部分研究内容。他们的研究工作主要体现在相应的章节里，其中王坷坷第 1 章，韦昊深第 2 章，刘源第 3 章，周洁第 4 章，王一恒第 5 章，王华东第 6 章，金亚杰第 7 章，赵晴第 8 章，邢雯燕第 9 章，王大鹏第 10 章，王世乾第 11 章，刘瑞琪第 12 章。他们中一些已进入研究生阶段继续着学术深造；另一些已走上社会相关行业，在自己的岗位努力奋斗着，挥洒着青春和汗水，实现着自我价值和社会价值。相信他们都能得到很好的发展。感谢管理科学与工程专业研究生梁晓、申涵及管理科学专业的研究生郭欣然的辛苦付出，她们逐句逐字通读全文，并对语言文字进行完善润色。

由于部分研究内容数据收集难度较大，本书中各部分研究比较城市的选取没有做到完全一致，在此向读者致歉。

图书在版编目（CIP）数据

郑州市在国家中心城市建设中与其他城市的比较分析/
董奋义，周方，翟振杰著. —北京：中国农业出版社，
2023.6

ISBN 978-7-109-30862-6

Ⅰ.①郑…　Ⅱ.①董…②周…③翟…　Ⅲ.①城市建
设—研究—郑州　Ⅳ.①F299.276.13

中国国家版本馆 CIP 数据核字（2023）第 121858 号

中国农业出版社出版

地址：北京市朝阳区麦子店街 18 号楼
邮编：100125
责任编辑：闫保荣　　文字编辑：李兴旺
版式设计：王　晨　　责任校对：吴丽婷
印刷：北京中兴印刷有限公司
版次：2023 年 6 月第 1 版
印次：2023 年 6 月北京第 1 次印刷
发行：新华书店北京发行所
开本：700mm×1000mm　1/16
印张：15.25
字数：240 千字
定价：78.00 元